도덕적 광기란 무엇인가
What is Moral Insanity

도덕적 광기란 무엇인가

정신건강의학과 전문의 이병욱 지음

도덕적 광기는
때론 매혹적이다.
그러므로
경계해야 한다.

**What is
Moral
Insanity**

학지사

What is Moral Insanity

프롤로그

——————— 우리는 흔히 정신병 환자를 일컬어 미친 사람이라고 한다. 또한 미친 상태를 '광기'라고 지칭하기도 한다. 정신병원이 매우 드물었던 예전에는 혼자 중얼거리거나 낄낄대고 웃으며 거리를 배회하는 미친 사람을 종종 볼 수 있었다. 저자가 어릴 때는 사거리 한가운데 서서 호각을 불며 교통정리를 하다 경찰에 쫓겨나는 환자의 우스꽝스러운 모습을 직접 목격했던 기억도 난다. 하지만 요즘에는 그런 미친 사람을 길에서 직접 마주치기 어려워졌다. 약물치료의 발달과 사회적 지지망의 확대로 대부분 정신병원에 입원해서 치료를 받고 호전되기 때문이다. 대신 이어폰을 끼고 걸으며 통화하는 사람들의 모습이 일상이 되었다.

그런데 지금으로부터 100년 전 제1차 세계대전의 집단적 광기를 직접 목격했던 프로이트는 인간의 초자아 기능에 심각한 결함이 생긴 도덕 정신병(moral psychosis) 또는 도덕적 광기(moral insanity) 상태에 새로이 주목함으로써 인간 정신병리 이해의 폭을 더욱 크게 넓혔다. 다만 아쉬운 점이 있다면 도덕적 광기에는 적절한 약도 없고 정신치료도 별다른 효과가 없다는 사실일 것이다. 그런 점에서 도덕적 광기의 문제는 앞으로도 가장 큰 사회적 관심의 대상이 될 뿐만 아니라 사회적 안정이라는 차원에서도 매우 중요한 이슈가 될 것으로 보인다.

더 나아가 만약 도덕적 광기에 사로잡힌 인물이 나라를 이끄는 지도자가 된다면 국가의 운명이 나락으로 떨어질 위험이 있다. 어디 국가의 운명뿐이겠는가. 인류 전체를 재앙으로 몰고 갈 수도 있다. 이는 결코 과장이 아니다. 실제로 인류 역사는 도덕적 광기에 빠진 인간들로 인해 엄청난 위기를 맞이했던 경우가 한두 번이 아니었다. 히틀러와 무솔리니의 파시즘이 대표적인 예라 할 수 있다. 비록 인류 전체는 아니더라도 수많은 사람의 목숨을 앗아가고 엄청난 고통과 시련을 안겨 준 지도자들도 있었다. 프랑스 대혁명 당시 피의 공포정치를 펼친 로베스피에르, 발칸 반도의 도살자 파벨리치, 스탈린이 벌인 피의 대숙청, 모택동이 벌인 문화대혁명과 홍위병의 난동, 폴 포트의 킬링필드, 그 외에도 피노체트, 이디 아민, 호메이니 등 일일이 열거하기조차 어려울 정도다.

도덕적 광기의 소유자가 지닌 특징 가운데 하나는 일반 정신병 환자와는 달리 겉으로는 매우 멀쩡해 보인다는 점이다. 아니, 오히려 남달리 뛰어난 카리스마를 발휘하기도 해서 사람들의 마음을 사로잡고 절대 권력의 자리에 오르거나 강력한 리더십으로 자신의 추종세력을 광적인 집단으로 유도함으로써 이성을 마비시키는 탁월한 재능도 지니고 있다. 그들의 존재는 정치적 이념의 영역뿐 아니라 종교, 예술, 학문, 대중문화 등 사회의 거의 모든 영역에까지 깊숙이 침투해 있기 때문에 그 정체를 손쉽게 파악하기 어려운 것이 사실이다.

하지만 그들의 가장 큰 문제는 매우 사악한 메시지를, 그것도 아무도 눈치채지 못하게 교묘하고 은밀한 방식으로 전파한다는 점에 있다. 여기서 말하는 사악함이란 건전한 상식과 교양, 사회적 합의에 따른 도덕성을 파괴하는 반윤리적·반도덕적 메시지를 뜻한다. 다시 말해, 사랑과 온정, 용서와 화해, 공존이 아니라 증오와 복수, 파괴와 분열을 획책하는 모든 탐욕적 시도를 의미한다. 물론 그런 줄기찬 악마적 시도는 오랜 세월 동안 강력한 법과 종교의 힘에 의해 어느 정도 제동을 받아온 것도 사실이지만, 다른 한편으로는 오히려 도덕적 광기에 물든 법과 종교 집행자들의 자체적 모순으로 인해 스스로 자기 무덤을 판 경우도 적지 않았다.

사회는 수많은 인격체의 집합체이다. 각 구성원의 정신적 건강과 인격적 성숙은 그 사회의 건전성을 측정하는 지표가 될 수 있다. 물론 한 사회를 단순히 인격체의 집합으로만 파악하는 데는 무리가 따르겠지만, 건전한 인격들로 이루어진 건전한 사회라는 목표는 극히 지당한 논리이다. 그러나 다른 한편으로는 각 개인의 단순한 집합체로서가 아니라 집단 전체 나름대로의 독자성과 특이성이 존재하는 것도 사실이다.

확고한 자아가 뒷받침된 사람은 변화를 두려워하지 않는다. 도덕적 양심에 기초한 건전한 자아와 초자아의 소유자는 그 어떤 혼돈 속에서도 흔들리지 않고 전진할 수 있다. 그러나 중심이 없는 자아는 도피와 퇴행을 일삼는다. 초자아의 기능이 희박하고 엷을수록 또는 반대로 지나치게 고루하고 굳어 있을수록 갈등은 증폭되고 정신력은 소모된다.

오늘날 대한민국 사회가 아무리 경제적으로 선진국 반열에 오르고 문화강국으로서의 파워를 전 세계에 과시하고 있다 하더라도, 정치적·

도덕적 광기 차원에서는 후진성을 면치 못하고 있는 상태임을 부인하기 어렵다. 그럼에도 불구하고, 이 나라의 지도자들과 대중은 윤택해진 환경 조건에 길들여져 듣고 싶은 말에만 귀를 기울이고 그 어떤 경고나 우려의 목소리에 대해서는 고루한 기우에 불과한 것으로 치부해 버린 경향이 없지 않다.

따라서 우리가 다시 일어서기 위해서는 우리 사회의 맹점과 병리적 현상을 이해하고 도덕적 차원의 재무장을 해야 한다. 그렇지 않고서는 제2의 건국이란 사상누각일 수밖에 없다고 본다. 더욱이 그것은 통일을 염원하는 남북한 모두에게 해당되는 지상 과제이며, 전제 조건이기도 하다. 도덕적 기반을 전제로 하지 않은 통일은 허상에 불과하기 때문이다.

그런데 정작 우리의 현실은 어떤가. 지금까지 첨예한 대립과 반목을 통해 단일민족으로서의 민족적 정체성까지 위협하고 있는 이념적 투쟁의 잔재들은 모두 서양에서 들어온 외래 사조들이다. 더군다나 유교적 가부장제도에 바탕을 둔 오랜 왕조 체제가 무너진 것도 자체적인 시민혁명의 결과로 얻어진 것이 아니라 일제의 강압에 의한 망국으로 인해 주어진 치욕적인 현실이었을 뿐이며, 광복 또한 우리의 자체적인 투쟁을 통해 얻은 결과가 아니라 일본의 패망으로 인해 어부지리로 얻은 행운이었을 뿐이다.

하지만 그 후 우리는 외래 이념과 사조를 따르되 그것을 보다 건실하게 모범적으로 발전시켜 나간 것이 아니라 오히려 매우 저급하고 치졸한 이념적·정치적 반목과 암투의 현장으로 전락시키는 우를 범하고 말았다. 적어도 모든 정치적 이념이나 체제의 목적이 민중이 누리는 삶의 질을 보다 안락하고 행복하게 해 주는 것이라는 아주 단순한 관점에서 볼 때, 지금까지 이 땅의 지도층은 민중에게 상대적 박탈감과 고통만을 안겨 주었을 뿐이다. 그런 점에서 그 어떤 이념도 보다 나은 인간의 삶을 위해 존재하는 것이지, 인간이 이념을 위해 존재하는 것은 결코 아니다. 도덕적 차원의 인권 존중이 더욱 강조되어야만 하는 이유도 바로 거기에 있는 것이다.

따라서 타인의 삶을 착취하고 고통을 안겨 주는 대가로 자신들만의 번영을 구가하는 일부 반사회적 지도 계층 또는 도덕적 광기의 소유자들이 수도꼭지를 틀어쥐고 있는 상태에서 그들을 추종하는 세력이 앞다투어 민중의 의식을 마비시키고 있는 한, 그들이 내건 정치적 명분이 아무리 그럴듯하고 번듯해 보여도 그런 사회는 본래 이념이 추구했던 본질에서 벗어나 아주 이상하게 변질된 모습의 괴물사회에 지나지 않는다. 우리 사회가 도덕적 광기에 물든 반사회적 사회로 나아가서는 결코 안 되겠기에 하는 말이다. 적어도 우리가 지향하는 사회가 건전한 심성으로 모두가 서로를 도우며 고루 행복하게 잘 살아가는 세상이라면 더욱 그렇다.

저자가 이 책을 쓴 이유도 바로 그런 위기감과 노파심에서 비롯된 것이다. 물론 도덕적 광기의 문제는 인류가 겪은 오랜 고질병이기도 하지만, 하필이면 인류 역사에서 가장 참담한 고통과 시련을 겪어야만 했던 우리 민족이 아직도 그런 미망에서 깨어나지 못하고 끊임없이 상호 대립과 반목 그리고 상대에 대한 비방과 공격으로 아까운 세월을 낭비하고 있는 것 같아 안쓰럽기만 하다.

더욱이 도덕적 광기에 찬 사회지도층이 전파하는 왜곡된 메시지로 인해 무엇이 옳고 그른지, 무엇이 정의이고 불의인지 구분하기 매우 어려워진 혼돈의 시대를 겪고 있는 오늘날에 와서는 도덕적 불감증과 더불어 세상 전체에 대한 인지 왜곡의 정도가 도를 넘어 집단적 광기 수준으로까지 확대되는 것처럼 보여 더욱 큰 안타까움을 느낀다.

따라서 저자는 다소 생소한 개념인 도덕적 광기의 실체를 밝힘과 동시에 우리의 미래를 짊어질 아이와 젊은이들의 건전한 심성 발달은 물론, 우리 자신의 국운과 미래를 위해서라도 오늘날 이 세상에 만연한 도덕적 광기의 극복이 필수적인 과제임을 강조하는 것이다. 그렇다고 해서 저자는 고루하고 비타협적인 도덕주의를 바라는 것이 결코 아니다. 단지 건전한 비판적 수용과 상식에 기초한 탄력적으로 열린 사회, 모두가 함께 열린 마음으로 살아갈 수 있는 세상을 바랄 뿐이다. 그런 점에서 우리는 오로지 분노와 증오심만을 부추기면서도 겉으로는 사랑과 평화를 외치는 사악한 세력들을 가장 경계하고 물리쳐야 할 것이다.

어리석은 자는 오로지 자신의 실수를 통해서만 배우고, 현명한 자는 타인의 실수를 통해 배운다는 말도 있듯이 독자 여러분이 이 책에서 소개한 도덕적 광기의 실태를 통해서 나름대로의 성찰과 교훈을 얻었으면 하는 것이 저자의 간절한 바람이다. 끝으로, 다소 어둡고 부담스러울 수도 있는 내용의 글을 책으로 펴내는 것을 흔쾌히 허락해 주신 학지사 김진환 사장님과 수고해 주신 편집부 직원 여러분께 감사의 말씀을 올린다.

이병욱

차 례

1부

도덕적
광기의
시대

도덕적
광기의
시대

정신병과 도덕적 광기

———————— 순수한 우리말로 광기를 가리킬 때는 '미쳤다'라는 말을 자주 쓴다. 그래서 정신병 환자는 미친 사람으로 간주한다. 하지만 우리가 일상적으로 미쳤다는 표현을 쓸 때는 정신병 상태뿐 아니라 제정신이 아니라고 판단되거나 상식적으로 이해되지 않는 지나친 행동을 보였을 경우에도 흔히 사용한다. 예를 들어, 도박에 미친 놈, 여자에 미친 녀석, 소송에 미친 인간, 공부에 미친 인간, 돈과 출세에 미친 사람이라는 표현이 그렇다. 심지어는 용돈 달라고 떼쓰는 아들에게 미친놈이라고 야단치거나, 가난뱅이에게 시집 가려는 딸에게 미친 년이라 욕하는 부모도 있다. 따라서 '미치도록 사랑해.' '미치도록 좋아해.' '보고 싶어 미치겠다.' 심지어는 '배고파 미치겠다.' '꼴 보기 싫어 미칠 지경'이라는 표현에서도 보듯이 미쳤다고 해서 무조건 정신병을 뜻하는 것은 아니다. 어이가 없을 때도 자주 사용하는 말이기 때문이다. 영어에서 crazy라는 단어도 비슷한 맥락에서 자주 쓰는 말이다. 더 나아

가 어떤 무리에서 단연 돋보이는 실력을 보일 때도 '미친 존재감'을 과시한다며 칭찬의 의미로도 쓰인다.

오늘날 우리가 일상적으로 흔히 사용하는 표현에는 '사이코' 또는 '또라이'라는 말도 있다. 좀 모자라는 인간을 '얼간이' '멍청이'라고 부르기도 하지만, "저 친구 또라이 사이코야."라고 할 때는 정말 미쳤다는 뜻이 아니라 어딘가 상식적인 범주의 틀에서 벗어난 특이한 행동을 두고 하는 말이기 쉽다. 예를 들어, 분노 조절이 제대로 안 되어 지나가던 노인에게 욕을 하며 화풀이를 한다든가, 또는 갓난애가 울고 보챈다고 화를 내며 젖먹이의 따귀를 때리는 엄마가 있다면 누구라도 그 여성을 또라이나 사이코 취급을 할 것이 틀림없다. 실제로 우리 주위에는 그런 사람들이 존재한다.

그런 점에서 사이코(psycho)와 사이코시스(psychosis)는 다르다고 할 수 있다. 다시 말해서 사이코는 정신병 환자를 닮은 상태를 가리키고, 사이코시스는 정신병적 상태 그 자체를 말한다. 물론 미칠 광(狂)자를 뭔가에 병적으로 집착하는 현상에 붙여 사용하는 경우도 있다. 독서광, 수집광, 메모광, 쇼핑광, 게임광, 여행광, 야구광, 축구광, 스피드광 등은 그래도 애교로 봐줄 수 있겠지만, 매우 비정상적인 상태라 할 수 있는 섹스광, 소송광, 전쟁광, 살인광, 방화광, 절도광, 절시광, 노출광 등은 일종의 도덕적 광기에 속한다고 볼 수 있다.

따라서 충동조절장애에 속하는 방화광(pyromania), 절도광(klepto-mania), 발모광(trichotillomania)이나 정신병의 일종으로 간주되는 색정광(erotomania) 등에 대해서는 광적이라는 차원에서 마니아(mania)라는 용어를 붙이고 있지만, 예전에 누군가가 미래학자 허만 칸을 빗대어 '허망광(虛妄狂)'이라는 이름으로 야유한 적도 있듯이 끝에 미칠 광(狂)

자가 붙어 좋을 건 하나도 없다. 하지만 이보다 좀 더 점잖은 용어로는 벽(癖)이라는 말을 쓰기도 한다. 고질적인 버릇을 지칭할 때 음주벽, 도벽, 낭비벽, 청결벽, 정돈벽 등으로 부르듯이 말이다.

망 상 적   광 기 의   집 착

현실적 판단 능력이 무너진 정신병적 광기의 예로는 애정망상에 사로잡힌 색정광, 고질적인 의심에 가득 찬 질투망상으로 인해 의처증 또는 의부증 증세를 보이며 끊임없이 배우자를 괴롭히는 편집광(偏執狂, paranoia)을 들 수 있다. 이들은 분명 도덕적 광기에 사로잡힌 상태임에도 불구하고 망상으로 인해 현실적 판단에 심각한 장애를 보이기 때문에 전문적 치료를 받아야 할 정신이상 증세에 속한다. 그중에서 특히 색정광은 속된 말로 성과 사랑에 미쳐 있는 인물이다. 애정망상에 사로잡힌 나머지 상대방의 뜻과는 관계없이 자기 멋대로 서로 사랑하는 관계에 빠진 것으로 착각하고 무모하기 짝이 없는 행동도 마다하지 않는다. 예를 들어, 대통령이나 유명 배우, 가수 등과 사랑에 빠진 것으로 착각하고 광적인 연애편지를 보내거나 밤새도록 전화를 걸기도 하고 심지어는 직접 집을 찾아가는 스토킹 행위로 인해 신고를 받고 출동한 경찰에 연행되기도 한다.

이처럼 광적인 집착은 자신이 개인적으로 숭배하는 인물에게도 향해짐으로써 어느 특정한 종교적·정치적 지도자나 예술가, 연예인을 사랑하고 흠모하는 마니아들을 낳기도 한다. 하지만 집단적으로도 종교적, 정치적 카리스마를 발휘한 지도자들에 대해 광적인 추종을 보이는 경우는 역사적으로 헤아릴 수 없이 많았다. 그럼에도 오늘날 인기 가수

공연장에서 울고불고 절규하며 발을 동동 구르는 광적인 팬들을 보고 사람들이 정신병자 취급을 하진 않는다. 심지어 극도의 흥분 상태에서 정신을 잃고 실려 나가는 극성팬들을 보고도 사이코라 흉보는 사람들은 거의 없다. 어느 정도의 사회적 공감대가 형성되어 있기 때문일 것이다.

그런데 이와 비슷한 열기는 정치적 집회나 종교 집회에서도 얼마든지 찾아볼 수 있다. 과거 히틀러와 무솔리니의 연설 현장에 모여든 대중의 흥분과 열기, 스탈린에 대한 소련 민중의 광적인 열기, 천안문 광장의 홍위병 집회, 북한 인민의 열렬한 환영 집회, 기독교 부흥 집회의 뜨거운 열기와 울부짖는 절규, 무슬림의 성지 순례 행진 등등. 하지만 이들 역시 또라이나 사이코로 취급되지는 않았다. 그들 자체의 집단적 공감대가 이미 형성되어 있었기 때문이다.

정신병의 가장 주된 증상은 망상이다. 망상의 정의는 그가 속한 공동체의 상식으로는 받아들일 수 없는 그릇된 생각에 빠진 것으로 타인의 설득과 노력에 의해 시정될 수 없는 고착된 사고 내용을 일컫는다. 쉽게 말해서 누군가 자신을 감시하고 해치려 든다는 피해망상, 타인들이 자신을 비웃고 무시한다는 관계망상, 자신이 세상을 구할 것이라는 과대망상, 자신의 몸에 귀신이 들었다는 빙의망상, 자신의 가족이 진짜가 아니라 가짜라고 믿는 족보망상, 세상이 곧 멸망할 것이라는 허무망상 등등 실로 다양하다. 물론 이들 망상은 적절한 항정신병 약물치료를 통해 호전될 수 있다.

도 덕 적 광 기 와 도 덕 정 신 병

현실 검증력이 붕괴된 정신병적 망상과는 달리 도덕적 광기는 망상에 젖은 병든 자아가 문제가 아니라 도덕적 양심에 구멍이 뚫린 초자아 기능에 이상이 생긴 상태라 할 수 있다. 따라서 도덕적으로 금지된 원초적 욕망의 통제에 빨간불이 커지게 됨으로써 이드(원본능, id)와 초자아(superego) 사이에서 적절한 균형을 유지하던 자아의 기능 역시 힘을 잃게 되는 것이다. 물론 그렇다고 해서 자아의 기능이 정신병에서처럼 모두 무너지는 건 결코 아니다. 그럼에도 불구하고 자아의 기능은 매우 편향된 의식 전도의 현상을 띠게 되면서 현실과의 타협 기능 역시 여의치 않게 된다.

'도덕적 광기'라는 용어는 원래 영국의 의사 제임스 프리처드(James Cowles Prichard, 1786~1848)가 처음으로 사용한 말이다. '노인성 치매'라는 용어를 만들기도 했던 그는 프로이트가 태어나기도 전인 1835년에 이미 도덕적 광기 상태에 대한 언급에서 지적 기능이 적절히 보존되었음에도 불구하고 감정이나 행동, 충동 조절 및 도덕성을 포함한 인격 기능의 왜곡 등 일부 특정 기능에 이상을 초래한 병적 상태에 주목했는데, 다른 정신병 상태와는 달리 망상이나 환각을 보

제임스 프리처드

이지 않는다는 점을 강조했다. 하지만 프리처드가 말한 도덕적 광기의 개념은 세월이 흐르면서 다소 변질되어 오늘날에 와서는 감정 문제보다는 윤리적 측면이 더욱 강조되기에 이르렀으며, 따라서 점차 사회적 통념에 반하는 행동과 인격장애 차원의 문제를 가리키게 되었다.

그렇다고 해서 도덕적 광기를 가리키는 도덕 정신병은 정신의학 진단분류 항목에 따로 포함되지 않고 있다. 동성애 역시 진단분류에서 빠져 있다. 치료를 요하지 않는 상태이기 때문인지 치료 방법이 없기 때문인지는 잘 모르겠으나 어쨌든 도덕적 광기의 문제는 사회적 합의가 아직 이루어지지 못한 상태에 놓여 있다. 오히려 법적인 차원에서 단호하다고 볼 수 있다. 사실 감옥에 갇혀 사회에서 강제로 격리된 범죄자들의 절대다수는 도덕적 광기의 소유자들이라 할 수 있다. 하지만 그런 법적 조치는 사회적 합의가 이루어진 상태에서 시행되는 것이기 때문에 그 누구도 이의를 달지 않지만, 정신의학적 진단의 문제에 대해서는 논란의 여지가 많다고 볼 수 있다.

그럼에도 도덕적 광기의 소유자는 그가 어디에 있든 주위에 해악을 퍼뜨리는 암세포 같은 존재라 할 수 있다. 그들을 설득해 사회에 이로운 인간으로 변화시킬 수 있는 수단과 방법은 현실적으로 거의 없다. 물론 종교가 그런 역할을 맡을 수 있을지 모르지만, 실효성 차원에서 보자면 매우 의문스러울 수밖에 없다. 단적인 예로, 히틀러나 알 카포네가 종교적 감화를 통해 개심이 가능했다면, 이 세상은 이미 오래전에 자유와 평화를 이루었을 것이다.

그런 점에서 정신병 환자가 의학적 보살핌을 받아야 할 사회적 약자에 속한다면, 도덕 정신병은 오히려 엄청난 사회적 파급효과를 일으킨다는 측면에서 볼 때 그야말로 위험하기 그지없는 핵폭탄과도 같은 존재라 할 수 있다. 결국 세상을 어지럽히는 주범은 정신병원에 있는 환자들이 아니라 오히려 병원 밖에 있는 도덕적 광기의 소유자들이라 할 수 있으니, 히틀러나 무솔리니, 스탈린과 모택동, 폴 포트, 이디 아민 등이 바로 그 증거다. 정신병원은 적어도 환자 치료와 재활을 위해 존재하지만, 그들은 세상 전체를 광기에 물든 정신병동으로 몰아가니 말이다.

도 덕 적 광 기 에 는 약 도 없 다

하지만 이를 어쩌랴. 정신병은 치료할 약이라도 존재하지만 도덕적 광기에는 약도 없으니 말이다. 사실 광기의 역사에서 항정신병 약물의 개발은 가히 혁명적인 사건이었다. 가장 최초로 개발된 정신병 치료제 클로르프로마진이 1950년대에 세상에 소개되자 사람들은 이제부터 정신병도 약으로 고칠 수 있게 되었다며 쌍수를 들어 크게 환호했다. 실제로 그 이전까지 환자들은 오로지 사회에서 격리된 상태로 정신병원에서 생을 보내야만 했다.

물론 프랑스의 철학자 미셸 푸코는 대표적인 저서 《광기의 역사》 《감시와 처벌》 등을 통해서 정신의학 및 감옥 체계의 이면에 도사린 권력 관계에 초점을 맞추어 비판의 목소리를 드높이기도 했지만, 《성의 역사》를 쓰기도 했던 본인 자신은 정작 동성애자였으며, 그것도 에이즈로 숨진 최초의 철학자이기도 했으니 참으로 세상일은 얄궂다고 하겠다. 하기야 평등의 가치를 드높인 마르크스주의 신봉자이자 철학자였던 루이 알튀세르도 말년에 이르러 자신의 아내를 목 졸라 살해했으니 도덕적 광기의 문제야말로 현대 의학으로도 풀기 어려운 난제 중의 난제가 아닐 수 없다.

무릇 광기란 상식적으로 이해하기 어려운 상태를 가리키는 말이다. 그런 점에서 인간의 의식과 행동뿐 아니라 도덕적인 측면에서도 상식을 뛰어넘는 현상이 벌어질 경우, 우리는 그것을 광기로 간주할 수 있다. 실제로 인류는 오랜 세월 그런 도덕적 광기로 인해 숱한 고통과 시련을 겪어 왔으며, 현대로 올수록 그 정도는 더욱 심각해졌다. 그리고 그런 도덕적 광기에서 우리가 자유롭지 않은 한 아무리 물질적 풍요를 누린다 해도 진정한 자유나 평등 문제의 해결은 허공에 핀 꽃이요, 모래성에 불과하다고 볼 수 있다.

결론적으로 말해서 망상과 환청을 위주로 한 정신병 상태는 정신의학적 관점에서 볼 때 뇌신경 전달물질 이상의 결과로 인한 현상으로 보고 있지만, 정신분석적 견지에서 보자면 자아 기능이 무너진 상태로 간주된다. 반면에 도덕적 광기란 초자아 기능에 심각한 이상이 생긴 경우를 가리키는데, 불행히도 지금까지 양심이나 도덕성을 주관하는 뇌 부위는 알려지지 않고 있다. 도덕적 광기의 경우, 비록 자아의 판단에 부분적으로 결함이 있을 수 있으나 정신병 환자들처럼 그렇게 완전히 현실감각을 잃는 것은 아니다. 물론 정상인에서도 초자아 기능이 남달리 강하거나 약할 수 있지만, 도덕적 광기의 소유자들은 그 정도가 너무도 심각해서 자아의 능력만으로는 통제가 불가능한 지경에 이른 사람들이라 할 수 있다. 그런 점에서 망상의 소유자가 걸어 다니며 꿈을 꾸고 잠꼬대하는 사람이라면, 도덕적 광기의 소유자는 여기저기 날아다니며 사방에 사악한 메시지를 전파하는 변종 바이러스와도 같은 존재라 할 수 있다.

도덕적 양심과 초자아

——————— 인간이 짐승과 구분되는 가장 중요한 특성 가운데 하나는 도덕적 양심의 존재와 윤리적 태도에 있다고 할 수 있다. 물론 말을 사용해 의사소통을 나누고 도구를 이용할 줄 알며 다양한 표정을 통해 감정을 적절히 표현할 수 있다는 점을 인간의 특성으로 들 수 있겠지만, 매우 유감스럽게도 인간은 짐승과 달리 동족을 학대하고 죽이는 일을 서슴지 않기 때문에 개만도 못하다거나 짐승만도 못하다는 말을 종종 듣기도 한다.

인간은 이미 오래전부터 종교나 철학 등을 통해 자의식을 발전시켜 왔다고 자부하지만, 다른 한편으로는 문명의 발전과 더불어 온갖 전쟁과 학살을 벌여 오기도 했으니 어떻게 보면 우주를 크게 오염시킨 장본인이기도 하다. 그런 점에서 인간 존재란 이 광활한 우주에서 가장 큰 수수께끼 가운데 하나일 것이다. 진화론적 측면에서 보더라도 인간은 아직 완성된 존재가 아니다. 혹자는 그런 인간을 신이 창조한 불량품으로 간주하기도 하는데, 그럼에도 우리에게 희망적인 사실은 이성적 판단과 도덕적 양심을 지니고 있다는 점일 것이다.

도덕적 양심은 인간이면 누구나 지니고 있는 것으로 생각하기 쉽지만, 반드시 그렇지만도 않다. 물론 양심이 전혀 없는 인간이란 상상하기 어려운 일임에 틀림없지만, 세상을 살다 보면 피도 눈물도 없는 잔인한 인간, 죄의식을 전혀 느끼지 못하는 인간, 타인에게 끔찍한 고통을 줌으로써 오히려 쾌감을 느끼는 인간들을 종종 목격하기도 한다. 한 줌의 양심이라도 있다면 도저히 저지를 수 없는 그런 잔혹한 행위를 벌이는 인간이나 집단을 목격할 때 우리는 그야말로 엄청난 자괴감을 느낄 수밖에 없다.

자 아 와 초 자 아

인간의 무의식을 발견하고 정신분석을 창시한 프로이트(Sigmund Freud, 1856~1939)는 제1차 세계대전의 참혹한 재앙을 겪은 이후 자신의 리비도 이론을 수정하면서 이드와 자아, 초자아로 이루어진 인격 기능의 구조이론을 내세우기에 이르렀는데, 기존의 리비도 이론만으로는 도저히 설명이 불가능한 끔찍스러운 잔혹 행위를 목격했기 때문이다. 집단적 자기징벌이라고 볼 수밖에 없는 그런 비이성적·비합리적 행태를 통하여 그는 비로소 인간의 초자아 기능에 주목하기 시작한 것이다.

프로이트가 말한 초자아란 쉽게 말해서 인간의 심층 속에 자리 잡은 양심의 기능을 가리킨 용어로, 원초적 욕망으로 이루어진 이드를 통제하고 견제하는 역할을 도맡아 자아에게 압력을 가하는 인격의 일부를 뜻한다. 물론 인간은 오랜 세월 합리적 판단에 입각한 자아의 이성에 큰 자부심을 지니고 살아왔지만, 그런 굳은 신념은 프로이트에 의해 여지없이 무너지고 말았다. 강력한 이드 충동과 이를 제압하려는 초자아 사이에서 갈등을 겪는 인간의 자아는 우리가 생각하는 것처럼 그렇게 튼튼하지 못하다는 사실을 프로이트가 폭로했기 때문이다.

그런 이유로 프로이트는 서구 기독교사회에서 인간의 존엄성을 무너뜨린 사악한 인물로 비난받기도 했으며, 더 나아가 모든 인류를 신경증 환자로 전락시킨 장본인으로 매도당하는 수모까지 겪어야 했다. 하지만 심리적으로 완벽한 인간이 없기 때문에 오랜 세월 종교도 존재해

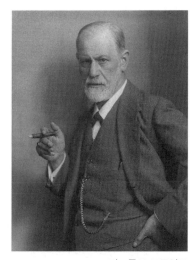

지그문트 프로이트

온 것이 아니겠는가. 모든 인간이 완벽하다면 종교가 필요하지도 않을 것이기 때문이다. 프로이트는 단지 그런 사실을 심리학적인 형태로 공표한 것뿐이다.

그렇게 볼 때, 양심은 초자아의 기능이고, 이성은 자아의 기능이라 할 수 있다. 물론 자아는 상식적 판단에 기초해서 이성적 기능을 유지하고자 무진 애를 쓰기 마련이다. 하지만 이드의 욕망과 탐욕이 워낙 강하기 때문에, 그리고 그런 이드의 충동을 견제하고 억누르고자 애쓰는 초자아의 기능이 항상 작동하고 있기 때문에 그런 이드와 초자아 사이에서 자아는 갈등을 겪기 마련이며, 따라서 자신의 균형을 잃지 않기 위해 수시로 다양한 방어기제를 동원할 수밖에 없다는 것이 프로이트의 핵심적인 주장이기도 하다.

결국 자아는 이드와 초자아 사이에서 타협을 추구하는 동시에 현실과도 타협을 시도하는 삼중고에 시달리며 살아가는 존재라는 점에서 프로이트는 자아의 운명을 매우 염세적이고도 비극적인 모습으로 묘사한 것이 사실이다. 하지만 그렇다고 해서 프로이트가 자아의 능력을 시종일관 과소평가한 것만은 결코 아니다. 오히려 건강하고 성숙한 자아의 기능을 되찾기 위해 정신분석의 필요성을 강조하면서 정신분석의 목적 또한 '이드가 있던 곳에 자아가 있게 한다.'는 점에 있다는 사실을 분명히 했던 것이다.

하지만 자아와 이드에만 너무 집착하다 보니 초자아에 대해서는 다소 소홀히 다룬 점도 솔직히 부인하기 어려워진다. 마치 오이디푸스 갈

등에만 초점을 맞추다 보니 조기 모자 관계에 대해 별다른 주목을 기울이지 못한 점과 비슷하다. 물론 프로이트는 제1차 세계대전의 참상만을 목격했지 그보다 더욱 참혹했던 제2차 세계대전이나 홀로코스트의 비극을 겪을 기회가 없었다. 그는 나치 독일군이 폴란드를 침공한 직후 세상을 떴기 때문이다. 그런 점에서 프로이트는 인간의 초자아 기능이 완전히 마비된 파시즘과 나치즘의 만행을 직접 겪지 않아도 되었지만, 그의 후계자들조차 초자아 기능의 이상으로 인한 도덕적 광기에 대해서는 별다른 관심을 보이지 않게 되었다.

하기야 프로이트 자신이 이념적 충돌로 빚어지는 온갖 사회적 변혁에는 무관심으로 일관했기 때문에 동시대에 벌어진 파시즘과 나치즘, 볼셰비키 혁명, 시오니즘, 반유대주의 등에 대해서는 아무런 언급조차 하지 않았다. 물론 그것이 선택적 무관심의 발로였는지에 대해서는 자세히 알 도리가 없으나, 오로지 개인 심리의 심층 구조에만 관심을 기울이는 한편 정신분석의 발전과 생존에 급급했던 프로이트였다는 점에서 본다면 매우 이례적이라 할 수 있는 그의 태도가 어느 정도 수긍이 될 수도 있겠다. 더욱이 그는 동시대에 극성을 떨었던 반유대주의라는 도덕적 광기의 희생자 가운데 한 사람이었으니 그럴 만도 했을 것이다.

도 덕 적 광 기 의 확 산

문제는 그 후 인간 스스로 공멸의 위기로 몰아넣을 수도 있는 가공할 핵무기가 개발되었다는 사실이다. 그야말로 도덕적 광기의 상징이라 할 수 있는 핵무기의 개발은 인간의 존엄성을 무너뜨리는 가장 두려운 사건인 동시에 인간 초자아의 도덕성을 의심케 하는 유사 이래 초유의 치명적인 사건이기도 했다. 만약 프로이트가 좀 더 살아서 핵무기의 존재를 알았다면 과연 그는 그런 현실을 뭐라고 평가했을까 궁금하기도 하다.

물론 프로이트는 생전에 세계적인 물리학자 아인슈타인이 보낸 전쟁에 관한 질문에 대해 답하면서, 인간의 고질적인 공격성 때문에 전쟁 자체를 근절하기가 매우 어려울 것이라는 염세적인 태도를 보이기도 했지만, 사해동포주의를 외친 평화주의자 아인슈타인이 그 후 미국의 핵무기 개발의 필요성을 루스벨트 대통령에게 적극 건의했다는 사실로 봐서는 과연 도덕적 양심의 기준이 무엇인지 한마디로 정의하기가 매우 어려워진다.

하지만 당시 이미 V 로켓을 개발해 영국 본토를 공격함으로써 수많은 시민을 공포의 도가니로 몰고 간 나치 독일의 도덕적 광기와 더불어 결사항전을 외치며 옥쇄를 다짐하는 일제의 최후 발악을 고려한다면, 원폭 개발은 불가피했다고 볼 수도 있다. 그럼에도 불구하고 종전 후에 벌어진 냉전시대의 핵무기 경쟁 사태나 오늘날 우리 발등에 떨어진 북핵 사태를 돌아본다면, 같은 물도 소가 마시면 우유가 되고 뱀이 마시면 독이 된다는 불교 우화가 새삼 가슴에 와닿는다.

그런데 문제는 패전 이후에 보인 독일인과 일본인의 극명한 태도 차이에 있다. 독일은 자신들이 저지른 극악무도한 만행에 대해 뉘우침과 부끄러움을 보이며 도덕적 양심을 되찾은 데 반해, 일본은 지금까지도 자신들이 저지른 숱한 악행에 대해 양심의 가책을 느끼지 못하고 있을 뿐 아니라 오히려 자신들의 과거 행적을 스스로 감추고 호도하기에 급급한 모습을 보이고 있기 때문이다. 물론 그런 차이가 생긴 것은 일본이 독일과는 달리 원폭 투하의 피해를 입게 되면서 가해자의 입장에서 졸지에 피해자의 신분으로 바뀌었기 때문이라고 볼 수도 있겠지만, 아무리 그렇다 하더라도 단지 원폭 두 방으로 일본인의 도덕적 양심마저 모조리 날아가 버렸다고 믿을 수 있겠는가.

패전국 독일과 일본의 차이는 또 있다. 독일은 패전의 대가로 분단의 아픔을 겪어야 했지만, 일본은 분단되지도 않은 데다 예전과 변함없이 천황을 모실 수 있었기 때문이다. 오히려 분단된 것은 일본의 식민지였던 한반도였으니 전쟁의 피해자였던 우리 한국인으로서는 그보다 더 억울하고 통탄스러운 일이 어디 또 있겠나. 그런 행운을 맞이한 일본이었으니 뼈아픈 자성의 기회마저 잃고 만 것이다. 더욱 딱한 것은 그렇게 도덕적으로 편마비 상태에 빠진 일본에게 사과 한마디 듣고자 아까운 정력을 낭비하고 있는 우리 자신이다. 어차피 일본은 도덕성 회복에 시간이 오래 걸릴 수밖에 없어 보인다. 마음에도 없는 사과 한마디 듣기 위해 아까운 국력을 낭비하는 일이 없었으면 한다.

물론 도덕적 양심에 바탕을 둔 초자아 기능의 왜곡된 현상은 정치적 영역에만 국한된 것이 결코 아니다. 종교, 사상, 학문, 예술 등 문화의 전반적 분야에 걸쳐 광범위하게 나타날 수 있다. 단적인 예로, 종교 분야에서 보여 주는 극단적인 단식과 금욕주의, 채찍질을 통한 자기징벌 의식을 들 수 있다. 심지어 십자가 처형을 몸소 체험하는 경우도 있다. 과거 러시아에서는 집단적 거세를 시행한 종파까지 있었다. 더욱이 흑인 노예나 아메리카 원주민을 상대로 벌인 잔혹한 만행은 기독교인들의 뒤틀린 도덕성의 결과이기도 했다.

사상적인 측면에서 초자아 기능이 심하게 왜곡될 경우에는 피도 눈물도 없는 잔혹한 학살극이 태연하게 자행된다. 로베스피에르의 피의 공포정치가 그렇고, 나치 독일의 유대인 학살과 스탈린이 저지른 피의 대숙청이 그랬다. 일본제국주의는 조선인과 중국인을 상대로 천인공노할 살육을 자행했으며, 이념적 분쟁에 따른 학살 행위는 러시아 내전과 한국전쟁, 베트남전쟁, 캄보디아의 킬링필드 등에서 자행되었다.

학문의 세계도 결코 예외가 아니다. 가장 대표적인 것이 일본의 역사 왜곡과 중국의 동북공정을 통한 역사 조작이다. 그런 점에서 양심 불량의 논문 표절은 차라리 애교에 가깝다. 과학 분야는 더욱 심각하다. 인류를 파멸로 몰고 갈 수도 있는 핵무기를 개발했으며, 심지어는 생화학, 생물학 무기까지 등장했으니 참으로 전율할 일이다. 어디 그뿐인가. 유전자 조작을 통한 괴생명체의 출현과 생태계 파괴도 문제다. 또한 파블로프의 학습이론은 대중심리 조작과 세뇌 작업에 악용되고 있으며, 그런 관점에서 학문적으로 가장 타락한 분야는 상업성과 결탁한 광고심리학이라 할 수 있다. 이 모든 것이 학문적 양심의 마비와 도덕성 타락의 결과로 벌어진 일들이다. 그야말로 초자아 기능의 총체적 난맥상이 아닐 수 없다.

초자아 비대증과 결핍증

───────────── 인간의 초자아는 태어날 때부터 지닌 능력이 결코 아니다. 프로이트에 의하면, 오이디푸스 갈등을 해결하는 과정에서 부모의 가치관이나 도덕관을 자신의 일부로 받아들여 초자아를 형성하기 시작한다고 주장했는데, 그의 후계자 멜라니 클라인은 그보다 훨씬 이전부터 초자아가 형성된다고 주장하기도 했다. 하지만 보다 중요한 문제는 정확한 초자아 형성 시기에 있는 것이 아니라 질적인 측면에서 얼마나 건전한 초자아 기능을 받아들이며 성장하는가에 달려 있다고 봐야 할 것이다.

그런 점에서 초자아 기능의 다양한 형태는 부모의 윤리의식과 도덕적 관념의 질에 의해 결정된다고 해도 과언이 아닐 것이다. 물론 그런 형태를 단순하게 압축시켜 소개하자면, 초자아 비대증(superego hypertrophy)과 초자아 결핍증(superego atrophy)으로 요약할 수 있겠다. 비유컨대 초자아 비대증은 두터운 담벼락에, 그리고 초자아 결핍증은 아예 지붕이 내려앉거나 담벼락이 무너진 상태에 견줄 수 있다. 물론 정신분석에서는 초자아 기능에 결함이 생긴 경우를 'superego lacunae'라고 해서 초자아 비대증과 결핍증의 중간 단계에 속하는 상태를 가리키기도 하는데, 이런 경우는 구멍이 숭숭 뚫린 지붕이나 담벼락에 견줄 수 있는 상태로, 여러 다양한 성격장애에서 찾아볼 수 있는 현상이다.

따라서 초자아 비대증은 지나친 도덕적 양심으로 인해 매우 가혹하고 잔인한 잣대로 자기 자신과 타인들을 대하기 쉬우며, 초자아 결핍증은 양심의 부재로 인해 크나큰 죄악을 범하고도 양심의 가책이나 죄의식을 전혀 느끼지 못하기 쉽다. 우리는 초자아 비대증의 예를 지나치게 강박적인 도덕주의나 금욕주의를 동반한 종교적 근본주의에서 찾아볼 수 있으며, 초자아 결핍증의 가장 극단적인 예는 사이코패스나 반사회적 성격을 가진 인간을 통해 얼마든지 확인할 수 있다.

어렵게 얘기할 것도 없다. 단적인 예로, 연쇄살인범의 경우 단순히 개인적 원한에 의한 복수 차원이 아니라 단지 불특정 다수를 상대로 한 살인 행위를 통해 가학적인 쾌감을 얻을 수 있는데, 설사 그런 충동에 휩싸였다 하더라도 초자아 기능이 정상적으로 작동했다면 그토록 손쉽게 실제 행동으로 옮기지는 못했을 것이다. 살인이 여의치 않으면 다른 가구나 짐승을 상대로 대신 해소할 수도 있기 때문이다.

물론 인간의 무의식 안에는 매우 부도덕한 살인 욕구, 파괴적 충동이 존재할 수 있다. 하지만 인간의 초자아는 그런 욕구나 환상을 행동화하지 못하도록 자아에게 강한 압력을 행사하기 때문에 정상적인 자아의 소유자는 그런 충동을 느낀 것 자체만으로도 죄의식을 느끼기 마련이다. 그러나 불행히도 초자아 발달이 정상적이지 못한 사람은 그런 충동을 실행에 옮기고도 죄의식을 전혀 느끼지 못한다. 자아의 이성적 기능이 덩달아 마비된 상태이기 때문이다.

초자아 결핍증을 동반한 범죄 행위는 당연히 법의 심판을 받고 사회에서 격리되기 마련이지만, 반면에 초자아 비대증에 의한 지나친 도덕주의는 세상에서 그 정당성을 보장받고 오히려 대중으로부터 큰 호응을 얻기 쉽다. 여기에는 종교적 교리나 전통이 매우 강력한 배경을 이루고 있는 경우가 대부분이다. 중세 암흑시대에 성행했던 마녀사냥이 가장 대표적인 예라 할 수 있다. 성을 죄악시하고 금욕주의에 사로잡힌 성직자들에 의해 저질러진 이런 만행은 심지어 19세기에 이르기까지 수백 년 동안 지속되기도 했다.

하지만 초자아가 강하다고 해서 무조건 비대증으로 간주할 수는 없다. 강한 초자아 기능은 문명 유지의 초석이 되는 동시에 개인과 집단의 안정에 필수불가결한 요인이기 때문이다. 다만 병적으로 지나치게 비대해진 초자아일 경우에는 피도 눈물도 없는 잔혹한 도덕적 광기로 치닫기 쉽기 때문에 경계의 대상이 될 뿐이다.

강 한 초 자 아 의 소 유 자 들

역사적으로도 강한 초자아를 소유한 인물들은 이루 헤아릴 수 없이 많았다. 4대 성인을 비롯해 플라톤과 디오게네스, 중국의 맹자와 장자, 탕자에서 성자로 거듭난 아우구스티누스, 금욕과 형제애를 실천한 아시시의 성 프란체스코, 종교개혁을 이룩한 마르틴 루터와 칼뱅, 그리고 이에 대항해 교황청을 수호한 로욜라, 왕에 대한 직언으로 참수된 토머스 모어, 일생 동안 독신을 고수한 레오나르도 다빈치와 미켈란젤로, 엘리자베스 1세 여왕, 아이작 뉴턴, 파스칼, 스피노자, 칸트, 쇼펜하우어, 키르케고르, 삼중고의 시련을 극복한 헬렌 켈러 등이 그렇다. 어디 그뿐인가. 단종의 복위를 꾀하다 처형된 사육신, 나라를 위기에서 구한 이순신 장군, 노예해방을 선언한 링컨 대통령, 러시아 작가 도스토옙스키와 톨스토이, 정신분석의 창시자 프로이트, 지휘자 토스카니니, 화가 뭉크, 주지주의 시인 T. S. 엘리엇, 철의 여인 마거릿 대처, 인도에서 빈민을 위해 일생을 바친 수녀 마더 테레사 등도 강한 초자아의 소유자들이다.

하지만 이들과는 달리 지나치게 과도한 초자아 비대증으로 도덕적 광기로 치달은 인물 또한 존재했으니 수많은 사람을 단두대에 올리며 피의 공포정치를 단행한 로베스피에르, 수십만의 세르비아인을 학살한 크로아티아의 지도자 파벨리치, 유대인 학살에 대한 책임으로 교수형에 처해진 아이히만, 문화대혁명과 홍위병 난동으로 수많은 희생자를 낳은 모택동, 악명 높은 매카시즘 광풍의 주동자 조지프 매카시 상원의원, 전설적인 게릴라 지도자로 밀림에서 사살된 체 게바라, 가혹한 신정정치를 펼친 이란의 호메이니, 킬링필드의 주모자 폴 포트, 9·11 테러를 자행한 오사마 빈 라덴 등이 그렇다.

초 자 아 결 핍 의   소 유 자 들

이에 반해서 초자아 결핍을 보인 인물로는 부하 장수의 아내를 빼앗은 다윗과 무절제한 여색에 빠진 솔로몬, 세례 요한의 목을 요구한 살로메, 희대의 악녀 말희와 달기, 권력을 차지하기 위해 자신의 어린 자식들 목숨까지 빼앗은 비정한 어머니 측천무후, 조선의 악녀로 손꼽히는 장녹수, 장희빈, 조귀인, 어우동, 그리고 간신 한명회와 매국노 이완용, 영국의 헨리 8세, 타락한 교황 알렉산더 6세, 셰익스피어와 바이런, 셸리, 불륜의 여왕 마고, 넬슨 제독의 연인 엠마 해밀턴, 자칭 사랑의 전도사 카사노바, 흑인 노예를 첩으로 삼은 토머스 제퍼슨, 문란한 사생활을 일삼은 나폴레옹 3세, 맨발의 이사도라 덩컨, 세기적인 스파이 마타 하리와 가와시마 요시코, 대서양 사이를 오가며 이중생활을 벌인 찰스 린드버그, 숱한 여인을 울린 화가 피카소, 두 여인 사이를 오가며 이중생활을 유지한 시인 에즈라 파운드, 수많은 사생아를 낳은 바람둥이 지휘자 푸르트뱅글러, 자신에게는 초자아가 없다고 장담한 실존주의 철학자 사르트르, 천황제 복귀를 외치며 할복자살한 미시마 유키오,

찰스 맨슨

부적절한 관계로 탄핵의 위기에 처했던 빌 클린턴 대통령 등을 들 수 있다.

하지만 초자아 결핍의 정도가 심해서 도덕적 파탄과 광기의 수준에까지 이른 인물들도 있으니 로마의 폭군 칼리굴라, 콤모두스와 네로, 애꾸눈 궁예, 조선의 연산군과 사도세자, 러시아의 폭군 이반 뇌제, 피의 백작부인 바토리, 살인을 저지르고 쫓기는 신세로 전락한 화가 카라바조, 희대의 연쇄살인마 페터 퀴르텐과 헨리 홈즈, 러시아의 괴승 라스푸틴, 파시즘의 원조 무솔리니, 600만의 유대인을 학살한 히틀러, 무자비한 피의 숙청을 단행한 스탈린, 남경 학살을 주도한 다니 히사오 중장, 생체실험의 악마 멩겔레와 이시이 중장, 할리우드의 살인마 찰스 맨슨, 아내를 살해한 철학자 알튀세르, 900명의 신도와 함께 집단 자살한 짐 존스 목사, 이슬람 세계의 독재자 사담 후세인과 카다피, 아프리카의 괴물 대통령 이디 아민 등이다.

초 자 아 기 능 의 탄 력 성

이처럼 초자아의 기능도 자아의 기능만큼이나 그 수준이 다양해서 개인마다 정도의 차이가 클 수밖에 없다. 따라서 초자아 기능의 강약 정도에 따라 도덕적 광기의 수준도 결정되기 마련이다. 예를 들어, 초자아 비대증의 경우 지나친 양심의 가책으로 죄책감을 견디지 못하고 자살했다고 해서 그것을 도덕적 광기의 결과로 보기는 어렵다. 이와 반대로 양심의 가책이 아니라 지나치게 가혹한 도덕적 기준으로 인해 타인에게 또는 집단에게 고통을 가하거나 위해를 끼쳤을 때, 오히려 도덕적 광기로 간주할 수 있다.

더군다나 그런 광기에 종교적·이념적 명분이 가해질 경우에는 죄의식이 아니라 오히려 커다란 자긍심 및 사명감마저 느끼기 쉽다. 그야말로 의식의 전도 현상까지 일어나게 되면서 광기의 확산이 더욱 정당성을 지니게 되는 것이다. 우리는 역사적으로도 그런 집단적 광란의 모습을 얼마든지 찾아볼 수 있다. 다만 종교적 신념에 따라 집단적으로 순교하는 행위까지 도덕적 광기로 볼 수는 없을 것이다. 오히려 성지 탈환의 미명하에 숱한 학살극을 벌인 십자군의 만행이야말로 도덕적 광기에 속한다고 할 수 있겠다. 그런 광기는 이념적 명분에 따라 무자비한 학살을 자행한 러시아 내전이나 한국전쟁, 베트남전쟁을 통해서도 확인할 수 있는 비극이다.

낯가죽이 두꺼워 부끄러움을 모르는 경우를 후안무치(厚顔無恥)라고 한다. 양심과 도덕성 역시 지나치게 비대해지면 수치심을 느끼지 못한다. 우리는 그런 경우를 수많은 정치인과 종교인, 지식인의 언행을 통해서도 확인할 수 있다. 그리고 그런 사람들로 인해서 숱한 시련과 고통을 감수해야 하는 경험도 그야말로 질리도록 겪어 봤다. 그런 점에서는 차라리 배운 것이 없고 옳고 그른 감각이 뒤지는 한이 있더라도 순박하고 선량한 노점상 아주머니가 더욱 인간적이라 할 수 있다.

반면에 양심과 도덕성이 너무 얇고 천박한 사람들 역시 수치심을 모른다. 지나치게 경박하고 즉흥적이어서 말이 많고 깊게 생각을 하지 못하는 스타일의 사람들이 여기에 속한다. 물론 이런 사람들은 재치와 위트가 넘쳐 나기 때문에 좌중의 분위기를 이끌고 인기몰이에 능란하다고 할 수도 있겠지만, 예기치 못한 위기를 맞이한 상황에서는 누구보다 가장 먼저 무너지고 달아나는 특성이 있다. 그런 점에서 사람들로부터 신뢰나 신의를 얻기 어려우며 배신도 밥 먹듯 한다.

따라서 양심과 도덕성을 대표하는 초자아 기능도 어느 정도의 탄력성을 유지할 수 있어야 큰 무리가 없다고 할 수 있다. 너무 비대해도 탈이고 느슨해도 탈이 나기 쉽다는 말이다. 우리는 그런 탄력적인 초자아 기능의 소유자들을 역사적 인물 가운데서도 얼마든지 찾아볼 수 있다. 석가모니와 공자, 예수, 소크라테스, 유비 현덕, 원효대사, 선덕여왕, 세종대왕, 퇴계 이황, 이순신 장군, 링컨 대통령, 처칠 수상, 브란트 수상, 교황 요한 바오로 2세, 케네디 대통령, 메르켈 총리 등이 그렇다. 이들의 공통점은 탁월한 혜안과 지혜를 지녔으면서도 매우 인간적이라는 사실이다. 하지만 유감스럽게도 오늘날 우리의 현실에서는 이처럼 뛰어난 정신적 스승과 지도자를 만나기가 하늘의 별 따기만큼이나 어려우니 참으로 안타깝기 그지없는 노릇이다.

타나토스와 네크로필리아

───────── 인간은 누구나 삶에 강한 집착을 지니고 살아남기 위해 필사적인 노력을 기울인다. 하지만 역설적으로 자기파괴적인 본능에 따라 스스로 자신의 삶을 포기하고 더 나아가 타인의 삶까지 파괴하고자 하는 경우도 있다. 인간의 그런 자기파괴적 성향에 대해 프로이트는 타나토스(thanatos)라는 용어를 사용했는데, 특히 제1차 세계대전의 참상을 목격한 이후 타나토스 개념을 통해 인간의 집단적 광기를 이해하고자 한 것이다. 삶을 사랑하고 보존하고자 하는 에로스(eros)에 반하여 삶을 파괴하고 해체하고자 하는 타나토스의 존재는 무(無)의 상태로 돌아가고자 하는 힘이라 할 수 있다.

타나토스는 원래 그리스 신화에 나오는 죽음의 신으로, 잠의 신 히프노스와 쌍둥이 형제 사이다. 그래서 죽음을 연구하는 사망학도 타나톨로지(thanatology)라고 한다. 우리는 흔히 죽은 상태를 두고 완곡한 표현으로 조용히 잠든 모습에 비유하기도 하는데, 공교롭게도 그리스 신화에서 죽음의 신과 잠의 신은 쌍둥이 형제로 등장하고 있으니 현대인과 고대인의 사유 방식이 크게 다르지 않아 보인다.

프로이트의 말처럼 타나토스가 인간의 내면에 간직된 파괴적 본성을 가리킨 것이라면, 타고난 공격성을 거론할 수밖에 없는데, 그런 점에서 프로이트 이론은 성악설에 가깝다고 할 수 있으며, 창세기에서 말하는 원죄설이나 순자의 성악설과도 일맥상통한다. 반면에 맹자의 성선설과 불교에서 말하는 불성론에 익숙한 우리에게는 그런 성악설이 몹시 낯설게 느껴지면서 거부감을 느끼기 쉽다. 하지만 프로이트는 타고난 본성으로 타나토스만을 말한 것이 아니며, 더욱 강력한 에로스의 존재도 언급했기 때문에 단순히 성악설로 치부해서는 곤란할 것이다.

타 나 토 스 와   자 기 파 괴

자기파괴적인 동기에 의해 공격성이 극단적으로 자기 자신에게로 향한다는 점에서 볼 때, 자살도 타나토스의 힘에 굴복한 것으로 볼 수 있겠으나, 모든 자살을 무조건 타나토스의 힘에 의한 것으로 보는 시각에는 무리가 있다. 왜냐하면 최종적인 결과는 같아도 다양한 동기와 배경이 있을 수 있기 때문이다. 《자살론》으로 유명한 프랑스 사회학자 에밀 뒤르켐(Emile Durkheim, 1858~1917)이 말한 이타적 자살이 단적인 예라 할 수 있다.

물론 숱한 자살자의 동기를 일일이 언급할 수는 없겠지만, 도덕적 광기의 차원에서 굳이 예를 들자면, 자신의 환생을 입증하기 위해 에트

에밀 뒤르켐

나 화산 분화구에 스스로 몸을 내던진 고대 그리스의 철학자 엠페도클레스, 죽은 아내의 외모와 빼닮은 미소년을 거세시키고 결혼한 후 자살한 폭군 네로, 극심한 죄의식에 빠져 자신이 쓴 소설 원고를 불태우고 굶어 죽은 고골리, 루 살로메를 사랑하다 자살한 철학자 파울 레와 분석가 타우스크, 히틀러를 비롯한 나치 지도자들의 자살, 독이 든 사과를 먹고 자살한 컴퓨터 공학자 앨런 튜링, 가스 오븐에 머리를 박고 자살

한 시인 실비아 플라스, 생방송 중에 자살한 방송리포터 크리스틴 추벅, 900명의 신도와 함께 자살한 짐 존스 목사 등을 꼽을 수 있다.

도덕적 광기 차원의 자살은 동양도 서양에 결코 밀리지 않는다. 천황제의 복귀를 외치며 자위대 본부에서 할복한 일본 작가 미시마 유키오, 노추를 혐오해 가스 자살한 노벨 문학상 수상자 가와바타 야스나리, 아내를 도끼로 살해하고 자살한 중국의 시인 구청, 부모를 무참히 살해하고 자살한 네팔의 디펜드라 왕자, 의령군 마을 주민 62명을 살해하고 자폭한 우범곤 순경, 신도들과 함께 자살한 오대양 교주 박순자, 버지니아 공대에서 총기난사 후 자살한 조승희 등이 그렇다.

만 성 자 살

하지만 이처럼 극단적인 선택은 아니더라도 오랜 기간에 걸쳐 서서히 자신을 파괴하며 죽음으로 몰고 간 인물들도 적지 않다. 미국의 저명한 정신과 의사 칼 메닝거는 그런 경우를 성 자살(chronic suicide)로 간주했는데, 가장 대표적인 예로 알코올 중독을 들 수 있다. 술에 취해 눈구덩이에서 얼어 죽은 애꾸눈 화가 최북, 스코틀랜드의 국민시인 로버트 번스, 백주 대로에서 행려병자 신세로 죽은 에드거 앨런 포, 난쟁이 화가 로트렉, 폭음을 즐긴 작곡가 무소르그스키, 단편소설의 귀재 오 헨리, 실연에 빠진 작곡가 에릭 사티, 터키 건국의 아버지 케말 파샤, 철학적 에세이 《예언자》로 유명한 칼릴 지브란, 간디의 가출한 아들 하릴랄, 미국의 극작가 유진 오닐, 빨갱이 사냥의 원조 매카시 상원의원, 갱 두목 알 카포네를 감옥으로 보낸 전설적인 수사관 엘리엇 네스, 폭음으로 쓰러진 시인 딜런 토머스, 전설적인 흑인 재즈가수 빌리

빌리 홀리데이

홀리데이, 비운의 샹송 가수 에디트 피아프, 영국의 명배우 리처드 버튼, 음주운전 사고로 사망한 화가 잭슨 폴록, 갑자기 피를 토하고 죽은 잭 케루악, 소련의 울부짖는 음유시인 비소츠키, 경련발작 증세로 숨진 트루먼 커포티, 반정신의학의 기수로 조현병의 존재를 부정한 정신과 의사 로널드 랭 등이 이에 해당한다.

약물 중독으로 스스로 수명을 단축한 인물에는 영국의 낭만주의 시인 콜리지, 남태평양 군도에서 숨을 거둔 프랑스의 화가 고갱, 길에서 얼어 죽은 아나키스트 의사 오토 그로스, 일본군 장교와 불륜을 일으키고 사생아를 낳은 청조의 마지막 황후 완룽, 비틀즈의 전설적인 매니저 브라이언 엡스타인, 로큰롤의 제왕 엘비스 프레슬리, 뉴저먼 시네마의 기수 파스빈더 감독, 은둔생활로 일관한 재벌 기인 하워드 휴스, 전설적인 기타리스트 지미 헨드릭스, '도어스'의 리드싱어 짐 모리슨, 아동 성추행 혐의에 시달린 팝의 황제 마이클 잭슨, 흑인 폭동의 빌미를 제공한 로드니 킹 등이 유명하다.

이 외에도 무모한 선택과 도전으로 죽음을 앞당긴 사람들이 있다. 세계를 정복하고자 했던 알렉산더 대왕, 고구려 원정의 실패로 몰락한 수 양제, 양반사회를 농락한 조선의 요부 어우동, 살인을 저지르고 도주한 화가 카라바조, 뒤주에 갇혀 굶어 죽은 사도세자, 단두대의 이슬로 사라진 로베스피에르, 무모한 결투로 목숨을 잃은 푸시킨과 레르몬

토프, 스파이 혐의로 처형당한 마타 하리, 연방교도소에서 숨진 정신분석가 빌헬름 라이히, 전설적인 게릴라 지도자 체 게바라, 어린 소년에게 맞아 죽은 파솔리니 감독, 알래스카 국립공원에서 곰의 먹이가 된 환경운동가 티모시 트레드웰 등이 있다.

죽 음 과   친 화 적 인   네 크 로 필 리 아

프로이트가 말한 타나토스가 매우 포괄적이고 추상적인 개념임에 반해, 이와는 달리 에리히 프롬(Erich Seligmann Fromm, 1900~1980)은 네크로필리아(necrophilia)라는 매우 구체적인 용어를 통해 생을 거부하고 죽음에 친화적인 인간을 설명하고자 했다. 반대로 삶을 사랑하고 친화적인 태도를 보이는 경우를 바이오필리아(biophilia)로 규정했다. 프롬은 가장 악성인 네크로필리아의 전형적인 예로 온 세상을 파괴하고자 했던 아돌프 히틀러를 들기도 했지만, 히틀러보다 더 많은 생명을 앗아간 스탈린이나 모택동에 대해서는 입을 굳게 다물었는데, 물론 그것은 프롬이 사회주의를 지향했던 인물이었기 때문이다.

원래 네크로필리아는 죽은 시신을 상대로 성행위를 하는 시간(屍姦)을 뜻하는 용어로 가장 끔찍스러운 성도착 증세를 가리킨 것인데, 프롬은 이를 성적인 차원을 떠나 도덕적

에리히 프롬

차원에서 죽음 지향적인 인간을 가리키는 의미로 확대한 것이다. 그런 점에서 볼 때, 숱한 인명을 죽음으로 몰고 간 알렉산더 대왕이나 칭기즈칸, 티무르, 나폴레옹, 히틀러, 스탈린, 도조 히데키, 파벨리치, 모택동, 폴 포트 등은 모두 네크로필리아에 속한다고 볼 수 있다. 삶을 사랑하는 인간이라면 그토록 수많은 인명을 희생시키지는 않았을 것이기 때문이다.

그렇게 보면 모든 전쟁광은 일종의 네크로필리아요, 타나토스에 굴복한 인간이라 할 수 있다. 숱한 죽음 앞에서 슬픔과 아픔이 아니라 오히려 일말의 희열과 쾌감, 만족을 느끼는 그런 악마적 속성은 단순히 정복자뿐 아니라 그를 추종하는 세력의 만행을 통해서도 얼마든지 확인할 수 있는 부분이다. 600만의 유대인 학살, 수십만 명의 민간인을 잔혹하게 죽인 남경 학살, 발칸반도를 지옥의 아수라장으로 만들어 버린 우스타샤의 학살, 수백만의 동족을 살해한 킬링필드 등의 사태를 보면 인간의 도덕적 광기가 얼마나 전염력이 강한 괴질인지 충분히 실감할 수 있다.

하지만 우리는 이처럼 집단적 차원이 아니라 지극히 개인적 차원에서도 타인의 죽음을 통해 악마적인 쾌락과 즐거움을 만끽하는 인간이 존재한다는 점에서 두렵게 되는 동시에 슬픔도 느끼게 된다. 다시 말해서 삶의 활력과 기쁨을 굳이 마다하고 오로지 죽음의 냄새를 맡으며 찾아다니는 음습한 심성의 소유자들이 세상 어디에나 존재하기 때문에 우리의 마음이 어둡게 되는 것이다. 그런데 문제는 그들의 본질이나 실체를 제대로 파악하지 못하고 그들이 전파하는 죽음의 메시지에 미혹되어 그런 도덕적 광기의 추종자로 전락하는 사람들이 있다는 사실이다. 실로 두렵고도 안타까운 일이 아닐 수 없다.

역사적 인물 가운데 죽음 친화적인 도덕적 광기의 소유자를 굳이 꼽자면, 앞서 소개한 자살자들 외에도 전문 킬러나 암살자를 들 수 있다. 링컨 대통령을 암살한 남부 지지자 존 부스, 간디를 암살한 힌두교 급진주의자 나투람 고드세, 케네디 대통령을 암살한 오스왈드, 로버트 케네디 상원의원을 암살한 요르단 출신의 학생 시르한, 마틴 루터 킹 목사를 암살한 백인우월주의자 제임스 얼 레이, 존 레논 암살범 마크 데이비드 채프먼 등이 바로 그 주인공이다. 하지만 간악한 일제에 항거해 민족의 이름으로 요인을 암살한 안중근, 윤봉길, 이봉창 의사 등의 거사를 도덕적 광기의 발로라고 할 수는 없다. 그것은 불의에 항거한 정당한 응징이었기 때문이다. 오히려 을사오적이나 망국의 주역 이완용이 더욱 극심한 도덕적 광기의 소유자들이 아니겠는가.

그 외에도 반사회적인 범죄자들 역시 죽음 친화적인 인간으로, 숱한 살인과 폭력을 통해 오히려 쾌감과 우월감을 만끽하는 네크로필리아에 속한다고 볼 수 있는데, '피의 백작부인'으로 불린 17세기 헝가리의 귀족 바토리 에르제베트, 19세기 영국 최고의 연쇄살인마 잭 더 리퍼, 미국 최초의 연쇄살인범 헨리 홈즈, '뒤셀도르프의 흡혈귀'로 알려진 페터 퀴르텐, '파리의 백정'으로 악명을 떨친 마르셀 페티오, 어머니와 아내를 살해한 찰리 브란트, 참혹한 집단살인극을 벌인 히피 사교 집단 두목 찰스 맨슨 등이 가장 대표적인 인물들이다.

이처럼 도덕적 광기와 밀접한 관련이 있는 타나토스와 네크로필리아는 인류 문명과 인간 자아의 발전에도 불구하고 날이 갈수록 기승을 떨고 있는데, 이는 곧 초자아 기능에 비상등이 켜진 상태임을 의미한다. 물론 여기에는 인간 의식의 진보에 반비례해서 종교의 영향력이 현저하게 감소해진 탓도 있을 것이다. 문제는 아무리 사랑과 평화에 기반을 둔 종교적 신념을 내세운다 하더라도 겉으로 드러난 행동 자체가 증오심과 파괴성, 잔혹성, 폭력성을 띠고 있다면, 이미 그것은 신의 종교가 아니라 악마의 종교를 실천하는 것일 뿐이다. 그런 점에서 지구상에서 벌어지는 그 어떤 성전(聖戰)도 말 그대로 성스러운 것이 될 수 없으며, 타나토스와 네크로필리아에 바탕을 둔 도덕적 광란의 작태로 볼 수밖에 없다. 하지만 타나토스와 네크로필리아의 마지막 키워드는 누가 뭐래도 핵전쟁을 통한 인류 전체의 멸망 시나리오가 아니겠는가. 생각만 해도 끔찍스러운 일이다.

도덕적 사도마조히즘

───────── 사도마조히즘은 성도착의 일종으로 가학증을 가리키는 사디즘과 피학증을 뜻하는 마조히즘의 합성어다. 사디즘과 마조히즘은 함께 맞물려 돌아가는 톱니바퀴와 비슷해서 따로 독립해 존재할 수 없기 때문에 사도마조히즘이라고 부른다. 사디즘은 프랑스의 변태성욕자 사드 후작의 이름에서, 그리고 마조히즘은 오스트리아의 성도착자 자허-마조흐(Leopold von Sacher-Masoch, 1836~1895)의 이름에서 유래된 것으로, 두 사람 모두 정신병원에서 생을 마감했다.

가 학 과 피 학 의 역 설

프로이트는 인간 심리의 기본적인 동력으로 사랑의 에로스와 파괴적인 타나토스를 말하기도 했지만, 사도마조히즘 환자의 임상 경험을 통하여 자신의 쾌락원리가 잘못되었음을 솔직히 시인하게 되었다. 왜냐하면 인간은 쾌락을 추구하고 고통을 회피하고자 하는 것만이 아니라 경우에 따라서는 기꺼이 고통을 찾고 즐기고자 하는 역설이 존재하기 때문이다.

그런데 프로이트는 성도착의 일종인 사도마조히즘 개념을 도

레오폴트 폰 자허-마조흐

덕적인 영역으로까지 확대해 도덕적 사도마조히즘(moral sadomasoch-ism)이라는 용어를 사용했는데, 물론 그것은 성적인 차원을 넘어서 심리적으로 상대를 학대함으로써 만족을 느끼는 사람과 정신적인 학대를 받음으로써 만족을 느끼는 매우 병적인 관계를 가리키는 말이기도 했다. 실제로 그렇게 병적으로 밀착된 관계는 가학적인 남편과 피학적인 아내로 이루어진 부부 관계에서 흔히 찾아볼 수 있다.

소위 매 맞는 아내의 문제는 단순히 여성이 겪는 피해 차원뿐 아니라 도덕적 사도마조히즘 차원에서 다뤄 볼 수 있는 여지도 충분히 있다고 본다. 왜냐하면 매 맞는 아내가 있으면 때리는 남편도 있기 때문이다. 더 나아가 가학적인 남성으로부터 온갖 정신적·신체적 학대를 받으면서도 자신을 스스로 방어하거나 회피하지 않고 역설적으로 그토록 학대받는 입장에서 벗어날 시도를 전혀 보이지 않는 경우도 있다.

물론 그것이 그동안 쌓인 정이나 사랑 때문이라고 스스로 우기기도 하지만, 반드시 그렇게 볼 수만도 없다. 또한 그것이 사실이라면 그런 사랑은 정상적인 사랑이 아니라 병적인 집착에 속한다고 할 수 있다. 가부장적인 유교를 신봉했던 우리 사회는 오랜 세월 여필종부(女必從夫)를 미덕으로 포장하고 힘없는 여성들에 대해 온갖 수모와 고통을 안겨 주기도 했지만, 여성의 지위가 예전과 다르게 상승한 오늘날에 와서도 여전히 도덕적 사도마조히즘 관계가 좀처럼 사라지지 않고 있음을 알 수 있다.

특히 여성들의 지위가 눈에 띄게 향상된 오늘날에 이르러 역설적으로 나쁜 남자를 선호하는 경향도 일부 여성에서 찾아볼 수 있는데, 얼핏 보면 매우 야성적이고 카리스마적 리더십을 발휘하는 남성들이 성적으로도 강한 매력을 발산하기 쉽지만, 그럴수록 조심해야 할 것은 그중에 지독한 나르시시스트나 도덕적 양심이 마비된 반사회적 인간이 있을 수도 있다는 점이다. 그런 남성은 자신이 이용할 만큼 단물을 다 뽑아 먹은 뒤에는 한순간에 표정 하나 바뀌지 않고 등 돌리며 배신하기를 밥 먹듯 하기 마련이니 경계의 대상이 되고도 남음이 있지 않겠는가.

하지만 그런 남성을 선택한 배경에는 여성 자신의 문제도 있을 수 있다. 예를 들어, 여성으로서의 자존감 상실이나 열등감 때문에 자신을 리드해 줄 수 있는 강력한 파워의 소유자를 갈망할 수도 있고, 자신의 내면에 숨겨진 공격성과 적대감 때문에 그런 남성과 강한 동질감을 느낄 수도 있다. 또는 어릴 때 아버지나 오빠들로부터 모진 학대나 횡포를 겪은 상처를 성인이 되어서도 다른 남성을 통해 무의식적으로 반복하려는 성향을 보일 수도 있다. 아니면 반대로 지나치게 무기력하고 나약한 아버지나 오빠들에 대한 환멸과 반발심으로 그들과는 달리 강력한 힘과 카리스마를 발휘하는 남성에게서 큰 매력을 느낄 수 있다.

따라서 도덕적 사도마조히즘은 단순히 가해자와 피해자 논리로 설명하기 힘든 매우 병적인 관계라 할 수 있다. 왜냐하면 가학적인 인물과 피학적인 인물 사이에 보이지 않는 상호 만족의 끈끈한 유대관계가 존재하기 때문이다. 그런 관계는 그 누구도 감히 떼어놓을 수 없는 공생적 관계를 의미하기에 두 사람을 떼어놓으려는 제3자의 그 어떤 시도에도 그들은 강력히 반발하기 마련이다. 참으로 골치 아픈 일이 아닐 수 없다.

도덕적 사도마조히즘은 인간의 심리적 성향 중에서도 외부적으로 손쉽게 파악하기 어려운 은밀한 속성 가운데 하나다. 물론 정도가 심해 도덕적 광기의 수준에 도달한 경우는 곧바로 말과 행동으로 드러나기 때문에 타인들에 의해 간파되기 어렵지 않으나, 부부간에 은밀하게 벌어지는 정신적·육체적 학대는 외부에 노출되기 어렵다. 하지만 그런 병적인 현상은 부부지간뿐 아니라 그 어떤 직장이나 조직 내에서도 얼마든지 일어날 수 있다는 점에서 도덕적 사도마조히즘의 실체에 대한 이해가 반드시 필요하다. 특히 상명하복이 심한 조직과 단체일수록 더욱 그렇다.

세상에는 정신적으로나 도덕적으로 가해자와 피해자가 늘 있으며, 그것은 가정뿐 아니라 직장, 학교, 군대 등 사회 모든 영역에 걸쳐 존재하기 마련이다. 따라서 우리는 병적인 사도마조히즘 관계가 반드시 성적인 차원에만 머무는 현상이 아님을 분명히 직시해야 할 것이다. 멀리 갈 것도 없다. 오늘날에도 여전히 사라지지 않고 있는 매 맞는 아내의 문제들, 노인학대와 아동학대 그리고 학교폭력과 맞물려 돌아가는 잔혹한 왕따 현상도 도덕적 사디스트들에 의해 자행되는 지극히 병적인 현상이 아닐 수 없다. 그런 점에서 우리는 정신적 가해자에 대한 사회적 감시망과 피해자에 대한 사회적 지지망을 계속해서 확장해 나가야 할 것이며, 다른 무엇보다 그런 현상들이 도덕적 차원의 심각한 정신병리 현상임을 인식하고 사회적 경각심을 널리 일깨워야 할 것으로 보인다.

성과 도덕적 광기

——————— 프로이트는 인격의 형성과 발달 과정에 성을 개입시킴으로써 부도덕한 이론가로 사회적 비난을 감수해야 했지만, 성 문제야말로 인간의 삶에서 가장 해결하기 어려운 난제임에는 틀림없다. 그중에서도 특히 소아성애(pedophilia), 사도마조히즘, 시간증(屍姦症) 등을 비롯한 실로 다양한 성도착 현상뿐 아니라 도덕적 기능의 붕괴를 동반한 인격 기능의 파탄 현상 역시 도덕적 광기의 일부로 간주될 수밖에 없다. 그런 점에서 볼 때, 노출증이나 관음증(voyeurism)은 오히려 애교에 가깝다.

전통적으로 가톨릭과 불교 등 고등종교에서는 성을 금기시하는 경향이 매우 높았다. 물론 개신교에서도 극심한 성적 유혹에 휘말릴 경우 그것을 음란마귀의 장난으로 돌리는 경향이 없는 것도 아니다. 하지만 성에 대한 지나친 억압은 에너지 보존 법칙에 따라 전혀 엉뚱한 곳에서 문제를 일으킬 수 있는데, 중세 암흑기에 극성을 떨었던 마녀사냥이 그 대표적인 사례라 하겠다. 화형대에 올라 산 채로 불에 타 죽는 여성들을 지켜보며 은연중에 쾌감을 느낀 사람들은 사실상 도덕적 광기에 휩싸인 성직자들과 하나도 다를 게 없는 묵시적 차원의 공범들이라 할 수 있다.

하지만 그런 광란적인 성차별은 동양에서도 찾아볼 수 있다. 중국의 오랜 전족 풍습과 현대에 와서 자행된 일제의 종군 위안부 문제가 그렇다. 물론 이슬람 문화권에서 자행되는 남성 본위의 일부다처제와 더불어 얼굴 전체를 가리게 하는 차도르나 부르카 착용 등 여성들에게 가해지는 온갖 불합리한 성차별도 고질적인 악습에 속한다. 어디 그뿐인

가. 성차별 문제와 별도로 고대 왕조에서부터 근대에 이르기까지 오랜 세월 궁궐에서 시행된 환관 제도 역시 정상적인 성생활을 강제적으로 박탈했다는 점에서 도덕적 차원의 만행이라 할 수 있다. 당연히 그런 성적 욕구의 불만은 부와 권력에 대한 지나친 탐욕으로 이어져 국가의 존망을 위협하는 사태까지 일으킨 경우도 숱하게 벌어진 것이다.

환 관 과   내 시

고대 동양사회에서 이루어진 환관 제도는 남성의 성기를 완전히 거세하는 매우 잔혹한 시술을 전제로 한 것이어서 오늘날의 시점에서 보자면 너무도 잔인하고 끔찍스러운 도덕적 광기로 간주할 수밖에 없는 현상이라 하겠다. 더군다나 당시 의술 수준의 미비로 남근 제거 시술을 받은 지원자의 대부분이 그 후유증으로 생명을 잃는 수가 많았으니 살아남은 극소수의 인원만이 환관이 될 수 있었다. 그토록 위험한 거세를 굳이 강요한 이유는 궁궐의 모든 살림과 시중드는 업무로 늘 함께 지내야 하는 환관과 궁녀들 사이에 벌어질 수도 있는 불미스러운 사통을 방지한다는 이유에서였다. 따라서 모든 궁녀는 오로지 왕이나 황제의 소유로 인식되었기 때문에 궁녀를 넘본다는 것은 목숨을 내놓는 행위나 다름없었다.

강제적 거세에 대한 최초의 기록은 수천 년 전 고대 메소포타미아의 수메르 왕국에서도 찾아볼 수 있으며, 고대 로마의 폭군 네로도 말년에는 미소년 스포루스를 거세하고 혼인까지 한 적이 있다. 하지만 거세가 제도적으로 정착된 것은 고대 중국 황실이었다. 물론 우리나라에서도 신라 흥덕왕 시절 내시에 대한 기록을 찾아볼 수 있으나 고려시대에는 거세까지 시행하지는 않았으며, 조선왕조에 들어서 비로소 모든 내시가 거세를 당했다. 다만 중국과는 달리 남근의 뿌리까지 제거한 것은 아니었으며, 단지 생식 능력을 없애기 위해 고환만을 제거한 것이다. 더욱이 내시의 결혼을 허용했다는 점에서 중국보다는 그래도 융통성을 보였다고 할 수 있다. 이는 가정을 이루도록 함으로써 권력에 대한 집착을 완화시킨 결과를 낳기도 해서 숱한 전횡을 일삼으며 국정을 문란하게 만든 중국의 환관과는 매우 대조적인 모습을 보인다.

하지만 전통적으로 환관이나 내시는 사악한 간신배의 상징으로 여겨져 왔다. 왕의 손과 발이 되어 주고 왕의 최측근으로 눈과 입 노릇을 대신한 것이 그들이었으니 왕의 총애를 배경으로 권력을 독점하며 온갖 횡포를 일삼은 경우가 실제로 많았기 때문이다. 예를 들어, 후한 말 십상시의 난을 일으킨 부패한 환관들의 경우가 그렇고, 촉한의 환관 황호, 당나라의 환관 고력사, 명나라의 환관 왕진과 위충현 등이 그랬다. 우리나라에서는 연산군의 총애를 등에 업고 전횡을 일삼은 김자원이 부패한 내시의 전형으로 알려져 왔다.

그렇다고 해서 모든 환관이 악명을 떨친 것만은 결코 아니다. 후한의 환관 채륜은 종이를 발명하는 문화혁명의 선구자였으며, 후한 말의 대승상 조조의 양조부 조등도 비록 환관 출신이지만 조정 안팎에서 존경을 받은 인물이었다. 또한 명나라의 환관 정화는 황제의 명에 따라 대규모 함대를 이끌고 해외원정을 벌인 끝에 인도, 아라비아를 거쳐 아프리카 동부 해안까지 탐사했는데, 이는 콜럼버스가 신대륙을 발견하기 60년 전에 이뤄 낸 업적이었다. 우리나라에서도 세종 때부터 연산군에 이르기까지 무려 일곱 명의 왕을 섬긴 내시 김처선이 강직한 충신으로 명성이 자자했으나 연산군의 음행을 보다 못해 감히 나서 직언했다가 왕의 손에 의해 직접 혀와 다리가 잘려 죽는 처참한 최후를 맞이하고 말았다. 우리나라에서 내시 제도가 철폐된 것은 구한말 갑오개혁 때였다.

징 벌 적   거 세

본인의 동의하에 이루어진 환관의 거세와는 달리 형벌의 차원에서 가해진 거세도 있는데, 춘추전국시대에 있었던 궁형(宮刑)이 바로 그것이다. 중국 전한 시대의 역사가 사마천도 한무제의 노여움을 사서 궁형에 처해졌으나, 그럼에도 불구하고《사기》를 편찬해 중국 역사의 아버지로 칭송을 받는 존재가 되었다. 그런데 궁형은 남성뿐 아니라 여성에게도 가해져 영원히 자식을 낳지 못하게 했으니 인간의 잔혹성이 얼마나 지독한지 가히 알 수 있다. 물론 당시에는 사형을 피하기 위해 스스로 궁형을 택하는 사람들도 있었으나 세상에서는 궁형에 처해진 사람을 더욱 무시했기 때문에 살아남았다 하더라도 온갖 수모를 감수하며 지내야 했다.

사마천

그런 징벌 차원의 거세라는 점에서 12세기 중세 프랑스 최고의 스콜라 철학자이자 신학자로 명성이 자자했던 아벨라르(Pierre Abélard, 1079~1142)의 비극적인 사랑 이야기를 빼놓을 수 없다. 당시 노트르담 대성당의 사제평의원이었던 그는 개인교사 자격으로 대성당 참사관인 퓔베르의 어린 조카 엘로이즈를 가르치다가 그녀를 깊이 사랑하게 되었다. 그런데 퓔베르가 이들의 관계를 눈치채고 두 사람을 강제로 떼어놓으려 했으나, 엘로이즈가 몰래 아기까지 낳는 상황에 이르게 되어 이에 화가 치밀어 오른 퓔베르는 그녀를 수시로 학대하고 괴롭히기 시작했다.

사태가 심각해지자 아벨라르는 삼촌의 횡포로부터 그녀를 보호하기 위해 수녀원에 은신토록 했으나, 이에 더욱 격노한 퓔베르는 사람들을 매수하여 아벨라르가 잠든 틈을 타 기습을 가함으로써 강제로 그를 거세시켜 버리고 말았다. 문제는 그런 끔찍스러운 사태가 노트르담 대성당에 몸담고 있는 사람의 지시로 벌어진 일이었으니 그야말로 도덕적 광기의 발로가 아니고 무엇이겠는가. 졸지에 거세 보복을 당한 아벨라르는 엄청난 수치심과 모멸감에 빠진 나머지 명성과 출세 등 모든 것을 내던지고 수도원으로 도망쳐 들어가 외부와의 접촉을 일체 끊었으며, 엘로이즈 역시 삼촌의 강압에 의해 수녀가 되었다. 아벨라르로서는 일생일대의 수모와 치욕을 겪는 동시에 모든 것을 빼앗긴 셈이다. 이처럼 비극적인 사건으로 헤어진 두 남녀는 15년간이나 서로 만나지 못하고 떨어져 지내다가 우연한 기회로 편지 왕래를 하게 되었는데, 당시 수녀원장이었던 엘로이즈는 자신의 변함없는 애정을 호소하기도 했으나 결국 그들은 현세에서 이루지 못한 사랑을 내세에서 이루기를 염원했을 뿐이었다.

카 스 트 라 토 의   비 극

이처럼 징벌 차원이 아니라 오로지 여성의 소프라노 음색을 내기 위한 목적에서 거세시킴으로써 인위적으로 변성기를 막은 경우도 있다. 중세 유럽 교회 합창단에서 천사의 목소리로 찬사를 받으며 활동한 카스트라토(castrato)가 바로 그렇다. 물론 빈 소년 합창단이나 파리나무 십자가 합창단처럼 변성기 이전에 활동하는 보이소프라노의 경우와는 달리 카스트라토는 성인기에도 여성의 음색을 계속 유지할 수 있게 된다. 거세를 뜻하는 라틴어 castare에서 유래된 카스트라토는 중세 유럽 성당에서 성행했으며, 최대의 전성기를 맞은 18세기에는 이탈리아에서만 매년 6천 명에 달하는 소년들이 카스트라토 목적으로 거세당했다고 하니 생각만 해도 소름이 돋는다.

하지만 거세 후에도 모두가 카스트라토로 성공한 것은 아니었다. 비록 파리넬리처럼 성공한 일부 카스트라토는 일생 동안 최고의 인기와 부를 누리고 살기도 했지만, 대부분은 실패한 카스트라토로서 그중에는 자살로 생을 마감한 사람들도 적지 않았다. 작곡가 하이든도 소년시절 성가대 활동을 하다가 거세 권유를 받았으나 아버지의 반대로 위기를 모면했다고 한다. 카스트라토 관행은 나폴레옹 전쟁으로 일시 중단되었다가 다시 부활했으며, 그 후 비윤리적이라고 문제가 제기되어 1903년 가톨릭 교회에서 공식적으로 금지하는 공표를 내리기도 했다. 20세기에 활동한 최후의 카스트라토 모레스키(Alessandro Moreschi, 1858~1922)의 죽음으로 카스트

알레산드로 모레스키

라토는 더 이상 지구상에 존재하지 않게 되었다.

전 족 의   악 습

인류 역사상 가장 악랄하고도 가혹한 성차별의 예로는 무려 천 년에 걸쳐 내려온 중국의 전족(纏足) 풍습을 들 수 있다. 물론 중세 유럽에서 십자군 전쟁에 출전한 병사들이 부재중에 아내의 불륜을 막기 위해 쇠로 만든 정조대를 채웠다는 기록도 있기는 하지만, 전족에 비하면 차라리 애교에 가깝다고 하겠다. 중국에서 10세기 초부터 20세기에 이르기까지 집요하리만큼 오랜 세월에 걸쳐 지속해 온 전족의 악습은 17세기 청나라를 세운 만주족에 의해 한때 금지되기도 했으나 실패하고 말았으며, 20세기 초 중화민국 정부 역시 전족 폐지에 실패했다. 그 후 1949년 모택동의 중화인민공화국이 들어서면서 전족 금지 법안을 공표함과 동시에 비로소 지구상에서 전족의 악습이 사라지게 되었다.

원래 전족의 악습을 남긴 장본인으로 주목된 인물은 중국 남당의 마지막 황제였던 이욱(李煜, 937~978)으로 평소 가무를 몹시 즐긴 그는 자신의 애첩 요낭(窅娘)에게 최초로 전족을 시키고 그녀가 뒤뚱거리며 춤추는 모습을 즐긴 것으로 알려져 있다. 그 후 비단 천으로 여성들의 발을 감싸는 풍습이 상류사회를 거쳐 송나라 시대에는 전국으로 퍼져 나갔으며, 청조에 이르기까지 오랜 세월 중국 고유의 악습으로 남아 계속 유지되었다. 심지어 송나라의 대시인 소동파도 전족의 아름다움을 찬미하는 시를 남기기까지 했으니 더 이상 할 말이 없다.

전족은 어린 나이에 소녀의 발을 천으로 꽁꽁 묶어서 더 이상의 성장을 막았기 때문에 전족을 한 여인들은 기형적으로 작아진 발 때문에

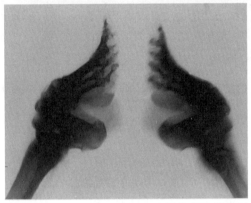

전족을 위한 신발(上)
전족으로 변형된 발의 X-레이 사진(下)

똑바로 걷기가 힘들었는데, 그런 악습이 오래도록 유지된 배경에는 여러 가지 이설이 있다. 노동을 하지 않는 귀한 신분의 상징으로 이용되었다는 설이 있는가 하면, 여자가 귀해서 멀리 도망가지 못하게 하는 수단으로 악용되었다고도 하고, 또는 특이한 오리걸음 때문에 질의 근육을 강화해서 남성들의 성적인 쾌락을 배가시켰다는 등 많은 이설이 존재하지만, 어쨌든 남성 본위의 강압적인 횡포요 도덕적 광기라는 사실에는 논란의 여지가 없을 것이다.

일 본 군 성 노 예 의 비 극

20세기에 접어들어 성 문제와 관련된 가장 반인륜적인 도덕적 광기의 예로는 일본군 위안부 문제를 들 수 있다. 오늘날 일본이 소녀상 설치 문제로 매우 신경질적인 과민반응을 보이고 있는 이유는 도덕성과 관련해 전 세계인 앞에 자신들의 역사적 과오와 낯 뜨거운 치부가 여지없이 드러나고 있기 때문이다. 성노예라고도 불리는 일본군 위안부의 참상은 광기 어린 집단의 성적 도구로 전락한 여성들의 비극인 동시에 힘없고 나이 어린 소녀들까지 성적 노리개로 무참하게 짓밟은 변태적인 집단의 도덕적 광기를 상징한다는 점에서 일본의 국가적 망신이자 치욕의 상징이기도 하다.

물론 일본군 위안부에는 조선인만 있었던 게 아니다. 그중에는 일본인과 중국인, 동남아 여성들도 포함되어 있었다. 하지만 위안부로 끌려간 과정이야 어찌 됐든 일단 일본군의 성적 유희의 대상으로 전락한 여성들은 하루에만도 수십 번의 성행위를 강요당했는데, 줄을 서서 대기하는 일본군 병사들을 일일이 상대했으니 그 고통이 이루 말할 수 없었을 것이다.

일본군 진영 내에 설치된 위안소로 보내진 여성들은 성적인 착취뿐 아니라 수시로 구타에 시달리고 칼이나 담뱃불로 괴롭힘을 당하는 등 온갖 비인간적 대우로 고통을 겪으며 정신적으로나 육체적으로 만신창이가 될 수밖에 없었다. 더욱이 영양실조와 고질적인 성병에 시달린 데다 임신이 되면 강제적으로 중절수술까지 받고 그 후유증으로 숨지는 경우도 다반사로 벌어졌다.

일제는 전시 체제하에서 노동력의 부족으로 수많은 여성을 강제 징용해 정신대로 보냈는데 이들 대부분은 군수공장에서 일했으며, 반면에 위안부는 전적으로 일본군의 성노예로 동원된 여성들이었기 때문에 정신대와 위안부는 그 목적부터가 전혀 달랐다고 할 수 있다. 이처럼 성적 학대의 피해를 입은 여성들의 수는 약 20만 명으로 추산되고 있으나, 피해 당사자들이 자신의 신분 노출을 몹시 꺼리는 문제로 굳게 입을 다물고 있기 때문에 정확한 수는 파악하기 어렵다.

다만 지금까지 알려진 사실에 의하면, 1941년 만주 지역에 주둔한 관동군 보급참모 하라가 조선총독부를 방문해서 소위 '도라지꽃'으로 불린 위안부 2만 명을 요구했다가 1만 명을 관동군 지역으로 끌고 간 것으로 되어 있으며, 1942년 5월부터 8월까지 3개월 동안 조선인 위안부 800명이 동원되어 수송선으로 버마에 상륙한 것으로 알려졌다. 하지만 현재까지 대한민국 정부에 공식적으로 등록된 피해자는 240명에 불과하며, 그중에서 16명만이 생존해 있는 실정이다.

하기야 과거에도 청나라에 인질로 끌려갔다 정조를 잃고 돌아온 여인들을 환향녀 또는 화냥년이라 부르며 업신여기고 손가락질했던 경우처럼 종군 위안부 역시 그런 세상 인심이 두려워 자신의 신분을 밝히기 어려운 처지임을 우리는 충분히 이해한다. 그런 점에서 일제는 위안부를 정신적으로 두 번씩이나 죽인 셈이다. 그야말로 연약한 여인들의 정신적 파탄을 초래한 일제의 도덕적 광기를 규탄하지 않을 수 없게 만든다.

종교와 도덕적 광기

역사적으로 볼 때, 인간을 집단적 광기의 파국으로 몰고 간 가장 큰 양대 세력은 종교 집단과 이념적 정치 집단이었다고 할 수 있다. 그중에서도 특히 종교적 광기의 문제는 한 개인의 문제로 끝나는 것이 아니라 사회적으로 엄청난 파급효과를 초래한다는 점에서 문제의 심각성이 더욱 큰 것이다. 그것은 사이비종교뿐 아니라 고등종교에서도 얼마든지 찾아볼 수 있는 현상이다. 가장 대표적인 경우가 중세 암흑시대에 성행했던 마녀사냥이라 할 수 있는데, 성직자들이 마녀로 의심되는 여성을 발가벗긴 상태에서 혹독한 고문을 가하고 산 채로 화형대에 올려 불태워 죽인 경우가 수십만에 이르렀다고 하니 그야말로 도덕적 광기의 축제가 아니고 무엇이겠는가.

그런 광기는 현대에 와서도 여전히 기승을 떨고 있다. 제2차 세계대전 당시 가톨릭을 신봉하는 크로아티아인이 그리스정교를 믿는 세르비아인을 상대로 벌인 참혹한 대학살극, 그 후 유고내전에서 세르비아인이 벌인 잔혹한 복수극, 인도 독립 후 힌두교도와 이슬람교도 사이에 벌어진 집단적 광란과 더불어 고질적인 카스트제도로 인해 가해진 불가촉천민에 대한 비인도적 행태도 도덕적 광기에 속한다.

더 나아가 호메이니의 가혹한 신정정치, 기독교 문명을 상대로 성전을 선포한 오사마 빈 라덴의 9·11 테러, 탈레반과 IS 등 이슬람 세력의 만행, 900명의 신도가 집단 자살한 인민사원의 참상 등도 종교적 광기가 부른 대참사였다. 물론 그런 광기는 동양에서도 예외가 될 수 없다. 일본의 옴진리교를 비롯해 우리나라의 백백교, 오대양교, 아가동산, 영생교, 구원파 등 수많은 사이비종교들의 성행으로 인해 한동안 사회적인 물의를 빚기도 했으니 유사종교, 고등종교를 불문하고 종교적 광기가 부른 해악은 이루 헤아리기 어려울 정도다.

마 녀 사 냥 의 광 기

하지만 종교적 광기의 원조는 역시 뭐니 뭐니 해도 가톨릭 교회라 할 수 있다. 특히 중세 암흑기에 벌어진 잔혹한 마녀재판은 종교의 역사에서도 그 유례를 찾기 힘들 만큼 집단적 광기의 전성시대를 누렸다. 그럼에도 무려 천 년에 걸친 중세 서양을 암흑기로 부르는 것은 사실상 어폐가 있다. 왜냐하면 순수하게 종교적 관점에서만 보자면 중세만큼 철저하게 기독교적 이상을 추구했던 적이 없기 때문이다.

물론 그런 이상이 지나쳐 극도로 성을 억압하고 금욕주의를 강요한 나머지 가혹한 종교재판과 마녀사냥을 통해 수많은 여성을 산 채로 화형에 처했을 뿐만 아니라 종교적 개혁을 요구하는 인사들에 대해서도 이단으로 몰아 여지없이 화형대로 보냈으니 일반 대중의 관점에서 볼 때 그 시절은 축복이 아니라 오히려 공포와 두려움에 떨어야만 했던 악몽의 시기였다고 할 수 있다. 더군다나 흑사병의 창궐로 인해 유럽 인구의 절반이 무참하게 죽어 나갔으니 암흑기라는 표현이 결코 과장이 아니었음을 알 수 있다.

중세의 악명 높은 마녀사냥은 수십만 명에 달하는 여성들을 불의 제단에 바치고 말았지만, 산 채로 화형에 처하는 야만적인 방법뿐 아니라 종교적 미명하에 치러진 매우 가학적이고도 도착적인 고문 과정도 큰 문제였다. 당시 통용되고 있던 믿음 가운데 하나는 마녀들은 악마와 성교를 하고 빗자루를 타고 하늘을 날아다닌다는 것이었다. 또한 성직자

19세기 중엽 책에 실린 마녀사냥을 묘사한 목판화

들이 마녀를 식별하는 방법도 그야말로 어처구니없는 내용들뿐이었다. 사악한 마녀는 눈물이 없기 때문에 눈물을 흘릴 수 있는지 여부를 시험했으며, 마녀의 표식을 찾기 위해 전신을 발가벗긴 상태에서 음모를 깎아서 태우기도 하고 작은 점이라도 나타나면 바늘로 찔러 피가 나오는지 시험했다. 마녀는 난교를 통해 피를 다 소모했기 때문에 피를 흘리지 않는다는 이유에서였다.

더욱 잔인한 것은 불에 달궈진 쇠로 지지는 시험인데, 그런 제안을 했을 때 승낙하면 틀림없이 마녀라는 것이다. 왜냐하면 마녀는 악마의 도움을 받을 수 있다는 믿음이 있기 때문에 그런 고문도 피해 가지 않는다는 것이다. 참으로 황당한 것은 끈으로 묶은 여성을 물에 빠트리는 시험으로 물에 빠트려서 익사하면 마녀가 아니고, 죽지 않고 물에 떠오르면 마녀로 간주되어 화형에 처한 것이다. 이래저래 죽기는 매한가지였으니 희생당한 여자들만 불쌍하기 그지없다.

마 녀 잡 는 망 치

이처럼 매우 황당하고도 잔혹하기 그지없는 마녀사냥의 광란에 더욱 크게 불을 지핀 장본인은 마녀재판의 달인으로 불리며 악명이 자자했던 독일의 성직자이자 종교재판 심문관 하인리히 크라머(Heinrich Kramer, 1430~1505)였다. 일찌감치 도미니코 수도회에 들어가 활동했던 그는 젊은 나이에 이미 뛰어난 말솜씨와 지칠 줄 모르는 의욕으로 교단의 인정을 받아 잘츠부르크 대주교의 오른팔이 되어 활약했으며, 특히 이단 심문의 달인으로 맹활약을 펼치면서 바티칸의 주목을 끌게 되었다.

결국 그는 1484년 교황 인노첸시오 8세에게 요청해 사악한 마녀와 주술사들에 대한 단죄를 선포하는 칙서를 발표하게 했는데, 이 칙서에는 크라머가 주장한 마녀들의 특성이 자세히 언급되고 있다. 예를 들어, 악마의 꾐에 빠진 일부 남녀가 신성모독적인 주문과 요술을 이용해 동물의 새끼나 사람의 아기를 악마에게 바치는 행위를 공공연히 자행하고 있다는 것이다.

자신에 대한 교황의 지지로 기세가 오른 크라머는 마침내 1487년 쾰른 대학의 신학자 야콥 스프렝거와 공저로 《마녀 잡는 망치》를 출간하기에 이르렀는데, 사실 스프렝거는 마녀의 존재에 별다른 관심이 없던 인물로 단지 이름만 빌려 준 것뿐이다. 어쨌든 이 책은 구텐베르크가 발명한 인쇄술에 힘입어 유럽 전역으로 퍼져 나가 일대 센세이션을 불러일으켰으며, 성서의 보급보다 더욱 큰 위력을 발휘함으로써 중세 암흑시대를 마녀재판이라는 광란의 파티 현장으로 몰아넣은 집단 히스테리의 불씨를 제공한 주범이 되고 말았다.

1669년판 《마녀 잡는 망치》 표지

마녀재판의 지침서로 악용된 《마녀 잡는 망치》에서는 모든 여성이 특히 정욕에 취약해서 악마의 유혹에 잘 넘어가는 속성을 지닌 열등한 존재라고 보았고, 따라서 많은 남성을 유혹해서 마법의 죄악에 빠트리는 요물이라는 것이었다. 이 책에서 크라머는 마녀를 식별해 내는 기발한 방법들을 소개하고 있는데, 앞서 소개한 눈물 시험과 바늘로 찌르기, 불로 지지기, 물에 빠트리기 등은 모두 그가 고안해 낸 식별 방법이었으니 참으로 대단한 광기의 소유자가 아닐 수 없다. 더군다나 그가 소개한 지침에 따라 악마의 표식을 찾기 위해 여성들의 나체를 면밀히 훑으며 고문을 가하는 행위를 통해 자신들의 은밀한 성적 욕망을 즐겼을 수많은 심문관의 모습을 상상해 보라. 누가 더 해괴망측하고 도덕적으로 타락한 인간인가.

그렇게 해서 악마와 성교를 즐기는 마녀들이 빗자루를 타고 하늘을 날아다닌다는 소문은 오랜 세월 서구인들의 뇌리에 깊이 각인된 이미지로 남게 되었으며, 온갖 잔인한 고문 끝에 자신이 마녀임을 자백하고 벌거벗겨진 몸으로 화형대에 올라 처형된 마녀들의 수는 14세기에서 18세기에 이르기까지 무려 50만 명에 달했으니, 인류 역사상 가장 잔혹하고도 엽기적인 여성 학대는 아이러니하게도 다른 그 어떤 종교보다도 사랑의 복음을 외친 가톨릭사회의 남성들에 의해 벌어진 것이었다.

그토록 암담한 시기에 위기에 처한 조국 프랑스를 위해 분연히 일어선 잔 다르크 역시 마녀로 취급되어 화형에 처해졌다. 그녀는 영국군에 포로로 사로잡힌 뒤 군사재판이 아닌 마녀재판을 받고 수많은 군중이 지켜보는 가운데 화형대에 올라 숨지고 말았으며, 영국군은 불에 탄 그녀의 시신을 재로 만들어 센강에 내다 버렸다. 당시 그녀가 마녀로 간주된 가장 결정적인 이유는 남장 차림 때문이었다고 하니 지금 생각해보면 참으로 실소를 머금지 않을 수 없다.

물론 그런 집단적 광란 상태는 18세기를 끝으로 완전히 종말을 고했지만, 19세기 초까지도 마녀로 몰려 화형에 처해진 여성이 있었다. 그런 황당한 믿음과 논리로 죽어 간 여성들의 희생은 유럽뿐 아니라 신대륙에까지 번져 개신교사회에서도 그런 마녀사냥이 벌어지게 되었는데, 다만 그들은 대부분 화형이 아니라 교수형에 처해졌다.

그런데 그런 비슷한 집단심리 현상이 현대에 와서도 계속 재연되고 있으니 문제다. 나치의 유대인 학살이나 관동대지진 때 조선인이 우물에 독을 탔다며 조선인을 마구 학살한 사건, 공산당의 마구잡이식 인민재판, 미국 KKK단의 집단 린치나 매카시즘 광풍에 의한 할리우드 빨갱이 사냥이 그렇고, 오늘날 대중매체를 통해 마녀사냥식의 여론재판이 성행하는 것도 병적인 집단심리 현상의 일부로 볼 수 있다. 그런 점에서 볼 때, 500년 전이나 인간이 달나라에 가는 오늘날이나 크게 달라진 점이 별로 없는 듯 보여 안타깝기 그지없다. 우리 인간은 언제까지 그렇게 어리석은 미망에 빠져 지내야만 하는지 참으로 난감할 따름이다.

예 수 를 살 해 한 민 족 유 대 인

마녀사냥과 잔혹한 종교재판, 십자군전쟁 등으로 온 세상이 도덕적 광기에 물든 중세 유럽을 흔히들 중세 암흑기로 지칭하기도 하지만, 그런 암흑시대에 가장 큰 피해를 입은 민족은 바로 유대인이었다. 그들은 예수의 십자가 처형 사건 이후 로마제국 군대의 무자비한 학살과 박해로 나라를 잃고 그때부터 뿔뿔이 흩어져 정처 없는 유랑 길에 올랐는데, 그렇게 시작된 디아스포라는 가는 곳마다 온갖 멸시와 추방, 학살을 당하는 결과를 낳았으며, 비참한 천민 신세로 전락한 유대인은 이미 중세시대부터 더럽고 비좁은 게토 안에 갇혀 지내는 수모를 감수해야만 했다.

그들은 거리에서도 백인들의 눈과 마주치면 안 되었기 때문에 항상 고개를 숙이고 다녀야 했으며, 돈만 아는 불결하고 추악한 무리로 취급되어 짐승보다 못한 대우를 받고 살았다. 더욱이 유대인은 예수 그리스도를 살해한 민족으로 간주되어 가톨릭사회는 물론 종교개혁을 단행한 마르틴 루터까지 유대인 마을을 불태우라고 독려하기까지 했으니 그들이 마음 편하게 두 발 뻗고 살 수 있는 곳은 그 어디에도 존재하지 않았다. 유대인을 기꺼이 환영하고 받아들인 곳은 영국과 네덜란드밖에 없었다.

설상가상으로 흑사병이 창궐하면서 중세 유럽 인구의 3분의 1이 목숨을 잃는 끔찍스러운 사태가 벌어지자 공포에 질린 기독교인들은 집단적 공황 상태에 빠진 나머지 괴질의 발생을 우물에 독을 섞은 유대인 탓으로 돌리며 대대적인 박해와 학살을 자행하기도 했는데, 오죽했으면 흑사병 퇴치에 발 벗고 나섰던 유대인 의사 노스트라다무스가 지구종말에 관한 예언시까지 썼을까 싶다. 그런 비슷한 집단적 광기는 1923년 관동대지진 당시 조선인이 우물에 독을 탔다는 허무맹랑한 소문을 퍼뜨리며 6천 명에 달하는 조선인을 닥치는 대로 학살한 일본인들의 만행을 통해서도 엿볼 수 있다.

이처럼 중세 유럽 기독교사회의 무자비한 탄압과 추방, 학살 등으로 수많은 유대인이 가톨릭의 박해를 피해 동유럽으로 이주하는 민족 대이동을 보이기도 했으나, 사실 그곳마저도 그들에게는 결코 안전한 땅이 되어 주지 못했다. 특히 '포그롬'으로 불리는 제정러시아의 유대인 박해는 그 잔혹함에 있어서 타의 추종을 불허하는 대학살로 유명했으며, 그 후 나치 독일에 와서는 무려 600만 명에 달하는 유대인을 인종청소하는 끔찍스러운 만행까지 저질렀으니 그런 집단적 광기를 피해 수많은 유대인이 서로 앞다퉈 신대륙으로 향하는 이민선에 몸을 실은 것도 결코 무리가 아니었다.

좌 도 밀 교 의 몰 락

중세 유럽사회에서 지나친 금욕주의가 마녀사냥의 광기를 낳았다면, 동양의 고대 인도사회에서는 정통 불교의 금욕주의에 대항해 일어난 좌도 밀교의 성적 일탈로 인해 오히려 인도 대륙에서 불교 자체가 힌두교에 밀려나게 되는 역효과를 낳고 말았다. 물론 모든 종교에서 성은 가장 신비롭고 두려운 존재였으며, 특히 고대인들은 성을 중요한 종교 의식의 하나로 간주했다. 고대 인도인들의 가장 중요한 경전에 속하는 《우파니샤드》에서도 남녀 간의 성관계를 일종의 종교 의식처럼 다루고 있음을 알 수 있는데, 그런 오랜 전통이 힌두 탄트라의 발생과 밀접한 관련이 있어 보인다.

원래 불교는 금욕적인 전통에 입각한 것이었으나, 그에 대한 반동으로 성을 찬미하는 탄트라 불교가 나타나면서 고대 인도의 난교적 경향이 다시 부활하는 계기를 맞게 되었으며, 이를 좌도 밀교라 한다. 하지만 너무도 급진적이고도 부도덕한 메시지로 인해 그 생명은 오래 가지 못하고 말았다. 탄트라 불교가 밀교라 불리게 된 것은 남녀의 성적 교합에 의한 비밀 의식을 통해 열반에 든다는 목적을 내세웠기 때문이지만, 그런 이유로 인해 엄격한 신분제도를 고수했던 힌두사회로부터 그리고 특히 이슬람 문화가 지배했던 시절에 더욱 강력한 사회적 지탄을 받아 매우 금욕적인 정통 불교마저 덩달아 인도 대륙에서 일찍 몰락하는 결과를 초래하고 말았다.

원래 정통 불교에서 성불을 가로막는 것으로 엄격히 규제하던 신구의(身口意)에 대한 삼업(三業)도 밀교에 와서는 오히려 성불에 이르는 비밀이 담겨 있다 하여 삼밀(三密)로 불리며 깨달음을 위한 수행의 중심이 되고 말았다. 따라서 좌도 밀교, 즉 탄트라 불교와 정통 불교의 가장 근본적인 차이점은 성에 대한 태도 및 인식이라고 할 수 있다. 정통 불교가 금욕적인 수행법을 통하여 출가와 독신생활을 추구한 데 반하여 밀교적 가르침은 성을 찬미하고 긍정하며 더 나아가 성을 열반의 도구로 이용하기를 적극 권장하는 입장을 보였기 때문이다. 성에 관한 한 양자의 태도가 전혀 상반되고 대립적인 입장을 보였다는 점이 주목할 만하다.

좌도 밀교의 의식은 오늘날에 이르러 집단 혼음 정도의 난잡한 포르노 차원에서 이해되고 있는 실정이다. 그러나 본래의 취지는 그런 것이 아니었음에 틀림없다. 불교의 역사에서 가장 수치스러운 오점으로 남는다고 주장되는 부분은 바로 좌도 밀교가 보였던 의식 절차였다. 그리고 이러한 점이 밀교의 몰락을 자초하는 결과를 낳게 된 것도 사실이다.

성을 통한 해탈의 추구는 남녀 교합을 위한 상대를 선정하는 일부터 시작된다. 물론 그 전제 조건은 상당한 경지에까지 이른 수도자여야 했다. '옴마니 반메 훔'이라는 성스러운 주문을 외우며 영적 오르가슴을 얻고자 했던 밀교 의식은 시대가 변하면서 점차 집단적 난교와 혼음 상태로 전락해 가기 시작했다. 그것은 성스러운 종교적 의식을 빙자하여 가장 세속적인 성적 욕구 충족을 추구하려는 고도의 위장된 기만적 술책이 되고 만 것이다. 아무리 중생들이 어리석다고는 해도 해탈을 가장한 성적인 난장판의 타락상에 강한 의문과 반감을 지니게 된 것은 불보듯 뻔한 일이었을 것이다.

따라서 밀교의 몰락과 최후는 불가피한 결과였다. 단지 그 정신만은 오랜 세월 외부세계와 철저히 차단되었던 티베트에 계승되어 겨우 그 명맥이 유지되고 있을 뿐이다. 그리고 불교는 그 발원지인 인도 대륙에서 완전히 자취를 감춘 지 오래되었다. 처음에는 민중의 삶 속에 파고들었으나 차츰 대중은 불교에 등을 돌리게 되고 말았다. 그 주된 이유는 잘못된 방향으로 흐른 밀교 탓이다. 집단적 난교 행태로 변질된 종교적 타락상에 놀라고 상처받은 민중은 자연히 불교에서 멀어지고 말았던 것이다.

더 나아가 좌도 밀교 말기에는 근친상간적 난교까지 권장하는 극단적인 주장도 나오게 됨으로써 인도 대중은 완전히 불교에 등을 돌리고 말았다. 상당한 수준의 성적 해방을 구가하고 있는 오늘날의 관점에서 보더라도 그들의 주장은 지나친 것이었으며, 인간 내면의 무의식적 욕구와 환상을 현실에서 실현하려는 무모한 도전이기도 했다. 그와 같은 실현은 자아와 초자아 기능이 전면적으로 붕괴된 광기의 인간만이 성취할 수 있는 성질의 것으로 가장 극단적 형태의 행동화라고 할 수 있다. 그런 점에서 좌도 밀교의 급진적 메시지는 도덕적 광기의 수준으로 간주할 수 있다.

밀교의 기원은 고대 인도의 힌두사상으로까지 거슬러 올라갈 수 있다. 그러나 불교사상과 기묘한 결합을 통하여 특히 후기 밀교에 이르러 극도의 반도덕적·비윤리적 극단으로 치닫게 되면서 탄트라 불교는 자멸의 길을 걷고야 말았다. 출가와 금욕을 강조한 정통 불교에서 벗어나 극단적인 성의 찬미와 해방을 외치며 단순한 성적 오르가슴이 아니라 우주적 합일의 오르가슴을 깨달음의 지름길로 추구했던 탄트라 불교는 결국 대중적 호응을 얻지 못하고 역사의 뒤안길로 사라져 버린 것이다. 다만 성적인 요소를 배제한 탄트라 불교의 전통은 티베트 불교를 통해 오늘날까지 계속 이어지고 있는 실정이다.

물론 티베트 불교에서도 정통 불교와 동일하게 윤회와 전생, 환생을 철석같이 믿고 있다. 그런 점에서 티베트인은 현재 생존하고 있는 14대 달라이 라마도 관세음보살이 환생한 것으로 믿고 있으며, 달라이 라마가 죽으면 다시 환생할 것으로 믿는다. 하기야 티베트인의 환생에 대한 믿음은 절대적인 것이어서 이미 오래전부터 그들은 《티베트 사자의 서》로 알려진 《바르도 퇴돌》의 가르침에 따라 임종을 맞이한 사람이 좋은 곳으로 갈 수 있도록 승려가 곁에서 독경을 계속하며 도와준다고 한다. 하지만 불교의 환생이나 기독교의 부활에 대한 믿음은 도덕적 차원의 문제라기보다는 자아의 신념에 관한 문제일 것이니 도덕적 광기의 일부로 볼 수는 없을 것이다.

힌 두 교 와 불 가 촉 천 민

　종교적 광기로 인해 역사적으로 엄청난 참극이 벌어진 것과는 또 다른 차원에서 도덕적 광기를 언급하자면, 힌두교의 시대착오적인 카스트제도와 불가촉천민의 불행한 운명을 들 수 있다. 물론 인도는 아직도 우리에게 신비의 나라이다. 하지만 인도는 우리에게 신비의 나라인 동시에 불가사의한 나라로 인식될 수밖에 없다. 중국에 버금가는 13억 인구에 핵무기를 보유하고 세계 최강의 IT 산업국이기도 한 민주공화국 인도가 아직도 철저한 카스트제도에 묶여 있다는 점에서 더욱 그렇다.

　물론 독립 이후에 법적으로는 계급적 차별이 폐지되었다고는 하나, 수천 년에 걸쳐 온 힌두교 전통의 오랜 관습은 좀처럼 사그라지지 않고 있으며, 날이 갈수록 오히려 계급적 갈등에서 빚어지는 폭력이 증가하고 있는 실정이다. 법조문만 존재할 뿐 현실적으로는 전혀 실행되지 못하는 명목상의 법에 그치고 있는 실정에 있다. 대도시를 제외한 절대다수가 살고 있는 농촌 지역에서는 여전히 법보다 관습이 앞서기 때문이다.

젊은 시절의 암베드카르

　오늘날의 인도 및 그 인근 지역에 엄연히 존재하는 소위 불가촉천민인 달리트의 수는 총 2억에 달하는 것으로 추산된다. 그런 최하층민 출신으로 독립 후 이례적으로 인도 정부의 초대 법무장관직에까지 올랐던 암베드카르(Bhimrao Ramji Ambedkar,

1891~1956)는 달리트의 인권 개선과 고질적인 계급적 차별을 없애기 위해 애썼으나, 이미 1930년대부터 이 문제로 인해 독실한 힌두교도인 마하트마 간디와 충돌을 일으킨 바 있다. 그런 이유로 암베드카르는 수십만 명의 달리트와 함께 힌두교를 버리고 불교로 집단 개종하기에 이르렀고, 그 여파는 지금까지도 계속 분쟁의 씨앗이 되고 있는 중이다. 이처럼 어둡고 화려한 두 이면을 동시에 지니고 있는 인도의 얼굴은 결국 성자로 추앙받는 간디와 천민 출신의 암베드카르의 운명과 그 궤를 같이한다.

인도는 21세기에 접어든 오늘날에 이르기까지 그동안 수천 년간 지속되어 온 카스트제도가 아직도 살아 숨 쉬고 있는 나라이다. 물론 지금으로부터 2500년 전에 이미 석가모니가 나타나 처음으로 카스트제도에 반대하는 불법을 전했지만, 결국 불교는 힌두교의 위세에 눌려 인도 대륙에서 밀려나고 말았다. 그만큼 인도인들은 힌두교의 영향에서 벗어나기 힘든 상태에 있었으며, 그리고 그 사정은 지금도 마찬가지다.

인도에서는 힌두교도로 태어나는 것 자체가 이미 카스트 계급에 속하게 되는 것이기 때문에 대를 이어 영원히 벗어날 수 없는 속박의 굴레가 되기 마련이다. 미국 독립선언문에 명기된 '인류는 평등하게 태어났다'는 선언과 정반대되는 '모든 인간은 불평등하게 태어났다'는 것이 카스트제도의 기본 정신인 셈이다. 이처럼 지구상에서 가장 오래된 계급제도인 카스트는 상고시대에 북방 아리안인이 인도에 들어와 원주민을 몰아내고 지배세력이 되면서 엄격하고 차별적인 계급제도를 종교적 교리처럼 만들면서 시작되었다. 그리고 이처럼 철저하게 제도화된 카스트는 오랜 세월 인도인의 생활방식을 규제해 왔으며, 그 어떤 다른 대안도 상상할 수 없게 만들었다.

그러나 여기에도 속하지 않는 제5의 계급이 존재하는데, 소위 불가촉천민으로 분류되는 전혀 인간 대우를 받지 못하는 달리트가 이에 속한다. 이들 달리트는 일반 노동계급도 손대기 꺼리는 일에 종사하고 있으며, 그것은 주로 오물 수거(방기), 동물가죽 가공(차마르), 시체 처리 및 가축 도살(마하르), 쓰레기 운반(추라), 세탁업(도비) 등으로 이들은 대를 이어 평생 동안 이런 업무에 종사해야 한다.

이들 인구는 인도 전체 13억 인구의 약 15%를 차지하며 총 2억에 육박한다. 다시 말해서 지구상에 살고 있는 사람 다섯 명 중에 한 사람은 인도인이며, 인도인 여섯 명 가운데 한 명은 불가촉천민인 셈이다. 이들을 지칭하는 달리트(Dalit)는 억압받는 자들이란 뜻이지만, 원래 간디는 이들을 '신의 아이들'이란 뜻으로 하리잔(Harijan)이라고 불렀다. 그러나 암베드카르는 그러한 간디의 호칭을 위선적인 것으로 간주하고 스스로 달리트라는 용어를 사용했던 것이다.

달리트는 절대빈곤뿐 아니라 교육의 혜택도 제대로 받지 못해 문맹률이 높으며, 보다 심각한 것은 인간 이하의 차별대우 및 폭력에 희생당하고 있다는 점에 있다. 오염되고 불결한 존재로 취급되는 달리트는 한 마을에 주민들과 함께 거주할 수 없으며, 마을 외곽 동떨어진 지대에 따로 거주해야 한다. 공동 우물도 사용할 수 없어서 짐승이 마시는 물을 함께 마셔야 한다. 또한 신체적 접촉이 절대로 있어서는 안 되며, 오물도 함부로 배설하면 안 된다. 따라서 달리트는 침이나 가래를 뱉을 수 있는 오물통을 각자 지니고 다녀야 한다. 길을 걷다가 상위계급을 만나면 신발을 벗어 손에 들고 가야 하며, 자신의 발자국도 빗자루로 쓸어 없애야 한다. 이들에게는 힌두사원 출입도 금지되고, 상위계급과는 물이나 음식도 함께 먹을 수가 없으며, 혹시 상위계급에 연심을 품게 되면 폭행과 더불어 심지어는 죽임을 당할 수도 있다. 그러나 이들은 어디에도 억울함을 호소할 데가 없다. 모든 것이 전생에 지은 죄 때문이라는 답변밖에 들을 수가 없기 때문이다. 이처럼 수천 년의 전통을 자랑하는 카스트제도야말로 현대의 가장 큰 죄악이며 문명국으로서의 자부심에 먹칠을 하는 인도의 가장 큰 치부요 아킬레스건이라 할 수 있다.

인도는 소의 천국이다. 인도인은 그만큼 소를 신성시하여 소고기를 먹지 않으며, 소가 마음대로 돌아다니도록 길을 막지도 않는다. 하지만 이처럼 소를 숭배하는 현장의 실상은 소똥의 천국이기도 하다. 심하게 말하면 똥밭의 지옥인 셈이다. 물론 이 똥을 치우는 일은 불가촉천민인 달리트의 몫이다. 다시 말해서 소를 극진히 위하면서도 정작 사람인 달리트에 대해서는 가혹한 태도를 보이는 것이 인도인의 이중적인 모습이다. 겉으로 드러난 인도의 모습은 매우 자비롭고 관대한 얼굴이지만 그 이면에는 이처럼 잔혹하고 비정한 얼굴이 감추어져 있는 것이다.

불가촉천민과 하층 카스트의 인권 개선을 위해 결혼과 상속에 관한 개혁법안인 「힌두가족법」의 통과가 거부된 후에 암베드카르는 '똥 더미 위에 궁궐을 짓는다'는 표현을 썼다. 여기서 말하는 똥 더미란 물론 카스트제도를 지칭한 말이다. 똥을 치우는 천민 출신다운 매우 예리한 지적이다. 그런 점에서 인도사회는 소를 위하는 정성과 노력의 절반만이라도 소똥을 치우는 인간을 위해 할애하는 태도가 필요할 것이다.

따라서 인도를 상징하는 명상과 성자, 심오한 철학, 소의 천국 등의 이미지는 그야말로 빛 좋은 개살구일 뿐이다. 카스트제도라는 똥밭을 치우지 않고서는 그 어떤 성자의 이미지도 위선과 가면에 불과하기 때문이다. 인도의 역사를 보면, 수많은 성자가 배출되었음을 알 수 있다.

그러나 성자가 아무리 고도의 정신적 깨달음의 단계에 도달한다 하더라도 분명한 사실은 아무런 노동도 하지 않는 게으름뱅이라는 점이다. 반면에 천민들은 대를 이어 일생 동안 혹사당한다.

인도에 성자가 유독 많은 것은 번거로운 노동을 회피할 수 있는 좋은 구실을 제공하기 때문일지도 모른다. 성자가 되거나 힘든 노동으로 일생을 보내거나 양자택일이 요구된다면 적지 않은 사람들이 성자 쪽을 택할 것이다. 하지만 불가촉천민을 영적으로 열등한 존재로 간주하고 영적인 우월감에 도취된 성자의 모습은 또 다른 차원의 도덕적 광기라고 할 수도 있다. 그런 점에서 신분이 천하고 무지하기 때문에 짐승보다 못한 대우를 받는다면 그러한 영적인 깨달음에 수백 번 도달한다고 해서 무슨 가치가 있을 것인지 생각해 볼 문제가 아닐 수 없다.

인 민 사 원 의   비 극

그런데 보다 심각한 문제는 현대에 이르러 더욱 기승을 떨고 있는 사이비종교의 도덕적 광기라 할 수 있다. 가장 대표적인 예가 1978년 남미 가이아나의 존스타운에서 벌어진 사교 집단 인민사원의 끔찍스러운 집단 자살이다. 900여 명에 달하는 신도의 죽음을 초래한 인민사원의 지도자 짐 존스 목사(Jim Jones, 1931~1978)는 강력한 카리스마를 발휘하며 기독교와 마르크스주의를 접목한 기독교 신앙

© 2018. Nancy Wong.
짐 존스 목사

공동체 인민사원을 이끈 종교지도자였으나, 도덕적 광기에 사로잡힌 과대망상과 피해망상의 소유자였을 뿐만 아니라 심각한 약물 중독 환자이기도 했다.

사회적 불평등과 인종적 차별을 벗어나 영적 구원과 천년왕국을 건설한다는 원대한 목표를 내세우고 1977년 신도들과 함께 미국을 떠나 적도 부근의 남미 가이아나로 집단 이주한 짐 존스는 새로운 유토피아 마을의 이름을 자신의 이름을 따서 존스타운이라 명명하고, 신도들에게 하루 12시간 이상의 중노동을 시키며 지상낙원 건설에 박차를 가했다. 짐 존스에게 절대 복종한 신도들은 그를 아버지라 부르고, 예수가 부활한 것으로 굳게 믿었다.

하지만 살인적인 무더위와 열악한 급식, 약품 부족 등으로 수많은 신도가 고통에 시달렸으며, 규칙을 위반한 신도들을 작은 나무 상자 안에 감금시키거나 아이들은 우물 바닥에서 밤을 지새우게 하는 등 가혹한 체벌을 가했다. 탈출을 시도하다 붙들린 신도들에게는 강제로 약물을 투여했으며, 맹견을 앞세운 무장 경비원들이 밤낮으로 순찰을 돌며 감시했다.

특히 그는 존스타운에서 말썽 피우는 아이들에 대해서 매우 가혹하게 다루었는데, 미 의회 조사단이 파견된 것도 아동 학대, 성적 착취, 신도 살해, 인권 유린, 노동 착취 등 실로 많은 부분에서 그에 대한 좋지 않은 소문들이 무성했기 때문이다. 실제로 그곳에서 탈출에 성공한 신도들의 증언에 의하면, 짐 존스는 여신도들을 대상으로 성적인 착취를 거침없이 자행했으며, 그런 성적 착취를 오히려 일종의 시혜로 간주했다는 것이다. 스탠리 넬슨 감독의 기록영화 〈존스타운: 인민사원의 삶과 죽음〉에서도 그런 증언들을 생생히 접할 수 있어 더욱 큰 충격을 준다.

또한 정기적으로 백야(white night)라고 불린 의식을 치렀는데, 그것은 언제 닥칠지 모르는 지구종말에 대비한 집단자살 모의 행사로 아이들을 포함한 주민 모두를 불러 모아 줄을 서게 하고, 작은 잔에 담긴 붉은 음료를 차례로 마시게 하는 의식이었다. 그것은 독배를 마시는 의식으로 45분 안에 죽을 것이라는 말도 들었다. 존스의 설명은 충성심을 시험하는 것이라고 했지만, 그 때문에 실제로 집단자살이 실행된 그날에도 많은 신도는 평소에 행하던 모의 독배 의식인 것으로 믿었다고 한다.

그런데 1978년 11월 미 상원의 라이언 의원 일행이 존스타운의 인권 침해 여부를 조사하는 임무로 가이아나에 도착하면서부터 비극이 시작되었다. 조사단 일행은 존스타운에서 3일간을 신도들과 함께 지냈는데, 신도들은 춤과 노래로 밤을 지새우며 자신들의 행복하고 안락한 삶을 유감없이 과시해 보였다. 물론 그것은 사전에 치밀하게 준비된 각본에 따라 치러진 일종의 종교적 프로파간다 쇼에 불과했다.

하지만 신도 한 사람이 느닷없이 칼을 들고 라이언 의원을 해치려 드는 불의의 사고가 생기면서 조사단은 서둘러 철수하기에 이르렀는데, 당시 라이언 의원은 존스타운을 떠나기 원하는 신도들 15명을 함께 데리고 갈 것을 요청했으며, 짐 존스도 굳이 말리지 않았다. 그러나 조사단 일행이 비행기에 탑승하려는 순간에 트럭을 몰고 따라온 짐 존스의 무장 경호원들이 총기를 무차별 난사하며 라이언 의원과 다른 일행 5명을 사살하고 말았다.

그리고 그날 저녁 존스타운에서는 집단적 광란에 가까운 자살이 행해지기 시작했다. 당시 900여 명의 신도가 한꺼번에 죽음을 맞이했는데, 그중 3분의 1은 아이들이었다. 독약은 아이들부터 줄을 세워 마시게 했다. 자살 기도 능력이 없는 아이들이라는 점에서 명백한 살인 행위로 간주되기도 한다. 많은 신도가 독약을 마시고 숨을 거두었으며, 일부는 사살되었다. 하지만 신도들 가운데 167명은 죽음을 거부하고 그곳을 탈출했다. 짐 존스는 계속 확성기를 통해 죽음을 두려워 말라고 신도들을 독려했으며, 그는 그것을 '혁명적 자살'이라고 불렀다.

우 리 사 회 의 신 흥 종 교

이와 유사한 현상들이 우리나라 현대사에서도 전혀 낯설지 않다는 점이 문제다. 한 개인의 정신병리적 문제가 그의 가족에게 끼치는 온갖 정신적·물질적 폐해는 누구나 잘 알고 있는 사실이지만, 그가 속한 집단이나 공동체와의 관계에 대해서는 별다른 관심을 기울이지 않고 있는 것이 우리의 현실이기도 하다. 더욱이 폐쇄적이고 배타적인 종교 집단이나 정치적 이념 집단일 경우 그 파급효과는 더욱 심각하기 마련이다. 특히 도덕성에 문제가 있거나 병적 성향이 두드러진 지도자일 경우, 그 집단의 운명은 이미 예고되어 있다고 해도 과언이 아니다.

그런 점에서 우리나라에 유독 신흥종교 및 사이비종교가 그토록 판을 치는 이유에 대해 고민해 보지 않을 수 없다. 물론 우리나라는 종교의 자유가 허용된 자유민주국가로 국민의 대다수가 종교를 믿고 있는 그야말로 믿음의 천국이다. 하지만 그런 이점을 역이용해 우후죽순처럼 생겨난 사이비종교 단체들이 대중을 미혹시킬 뿐만 아니라 온갖 사회적인 비리를 저지르는 교주들로 인해 그 피해가 막심한 경우들도 많았다. 한때 우리 사회의 신흥종교에 대한 연구자로는 탁명환이 유명했지만, 여러 차례 테러 위협에 시달리던 그는 불행하게도 1994년 한 종교단체의 신도가 저지른 테러에 의해 결국 유명을 달리하고 말았다.

우리나라에서 사이비종교의 효시는 일제강점기에 악명을 떨쳤던 백백교라 할 수 있다. 600여 명에 달하는 신도를 무참하게 살해한 교주 전용해의 머리가 지금도 국립과학수사연구소 지하 부검실에 포르말린 용액에 담겨 보관되어 있다고 한다. 어쨌든 세상이 어지러울수록 사이비종교가 기승을 떨기 마련이며, 온갖 감언이설로 순진무구한 대중을 현혹시켜 재산을 갈취하기도 한다. 1970년대 유신독재 시절 장안을 떠들썩하게 만든 소위 7공자의 연예인 스캔들 사건의 주인공 박동명은 신앙촌을 세운 박태선 장로의 장남이기도 했다.

그런데 신흥종교가 세상의 주목을 받게 되는 것은 대형 사고를 일으킨 경우가 대부분으로, 그중에서도 가장 충격을 안겨 준 사건은 1987년 여름 경기도 용인군에서 벌어진 오대양 집단자살 사건이라 할 수 있다. 당시 오대양교를 이끈 교주 박순자를 비롯해 그녀를 따르는 추종자 32명이 공예품 공장 구내식당 천장에서 집단자살을 한 시체로 발견되어 세상을 놀라게 했는데, 당시에도 탁명환은 구원파에 의해 명예훼손 혐의로 피소된 상태임에도 불구하고 구원파 배후설을 주장하며 타살 의혹을 강력히 제기했으나 결국에는 광신도들이 벌인 집단자살극으로 경찰수사가 마무리되고 말았다.

사 회 적   약 자 와   사 교   집 단

동서양을 막론하고 컬트 종교의 유형은 대충 폭력적 컬트 집단과 초월적 컬트 집단의 두 가지로 구분되는데, 주로 폭력적인 컬트 집단은 지구종말 등의 계시론적 갈등을 증폭시킴으로써 폭력을 조장하지만, 초월적 컬트 집단은 묵시론적 계시에 입각하면서도 개인적인 초월적 명상 등을 통한 신비주의 경험을 강조한다는 점에서 비폭력적이다. 하지만 처음에는 단순한 종교적 열정으로 시작한 집단도 외부의 압력과 비판이 증가하게 되면 경계심이 증폭되면서 공격적인 모습으로 변모하게 되는 경우가 흔하다. 더군다나 편집증적인 강도가 극에 달하면 집단적인 폭력으로 행동화되기 쉬우며, 그것마저 여의치 않게 될 경우에는 집단자살 및 파멸로 치닫게 되는 것이다.

핵전쟁의 위협과 세기말이 다가오면서 특히 병적인 종교망상에 의해 자행된 집단적 범죄 행위들이 세계 도처에서 목격되어 왔다. 단적인 예로 1995년 3월 일본의 옴 진리교 신도들이 동경 시내 한가운데 지하철 안에서 동시다발적으로 독가스를 살포한 사건을 들 수 있다. 1987년 8월에 발생한 오대양교 집단자살 사건도 마찬가지다. 그런 점에서 우리나라의 백백교 등 수많은 사이비종교 집단이 번성한 배경도 사회적 불평등에 기인한 가난과 성차별 등에 따른 좌절 및 상대적 박탈감이 주된 이유가 될 것이다.

특히 사교 집단의 희생자 중 여성이 많은 이유도 사회적 불이익에 노출되는 경우가 더욱 흔하기 때문 아니겠는가. 어떤 사회이든 간에 개인적인 불행과 고통을 덜어 줄 수 있는 사회적 지지망이 빈약하거나 그 혜택에서 소외된 사람들일수록 사교 집단의 희생양이 될 가능성이 높아질 수밖에 없다. 따라서 도덕적 광기를 동반한 종교망상은 개인적 병리 차원뿐 아니라 사회적 병리를 대변하는 현상이기도 하다는 점에서 빈부의 격차 및 인종적·성적 차별 등 온갖 차별을 극복하는 사회적 안정이야말로 집단의 정신적 건강을 유지하는 지름길이 될 것이다.

무슬림의 도덕적 광기

종교적으로 우리와 직접적인 관련성은 거의 없지만, 경제적으로 매우 밀접한 관계에 있는 이슬람사회도 오늘날 지구상에서 가장 큰 정치적 혼란과 더불어 도덕적 광기로 치닫는 모습을 보여 안타까움을 더한다. 현재 서구 기독교 사회를 가장 위협하는 존재로 떠오른 세력은 단연 이슬람 문명이라 할 수 있다. 물론 기독교 문명과 이슬람 문명의 충돌은 이미 중세의 십자군전쟁 때부터 시작된 것이기도 하지만, 이슬람사회 자체도 시아파와 수니파로 갈라져 첨예한 대립과 반목을 유지해 오고 있으며, 여기에 더해 유대교를 신봉하는 이스라엘의 독립 문제까지 곁들여짐으로써 중동은 그야말로 세계의 화약고로 불리게 되었다.

더군다나 아랍 세계를 이끄는 지도자들의 대부분은 비타협적인 강성 인물들로 이루어져 있어 수시로 서구 사회와 충돌을 일으켜 왔으며, 그들은 항상 그런 도전과 도발을 알라신의 이름으로 벌이는 성전(聖戰), 지하드라 칭해 왔다. 그런 지도자들 가운데 특히 1979년 이슬람 혁명을 통해 이란의 왕정을 폐지시키고 신정정치를 펼치며 강력한 지도력을 발휘했던 호메이니(Ruhollah Khomeini, 1902~1989)는 엄격한 이슬람 율법정치를 통해 이슬람 종교방송과 군사방송 이외의 모든 언론과 출판의 자유를 크게 제한했으며, 서구의 영화나 음악은 물론 술도 일체 금했을 뿐만 아니라, 대학을 포함한 모든 교육기관도 이슬람 율법에 따른 내용으로 전면 개편했다.

또한 모든 남녀의 신체 노출을 금지하고 이슬람 전통의상만을 강요함으로써 당연히 수영이나 일광욕도 금지되었으며, 모든 여성은 머리카락을 보여서도 안 되고 사회참여 활동 역시 법으로 금지되었다. 이처럼 이슬람 율법에 따른 철저한 통제 정책을 밀고 나가면서 호메이니는 자신의 정책에 반대하는 사람은 신분 고하를 막론하고 가혹한 고문과 형벌을 가함으로써 국제사회로부터 비난의 대상이 되기도 했다. 하지만 이처럼 시대에 역행하는 정책을 펼친 호메이니는 적어도 이슬람 사회의 남성들로부터는 거의 신적인 숭배의 대상이 되었는데, 그런 도덕적 광기의 열기는 미국 대사관 인질 사건이나 이

루홀라 호메이니

란-이라크 전쟁을 통해서도 여지없이 드러났다.

호메이니 통치 10년 간은 역사상 유례가 없는 신정정치를 통해 금주령과 더불어 매우 금욕적인 삶을 전 국민에게 강요한 시기였는데, 그 여파는 그 후 아프가니스탄의 탈레반 정권에서도 보듯이 극심한 여성 탄압으로 나타나기도 했다. 탈레반은 여성들의 외출은 물론 교육마저 금지시켰으며, 한 남성이 특정 여성을 간통혐의로 지목하기만 해도 유죄를 선고하고 돌로 때려죽이게 하는 등 실로 무자비한 정책을 펼치기도 했다. 9·11 테러를 일으킨 오사마 빈 라덴은 바로 그런 탈레반의 비호 속에 은둔생활을 계속할 수 있었다.

하지만 뭐니 뭐니 해도 한동안 전 세계를 테러 공포에 휘말리게 만든 도덕적 광기의 주인공은 아랍 테러 조직의 대부로 불리는 오사마 빈 라덴(Osama bin Laden, 1957~2011)이라 할 수 있다. 2001년 9·11 테러를 일으킨 그는 일찍부터 이슬람 근본주의에 심취한 나머지 무슬림을

오사마 빈 라덴

억압하는 미국과 이스라엘에 대항하기 위해 무장 테러 조직 알카에다를 조직하고 탈레반이 지배하는 아프가니스탄을 거점으로 삼아 3,000명 가까운 사망자와 6,000명 이상의 부상자를 낳은 악몽 같은 9·11 테러를 실행에 옮긴 것이다.

다만 우리가 이슬람 테러 집단의 도덕성에 강한 의문을 제기하는 것은 그들이 저지른 악행 때문이지 그들이 신봉하는 코란 내용 자체를 문제 삼는 것이 아니다. 물론 그것은 기독교에도 똑같이 적용되는 것이기도 하다. 문제의 심각성은 아무리 경전 내용이 올바르다고 하더라도 도덕적 광기로 가득 찬 인간들이 자의적인 해석에 따라 온갖 악행을 저지르고도 양심의 가책은커녕 오히려 종교의 이름으로 합리화한다는 점에 있다고 할 수 있다.

이념과 도덕적 광기

　　　　　　　　　종교적 광기에 결코 뒤지지 않는 분야가 있다면 그것은 이념적 광기일 것이다. 가장 대표적인 경우가 파시즘과 공산주의라 할 수 있는데, 이들 이념을 토대로 한때 전성기를 구가하기도 했던 전체주의적 사회가 지닌 공통된 특성 가운데 하나는 고도로 발달한 대중 선동 기술일 것이다. 히틀러는 《나의 투쟁》에서 "대중은 어리석기 때문에 거짓말을 하려면 가장 큰 거짓을 말하라"고 했으며, 레닌은 "약속이란 어차피 부스러지기 쉬운 파이 조각과 같은 것"이라고 말하기도 했다. 하지만 그들에 앞서 이미 프랑스 대혁명 시기에 피의 공포정치로 악명을 떨친 로베스피에르 역시 탁월한 대중 선동을 통해 수많은 왕당파를 처형함으로써 이념적 광기의 선례를 남기기도 했다.

　　이처럼 이념적 갈등과 대립은 엄청난 희생의 대가를 치러야 했는데, 특히 20세기에 접어들어 도덕적 광기에 사로잡힌 지도자들에 의해 더욱 그 피해가 막심했다. 인류사회를 한때 생지옥으로 몰고 간 히틀러는 600만에 달하는 유대인을 참혹하게 학살했을 뿐만 아니라 2,500만 명의 군인과 5천만 명의 민간인 등 총 7,500만에 달하는 희생자를 낳은 제2차 세계대전을 일으킴으로써 인류 역사상 가장 끔찍한 재앙을 초래한 장본인이었다. 어디 그뿐인가. 700만에서 1,200만 명의 사상자를 낳은 러시아 내전과 스탈린의 무자비한 피의 대숙청, 대약진운동과 문화대혁명의 여파로 2,500만 명의 희생자를 낳은 모택동, 캄보디아 전 인구의 3분의 1에 해당하는 200만 명의 목숨이 희생된 킬링필드 등이 공산주의 체제하에서 벌어진 끔찍스러운 대재앙이었다.

　　이념적 갈등과 반목의 결과로 벌어진 스페인 내전, 한국전쟁, 베트남전쟁도 인류 역사에서 가장 참혹한 동족상잔의 하나로 꼽을 수 있는 사건들이지만, 단순히 선과 악의 대결로 보기보다는 단지 자신과 생각이 다르다는 이유 하나만으로 수백만의 동족을 거침없이 죽일 수 있다는 도덕적 광기의 극치를 여지없이 보여 준 사건이라는 점에서 엄청난 전율을 일으키는 대목이 아닐 수 없다. 가톨릭 왕당파와 인민공화파가 충돌한 스페인 내전에서는 50만 명이 목숨을 잃었고, 한국전쟁에서는 양측 군인과 민간인을 합해 150만 명의 사망자와 천만의 이산가족을 낳았으며, 베트남전쟁에서는 300만 명 가까운 인명 피해를 입었으니 실로 참담한 일이 아닐 수 없다.

그런 점에서 지도자의 이념과 도덕성이 얼마나 중요한 문제인지 실감하게 된다. 로베스피에르, 히틀러, 무솔리니, 프랑코, 레닌과 트로츠키, 스탈린, 모택동, 폴 포트, 호메이니, 사담 후세인 등의 경우가 그렇다. 물론 이들 나름대로는 제각기 정당한 이념적 명분이 있었겠지만, 이념보다 더욱 중요한 것은 인간의 생명이요, 삶 그 자체라 할 수 있을 것이다. 러시아 내전에서 포로들의 손바닥만 보고 총살한다든지 또는 나치 독일에서 노동의 가치가 없어 보이는 노약자나 아이들을 가스실로 먼저 보내는 행위 등은 그야말로 인간의 가치를 어디에 두었는지를 극명하게 보여 주는 대목이 아닐 수 없다. 실로 도덕적 광기의 극치라 할 수 있는 장면들이다. 그리고 이제부터 그런 광기의 주인공들에 대해 살펴보고자 한다.

로베스피에르와 피의 공포정치

우선 프랑스 혁명 당시 피의 공포정치를 단행한 로베스피에르(Max-

로베스피에르

imilien Robespierre, 1758~1794)를 들 수 있다. 자유, 평등, 박애의 기치 아래 시민혁명을 일으킴으로써 절대왕정을 무너뜨리고 프랑스 최초의 공화제를 이룩한 프랑스 대혁명은 인류 역사에 길이 남을 일대 사건이었다. 그런 역사적 현장에서 로베스피에르는 당통, 마라와 함께 한동안 민주공화제를 이끌며 시민정치의 초석을 쌓는 업적을 남긴 변호사 출신의 정치인으로, 당시 루소와 몽테스키외 등 계몽사상가의 영향을 받아 수많은 사회개혁을 비롯해 사형제도 폐지 법안을 제출하는 등 인도주의에 입각한 정책 수립에 앞장서기도 했다. 하지만 혁명 정부를 이끌면서 숱한 반대에도 불구하고 국왕 내외를 처형시켜 버림으로써 피비린내 나는 공포정치의 시작을 알리는 신호탄이 되었다.

그는 프랑스 대혁명 이후 정치적 혼란과 내분을 수습하고 정적들을 제거하는 과정에서 잔혹한 피의 공포정치를 자행함으로써 수많은 목숨을 단두대의 이슬로 사라지게 했다. 루이 16세와 마리 앙투아네트 왕비의 처형은 물론 혁명 동지였던 당통, 세계적인 화학자 라부아제 등을 위시해 수만 명을 참수시켜 전국을 공포의 도가니로 몰고 갔으나, 결국 그 자신 역시 백색 테러 정치에 반발한 쿠데타 세력에 의해 단두대에 올라 참수되고 말았다. 당시 그의 나이 불과 36세였다.

원래 강박적인 성격에 매우 금욕적인 성향의 로베스피에르는 처음에 당통, 마라 등과 함께 힘을 합쳐 국왕 및 왕당파 처형을 일사불란하게 밀고 나가면서 부정부패와 각종 범죄에 대해 극형으로 다스리는 등 강력한 정책을 펼쳐 나갔을 뿐만 아니라 건전하고 올바른 시민 생활을 도모한다는 취지에서 매춘을 엄격히 단속하고, 미신을 조장한다는 이유로 점술도 금지했으며, 심지어 카드 놀이와 경마, 투우, 투견 등 일체의 오락 행위마저 금지할 정도로 도덕적인 삶을 강조했다.

하지만 점차 냉혹한 독재자의 본색을 드러내기 시작해 자신에게 반대하는 사람들은 무조건 단두대로 보내기 시작한 그는 국왕을 처형한 지 불과 1년 만에 1만 7천 명에 달하는 사람들을 단두대에 올려 공개 처형했다. 특히 공포정치의 주동자이기도 했던 동료 마라가 왕당파에게 암살당한 후로는 그런 잔혹함이 더욱 심해졌다. 더군다나 로베스피에르와 자주 의견 충돌을 보인 당통이 당파싸움을 멈추게 하기 위한 목적으로 지롱드당과 접촉한 사실을 빌미로 삼아 부패한 반혁명 분자로 몰아 결국 단두대에 올리고 말았다.

하지만 동지였던 당통마저 무자비하게 처형하는 그의 모습을 보고 위기감을 느낀 사람들이 언제 화살이 자신에게 돌아올지 모른다는 두려움에 사로잡힌 나머지 마침내 국민의회는 로베스피에르를 반혁명 혐의로 법정에 고발하기에 이르렀다. 물론 그에게 충성을 맹세한 지지자들이 무력봉기를 주장하기도 했지만, 이를 거부한 그는 스스로 권총을 쏘아 자살을 시도해 중상을 입은 상태로 체포되어 결국 콩코르드 광장에서 자신의 측근들과 함께 단두대에 올라 참수당했다. 한때 사형 폐지를 외쳤던 그가 자신이 주도해 숱한 사람들을 처형시켰던 바로 그 단두대에서 자신도 그 희생자가 되리라고는 미처 상상하지 못했을 것이다.

물론 그는 매우 청렴결백하고 검소한 생활로 일관한 인물로 손수 빨래를 하고, 누구에게나 항상 예의 바른 태도를 보였으며, 매일 아침저

넉으로 기도를 올릴 만큼 독실한 신앙인이기도 했다. 술과 담배, 여성을 멀리하며 독신으로 생을 마친 그는 반면에 소심하고 우유부단하며 융통성이 결여된 고집불통의 고지식한 원칙주의자로도 알려졌는데, 요즘 식으로 말하자면 매우 강박적인 성격의 소유자라 할 수 있다. 하지만 병적으로 지나친 도덕주의는 자신과 뜻을 달리하는 사람들에 대해 피도 눈물도 없는 무자비한 복수로 응징하도록 이끌어 결국 프랑스 혁명정신의 맥은 나폴레옹 황제의 등극으로 아쉽게도 끊기고 말았다.

파 시 즘 의 원 조 무 솔 리 니

파시즘을 주도한 이탈리아의 독재자 무솔리니(Benito Mussolini, 1883~1945)는 고대 로마제국의 영광을 재건하겠다는 과대망상에 빠진 인물로, 히틀러와 손잡고 제2차 세계대전을 일으킨 장본인이었으나, 연합국에 패하자 애첩 페타치와 함께 스페인으로 도주하기 위해 코모 호반 마을에 숨어 있다가 결국 좌익 빨치산에 붙들려 현장에서 처형당하고 말았다. 총살당한 그들의 시신은 밀라노 시내 광장 한가운데 거꾸로 매달리는 수모를 겪기도 했다.

비록 무솔리니는 파시즘의 원조로 도덕적 광기에 빠진 독재자이긴 했으나 히틀러처럼 고루한 인종주의에 빠져 대대적인 학살을 자행한 인물은 아니었다. 그럼에도 불구하고 그가 동족에 의해 처참하게 응징을 받은 것은 조국 이탈리아를 파멸의 구렁텅이로 몰고 갔기 때문이다. 한때 그가 민중의 지지를 얻은 것은 과감한 경제정책의 성공과 바티칸의 교황을 보호했다는 점뿐이다. 독실한 가톨릭 신자인 이탈리아 국민들로서는 교황의 지지를 얻은 무솔리니의 존재를 믿고 따를 수밖

베니토 무솔리니

에 없었을 것이다.

물론 그가 창안한 파시즘의 본질은 지금까지도 정확한 실체가 규명되지 않아 많은 논란의 대상이 되고 있지만, 국가사회주의, 국수주의, 전체주의, 국가자본주의, 급진적 노동조합주의, 집단주의, 팽창주의, 사회진화론, 반공주의 등을 교묘하게 조합한 그의 파시즘은 한마디로 정의하기 곤란한 매우 복잡한 이념임에 틀림없다.

그러나 분명한 사실은 로마제국의 옛 영광을 되찾는다는 명분을 내세워 북아프리카를 침공했을 뿐만 아니라 나치즘과 손잡고 세계정복의 야욕에 동참했다가 돌이킬 수 없는 파국을 맞이하고 말았다는 점이다. 대중 선동의 달인이기도 했던 그는 열정적이며 과장된 제스처의 대중연설로 이탈리아 민중의 절대적인 지지를 얻었으며, 그런 대중적 지지와 열광에 도취된 나머지 자신이 마치 고대 로마의 황제라도 된 듯이 절대 권력을 휘둘렀지만, 솔직히 말해 그것은 속 빈 강정이었을 뿐이다.

사실 그는 매우 옹졸하고 소심한 인물로, 자신의 출세와 영웅의 이미지에 걸림돌이 된다고 여겨 전처와 그 아들을 정신병원에 감금했을 뿐만 아니라 심지어 아들은 독극물을 주사해 살해하기까지 했다. 그런 무솔리니가 나치의 인종주의를 어리석은 짓이라 비판하기도 했으니 도덕적 판단에 상당한 혼란과 취약성을 보인 인물임에 틀림없다.

광 기 의   지 도 자   히 틀 러

나치 독일의 지도자 아돌프 히틀러(Adolf Hitler, 1889~1945)는 광기에 가득 찬 카리스마적 인물로, 한때 전 세계를 생지옥이나 다름없는 아수라장으로 만들었던 장본인이다. 그의 과대망상적인 인종적 우월 감과 세계 지배욕은 순식간에 인류를 파멸로 이끌었으며, 더욱이 반유대주의에 따른 잔혹한 인종청소는 사악한 인간 심성의 한계가 어디까지인지 그 종착점을 드러내 보여 준 극단적 실험이기도 했다. 그것은 또한 천박하고 저열한 인간 속성의 한계를 실험한 무대이기도 했다.

비록 히틀러는 유대인을 해충으로 간주하고 지구상에서 완전 박멸하고자 했으나 결과적으로는 바로 그 자신이야말로 인류에게 엄청난 재앙을 몰고 온 해충이었음을 스스로 입증하고 말았다. 그런 점에서 전통적으로 음악을 사랑하고 철학적 사색과 과학적 정신으로 인류 문명의 진보에 공헌했던 독일인들이 히틀러와 같은 정신적 괴물을 지도자로 선택함으로써 돌이킬 수 없는 오점을 남긴 사실은 지금도 풀리지 않는 수수께끼라 하겠다.

물론 역사는 실로 작고 사소한 일에서도 발단되는 경우가 있음을 우리는 결코 부인할 수 없다. 그러나 인간 심성의 뒤틀린 성장과 발달이 단지 한 개인의 운명뿐 아니라 집단 전체, 더 나아가 인류 전체를 파멸로 이끌 수도 있음을 우리는 히틀러라는 도덕적 광기의 인물이 저지른 숱한 행적을 통해 실로 엄청난 교훈을 얻게 되는 것이다.

평소에도 히틀러는 웃는 법이 거의 없었으며, 이성과 사랑을 주고받는 데도 어려움이 있었던 것이 분명해 보인다. 그것은 어린 시절부터 부모로부터 충분한 사랑을 받아 본 경험이 없었기 때문일 것이다. 히틀

아돌프 히틀러

러는 채식주의자 및 동물애호가로 알려져 있으며, 담배도 피우지 않았기에 대대적인 금연운동을 펼치기도 했다. 그러나 육식을 혐오하고 동물을 끔찍이도 사랑했다는 그가 수천만 명의 인명을 아무런 양심의 가책도 느끼지 않고 살상했다는 점을 어떻게 이해해야 할까. 그것은 살인을 밥 먹듯 하면서도 교회에 헌금을 착실히 내는 동시에 자신의 애완동물을 끔찍이도 아끼는 조직폭력배의 두목이 보이는 이율배반적인 태도와 크게 다를 바 없다.

히틀러와 나치의 존재는 지금까지도 쉽게 풀리지 않는 수수께끼에 속한다. 히틀러가 제2차 세계대전과 홀로코스트를 일으키지 않고 오로지 독일의 재건에만 힘을 쏟았다면 그는 독일 역사에서 영웅적인 존재로 길이 기억되었을 것이다. 하지만 그의 도덕적 광기는 단순히 독일을 강국으로 만드는 임무에 만족할 수 없게 만들었다.

전 세계를 파국으로 몰고 간 히틀러의 광기에 대해서는 실로 다양한 견해가 제시되어 왔지만, 아직까지 일치된 정설은 존재하지 않는다. 그에 대한 평가는 편집광, 히스테리성 발작, 나르시시즘적 광기, 네크로필리아, 반사회성 인격 등 실로 다양한 용어로 가득 채워져 있다. 그러나 분명한 사실 한 가지는 그 어떤 용어를 동원하든 결국 도덕적 광기라는 문제로 귀결된다는 점이다.

다만 히틀러의 천부적인 대중심리 선동술에 대해서는 누구나 인정하지 않을 수 없을 것이다. 분명 히틀러는 대중심리의 취약성에 대해 남다른 통찰력을 지니고 있었는데, 일반 대중의 속성은 여성적인 측면이 강하기 때문에 여성들이 기대하는 강한 남성의 이미지를 보여 주기만 하면 대중을 마음대로 장악할 수 있다는 확고한 신념을 지니고 있었다.

히틀러 연구의 권위자인 요아힘 페스트는 말하기를, 히틀러는 비록 열등한 인물이었지만 그가 불러일으킨 불가사의한 힘의 폭발력은 결코 무시할 수 없는 인간 현상의 일부로서 그를 단지 권력욕에 사로잡힌 광기의 몽상가 또는 시대에 역행한 무지한 망나니로 치부해 버리기에는 그 스스로 대중이 진정으로 원하는 것이 무엇인지 너무도 잘 알고 있었으며, 시대적 요청에 대한 남다른 감각과 그 나름대로의 정치적 신념 및 예리한 합리성을 지닌 인물이었다는 것이다.

물론 우리는 히틀러를 단순히 한 마리 미친개에 불과한 인간 말종으로 치부해 버리고 말면 그만일 수도 있다. 다만, 그가 온몸으로 입증해 보였던 인간악의 내면적 실체를 철저히 이해하지 못한다면 그런 사악한 메시지에 휘말리기 쉬운 대중의 속성이 변하지 않는 한, 히틀러의 망령과 마법은 언제 또다시 나타날지 모른다는 두려움이 앞선다.

그런 점에서 에리히 프롬이 던진 경구는 매우 암시적이다. 그는 "악인의 머리에 뿔이 달렸다고 믿고 있는 동안에는 결코 사람들은 악인을 찾아내지 못할 것이다. 악인을 손쉽게 찾아낼 수 있다는 단순한 가정은 커다란 위험을 가져온다. 파괴자라고 해서 모두가 히틀러가 되는 것은 아니다. 모든 사람이 히틀러와 같은 재능을 가진 것은 아니기 때문이다."라고 말했는데 이는 맞는 말이다. 히틀러와 같은 비틀린 심성의 소유자들은 우리 주위 어디선가 항상 자라나고 있을지도 모른다는 점에서 우리는 항상 올바른 비판적 안목을 지니고 건전한 사회를 키우고 유지하기 위한 노력을 게을리해서는 결코 안 될 것이다.

스 탈 린 과 피 의 대 숙 청

히틀러에 결코 뒤지지 않는 도덕적 광기의 지도자가 있다면, 피의 대숙청으로 악명이 자자했던 소련의 독재자 스탈린(Iosif Stalin, 1878~1953)을 들 수 있다. 그는 레닌 사후 30년 이상 공산당 서기장 직에 있으면서 소련을 초강대국으로 이끌었던 지도자로, 제2차 세계대전의 위기를 극복한 러시아 민족의 영웅으로 추앙되는가 하면, 숱한 인명을 무자비하게 살상한 독재자로 비판받기도 하는 등 그에 대한 평가는 극에서 극으로 전혀 상반된 양상을 보인다. 물론 표면적으로만 본다면, 그는 후진성을 면치 못하고 있던 소련 사회를 공업화하고 정치적·경제적·군사적으로 러시아를 대국으로 이끈 장본인으로 러시아 민중 사이에서는 그야말로 신적인 존재에 버금가는 숭배의 대상이었다.

하지만 종교 말살과 무리한 강제이주 정책, 우크라이나 대기근, 대대적인 숙청 등으로 그의 지시에 의해 희생된 사람들이 히틀러에 의한 희생자들보다 훨씬 더 많다는 주장도 있을 만큼 악명이 자자한 인물이기도 하다. 더욱이 매우 편집적이며 잔혹한 성품에 변태적인 습성까지 가진 인물로도 정평이 나 있어 그에 대한 추문은 끝없이 이어지고 있는 실정이다. 다른 무엇보다 그에 대해 가해지는 비판의 핵심은 무자비한 독재정치와 개인 우상화에 있다고 할 수 있다.

그토록 잔혹하고 엉큼한 스탈린이 소년 시절 성직자가 되기를 희망한 어머니의 뜻에 따라 그리스 정교회 신학교에 들어가 5년간이나 수학했다는 사실이 좀처럼 믿기지 않는다. 이처럼 한때 성직자가 되고자 했던 인물이 종교를 말살시키고 10월 혁명을 주도한 유대인 동지들마저 무자비하게 대거 처형시킨 사실은 그의 편집증적 잔혹성뿐만 아니라 도덕적 광기의 전형이 아닐 수 없다. 결국 스탈린의 무자비한 피의 숙청은 비인간적 공산정권의 말로를 이미 예고하고 있었는지도 모르겠다. 소비에트 사회는 출발부터 너무도 많은 피를 흘렸기 때문이다.

이오시프 스탈린

스탈린의 대숙청으로 희생된 이들의 수는 무려 1,200만 명에 달한다는 보고가 있다. 그것은 제2차 세계대전 기간 중에 희생된 소련군의 피해를 훨씬 웃도는 규모다. 스탈린의 원래 의도는 러시아 혁명의 성공에 결정적인 역할을 담당한 유대계 소비에트 지도자들을 일망타진하는 것이었다. 그중에는 유대인 지노비에프, 카메네프, 라데크 등이 포함되었으며, 가장 두려운 정적이었던 트로츠키는 멕시코 망명 중에 스탈린이 보낸 자객의 손에 암살당했다.

그런 숙청 작업의 하수인으로 활약했던 비밀경찰 조직의 총책 야고다도 유대인이었지만, 그 역시 자신의 동족들을 희생양으로 삼아 홀로 살아남고자 했으나 얼마 가지 않아 스탈린에 의해 제거되고 말았다. 대규모의 체포, 구금, 고문, 처형 등으로 소련사회는 공포의 도가니로 변하고 말았으며, 강제노동 수용소는 넘치는 인원으로 포화 상태가 되었다.

1930년대 후반부터 제2차 세계대전이 발발하기 직전까지 지속된 피의 대숙청 기간 동안 스탈린은 자신의 정적들 거의 대부분을 제거하고 처형시키는 동시에 성급한 산업 국유화와 집단농장 체제, 그리고 숱한 비극을 낳은 강제이주 정책 등을 펼쳐 소련경제에 대혼란을 일으켰고, 그 결과 우크라이나에서는 수백만 명의 아사자를 낳은 대기근을 초래하여 민중들의 원성이 극에 달했다.

연해주 등지에 거주하던 20만 명에 달하는 고려인을 중앙아시아로 강제 이주시킨 것도 바로 그때였다. 일본의 첩자가 될 수도 있다는 이유에서였다. 그러나 이주 과정에서 숱한 희생자를 낳기도 했다. 이처럼 피도 눈물도 없는 스탈린의 강압적 정책으로 인해 희생된 사람들은 실로 부지기수였다. 그리고 아직까지도 그 정확한 실체에 대해서는 충분히 밝혀지지 않고 있는 실정이다.

자신에게 조금이라도 위협의 소지가 있다고 판단되는 집단에 대해서는 가차없이 숙청하고 처형시키는 초강수로 맞선 스탈린의 편집증 때문에 소련 내 강제노동 수용소는 수감자로 넘쳐흘러 한순간에 생지옥으로 변하고 말았다. 이처럼 잔악하기 그지없는 수법으로 희생된 사람들의 수는 아직까지도 정확히 알려져 있지 않다. 1937년과 1938년의 대숙청 기간에 처형된 이만도 70만 명에 이르는 것으로 추정되는데, 물론 여기에는 고문 도중에 죽거나 강제노동 수용소에서 사망한 경우는 빠져 있으며, 강제이주 과정에서 죽은 사람들과 우크라이나 대기근으로 굶어 죽은 수백만 명을 포함하면 그 수는 기하급수적으로 늘어난다. 스탈린이 직접 서명한 총살형 집행자만도 무려 4만 명에 이른다. 그러나 이는 소련 당국이 발표한 공식적인 기록일 뿐이며 실제 희생자 수는 이보다 몇 배에 이를 것으로 추정된다.

따라서 현재 추정되고 있는 희생자 수는 사형집행자 150만 명, 강제노동 수용소 굴라그(Gulag)에서 사망한 인원 500만 명, 강제이주민 170만 명, 기타 100만 명 등 거의 천만 명에 달할 정도로 그 피해 규모는 상상을 초월한다. 여기에 우크라이나에서 굶어 죽은 아사자들까지 합하면 스탈린 치하에서 희생된 사람들의 수는 무려 1,500만 명에 이를 것으로 추산된다.

스탈린은 이토록 많은 인명을 희생시킨 후 비로소 1939년 히틀러와 불가침조약을 맺기에 이르는데, 이들 두 사람이야말로 인간의 생명을 파리 목숨보다 더 가볍게 여긴 장본인들이며, 이들이 가장 주된 공적으로 취급한 대상은 바로 유대인들이었다는 점에서도 서로 의기가 투합했을 것이다. 그러나 히틀러가 약속을 깨트리고 소련을 침공하자 스탈린은 비로소 진정한 위협이 무엇인지 새삼 깨닫고 모든 소련 민중에게 애국심을 호소하며 총궐기할 것을 요구하기에 이른다.

그렇게 해서 스탈린은 영웅이 되고 그가 저지른 죄악상은 지하에 묻혔으며, 히틀러는 다가오는 소련군의 코앞에서 자살함으로써 자신이 학살한 600만의 유대인과 함께 한 줌의 재로 화해 버렸다. 그러나 스탈린은 그 후에도 히틀러가 살아 있을지도 모른다는 의구심에 젖어 계속해서 그에 대한 수색을 지시한 것으로 알려졌다. 도덕적 광기로 가득 찬 붉은 곰 스탈린은 세상의 그 어떤 것도 믿지 못한 편집광이었으니 충분히 그럴 만도 했다. 하기야 광기로 치면 자신을 능가하고도 남을 히틀러였으니 두려워할 법도 했을 것이다.

빨갱이 사냥을 주도한 매카시 상원의원

1930년대 미국사회는 금주법과 경제대공황으로 남북전쟁 이후 최대의 사회적 혼란과 위기를 맞이했으나, 그 후 제2차 세계대전을 승리로 장식하면서 소련과 더불어 그 누구도 넘볼 수 없는 강대국으로 거듭나게 되었다. 하지만 새로운 냉전체제를 맞이하면서 공산주의에 대한 경계심이 고조되기 시작한 1950년대 미국사회를 현대판 마녀사냥으로

조지프 매카시

몰고 간 매카시즘의 광풍은 모처럼 평화와 안정을 되찾은 미국사회에 극심한 혼란과 자체 내분을 불러일으키고 말았다.

그토록 악명 높은 빨갱이사냥의 방아쇠를 당긴 주인공은 공화당 소속 상원의원인 조지프 매카시(Joseph McCarthy, 1908~1957)였다. 초선의원 시절만 해도 세상에 잘 알려지지 않은 무명 인사였던 그가 한순간에 미국 전체를 뒤집어 놓으며 세상의 이목을 끌게 된 것은 1950년에 포문을 열기 시작한 반공 연설에서 비롯되었다. 당시 그는 미국 전역에서 공산주의자들이 암약하고 있으며, 자신이 그 명단도 갖고 있다고 호언장담했다. 매카시의 그런 폭탄선언은 핵무기보다 더 큰 위력으로 미 전국을 강타하며 집단공황 상태로 몰고 가는 대혼란을 일으키고 말았다. 그중에서도 가장 큰 피해를 입은 곳은 바로 할리우드였다.

그의 선동에 따라 미 의회는 악명 높은 블랙리스트를 작성해 청문회를 열기 시작했으며, 그런 유명세에 힘입어 그는 1952년 재선되었다. 이처럼 매카시 상원의원의 선동에 따라 시작된 미 의회 비미활동위원회의 조사 작업은 순식간에 할리우드를 초토화시켜 버렸다. 마치 벌집을 쑤셔 놓은 것처럼 할리우드는 혼란에 빠져든 것이다. 게다가 중세 마녀사냥을 연상시키는 비열한 수법까지 동원되었다. 공산주의 활동에 함께 참여한 동료의 이름을 대면 그동안의 비미활동 경력을 문제 삼지 않겠다는 식이었다.

하지만 날이 갈수록 도를 넘어서기 시작한 매카시의 도덕적 광기가 심지어 민주당과 공화당 지도부를 포함해 육군 장성들까지 공산주의 자로 몰고 가게 되자 마침내 1954년 국회 청문회까지 열리게 되었다. 그러나 증거를 대지도 못하고 상대측 변호사들의 집요한 추궁에 몹시 흥분한 상태로 비난만을 거듭하는 그의 모습을 TV 생중계로 지켜본 국민들은 크게 실망하고 더 이상 그의 말에 귀를 기울이지 않게 되었다. 결국 미 상원은 정당을 초월해 매카시를 불신임하는 결의안을 압도적인 찬성으로 통과시키고 말았다.

이처럼 매카시의 비이성적인 선동과 모함에 치를 떨기 시작한 미국 사회는 결국 매카시에게 등을 돌리게 되면서 그의 입지는 크게 줄어들고 말았다. 더욱이 공산주의에 대한 미국인들의 두려움을 자극해 집단적 히스테리를 일으킨 점은 마치 반유대주의를 자극해 독일인들로부터 폭발적인 인기를 끌었던 히틀러의 분신을 보는 듯해 께름직할 따름이다.

결국 무모한 마녀사냥으로 온 세상을 발칵 뒤집어 놓았다가 오히려 역풍을 맞고 스스로 무너져 버린 희대의 선동꾼 매카시는 세상에 둘도 없는 비열한 거짓말쟁이요 미치광이로 낙인찍힌 채 사람들의 조롱거리로 전락하고 말았는데, 같은 공화당 소속의 랠프 플랜더스 의원조차 매카시를 히틀러에 비유하며 맹비난을 퍼붓는 연설을 할 정도였다. 이에 충격을 받은 그는 크게 상심한 나머지 알코올 중독에 빠져 헤어 나오지 못하다가 급기야는 급성 간염에 걸려 48세 나이로 세상을 뜨고 말았다. 그에 대한 불신임 결의안이 국회에서 통과한 지 불과 3년 뒤의 일이었다.

모 택 동 과 문 화 대 혁 명 의 광 기

중국의 모택동(毛澤東, 1893~1976)은 장개석의 국민당 정부를 본토 대륙에서 몰아내고 중국의 공산화를 이룩한 장본인이다. 하지만 그가 무리하게 전개한 대약진운동의 실패로 무려 4천만 명이 굶어 죽는 참사가 벌어지자 정치적 곤경에서 빠져나가기 위한 고육책으로 문화대혁명을 일으킴으로써 중국 대륙을 더욱 큰 혼란에 빠트리고 말았다. 왜냐하면 나이 어린 청소년들로 이루어진 홍위병의 난동과 도덕적 광기를 부추기고 이용했기 때문이다.

1966년부터 1976년에 이르기까지 10년에 걸쳐 벌어진 문화대혁명과 홍위병의 반인륜적 난동은 공산주의 역사에서 가장 치욕적인 사건 중의 하나였다. 그것은 모택동이 주도하고 부추긴 이념적 광기의 극치인 동시에 거대한 실패로 돌아간 실로 어처구니없는 사회적 실험이기도 했다. 비록 스탈린이 종교를 말살하고 피의 대숙청을 통해 숱한 목숨을 희생시키긴 했지만, 모택동은 사회개혁의 미명 하에 세대 간의 대립과 반목을 조장하고 더 나아가 최소한의 도덕적 기반마저 뿌리째 파괴해 버린 우를 범하고 만 것이다.

모택동

모택동이 제창한 문화대혁명의 공식 명칭은 무산계급 문화대혁명으로 간단히 줄여서 문혁(文革)이라고 불렸다. 표면적으로 내세운 구호는 전근대적인 전통 문화와 자본주의적 시장경제를 타파하고 새로운 공산주의 문화를 건설하자는 것이었으나, 실제로는 1950년대 말에 시작한 대약진운동의 실패로 수천만 명이 목숨을 잃으면서 자신의 권위가 형편없이 추락하자 정치적 곤경을 타개하기 위한 목적으로 어린 홍위병을 동원해 민중의 관심을 다른 데로 돌린 것이다.

1966년 8월 전국에서 모여든 수백만 명의 홍위병이 베이징 천안문 광장에 집결해 모택동 어록을 흔들며 그를 열렬히 환영했을 때만 해도 중국 인민들은 그 후에 벌어진 가공할 사태들을 전혀 예상하지 못했다. 하지만 모택동의 격려와 칭찬에 고무된 홍위병은 구습 파괴 운동에 앞장서며 곧바로 행동에 나서 모든 종교 활동의 근거지인 사찰과 교회, 수도원을 공격하고 파괴했으며, 약탈도 서슴지 않았다. 심지어 극심한 고문과 심문이 자행되고 무자비한 폭행을 견디지 못해 자살하는 사람도 많았으며, 그해 두 달 사이에 베이징에서만 1,700여 명이 살해당했다.

어디 그뿐인가. 비림비공운동(批林批孔運動)을 전개하여 공자의 묘를 파헤치고 모든 유교적 잔재를 모조리 파괴해 버렸으며, 수천 년에 걸쳐 내려온 수많은 역사적 문화유산들이 단 10년간의 문혁 기간에 파괴되고 말았다. 여기에는 역사적인 건축물, 탑과 사당, 예술품, 서적 등이 모두 포함된 것으로 그런 만행은 인류 역사상으로도 전대미문에 속하는 행위가 아닐 수 없으며, 진시황제의 분서갱유를 능가하는 반문명적 파괴 행위였다고 할 수 있다.

어린 청소년들로 이루어진 홍위병의 가장 큰 공격 대상은 자신들의 부모와 교사들로 대변되는 기성세대였다. 하지만 모택동이 아직 사리 분별이 분명치 않은 미성숙한 청소년들에게 예전에는 감히 상상도 할 수 없는 무소불위의 막강한 권력을 손에 쥐어 준 것은 실로 엄청난 부

작용을 낳고 말았다. 홍위병은 자신들의 부모와 교사들을 향해 거침없이 욕을 퍼붓고, 무릎을 꿇려 가며 혹독한 반성과 자아비판을 강요하는 도덕적 광기를 마음껏 누렸는데, 그런 광기의 현장은 그들의 심리적 미숙함을 십분 활용한 반인륜적 축제의 한마당이 되고 말았다.

이처럼 홍위병은 자신들이 저지른 패륜적 만행에 대해 오히려 커다란 자긍심을 느꼈으며, 타락한 기성세대의 비리를 응징한다는 점에서 도덕적인 승리감에 도취되어 있었다. 이러한 도덕적 광기에 따른 의식의 전도 현상은 과거 마녀들을 산 채로 불에 태워 죽인 성직자들이나 수백만의 유대인을 가스실로 보낸 나치 독일군이 일말의 양심의 가책을 느끼지 않고 오히려 종교적 또는 이념적 사명감으로 가득 차 있었던 점과 매우 비슷하다. 하지만 오랜 세월 유지되어 온 부모와 스승에 대한 최후의 도덕적 금기와 윤리적 마지노선을 깨트린 홍위병은 비록 유교적 잔재를 타파한다는 거창한 명분에도 불구하고 그 후에도 돌이킬 수 없는 후유증을 앓아야 했으며, 그런 이유로 문혁이 끝난 후에도 죄책감에 시달린 홍위병 또한 적지 않았다.

10년에 걸친 문혁 기간에 홍위병에 가담한 청소년들은 자신의 부모나 스승을 타락한 반혁명세력으로 고발하고 심지어는 얼굴에 침을 뱉고 구타하는 일도 비일비재했는데, 당시 그들이 내건 구호 가운데 하나는 '부모는 나를 사랑할지도 모르지만, 모택동 주석만큼은 아니다.'라는 것이었으니 결국 모택동의 존재가 부모의 가치를 능가한 셈이다. 더욱이 문혁 지도부는 이러한 모택동 우상화에 적극 동조하며 부모와 스승의 가르침을 믿고 따르지 말도록 부추겼으니, 문혁이 남긴 가장 심각한 후유증은 가족이나 친구마저도 믿을 수 없다는 도덕적 불신의 지옥을 만들었다는 점에 있다. 문제는 거기에 그치지 않았다. 지극히 개인적인 원한이나 사적인 감정으로 스승에게 보복과 모욕을 가하는 일도 벌어졌으며, 아무런 잘못이 없음에도 불구하고 단지 남보다 뛰어났다는 사실만으로도 박해의 대상이 되는 경우도 있었다.

중국 법원에서 공식적으로 발표한 문혁 기간 중의 피해 상황에 따르면 총 73만 명이 박해를 받았으며, 그중에서 사망자는 3만 4,800명이었다고 한다. 하지만 이 숫자는 추정에 불과한 것일 뿐, 실제로는 더 많은 희생자가 있었을 것으로 보인다. 지금까지 알려진 희생자 가운데 가장 유명한 인물로는 중화인민공화국의 국가로 불리는 의용군 행진곡의 작사자 톈한을 들 수 있으며, 그 외에도 굶어 죽은 유학자 슝스리, 자살한 작가 라오서와 중국공산당 지도자 리리싼이 있다. 군인이었던 허룽 원수는 홍위병에 의해 구타를 당해 죽었으며, 조선족 연변자치구 주석을 지냈던 한국계 중국인 주덕해 역시 박해를 당해 병사했다.

작가 바진은 홍위병들에게 끌려 나가 모욕을 당하고 부서진 유리 조각 위에 무릎을 꿇는 가혹 행위를 당했으며, 그 후에도 끊임없이 자아비판을 강요당했는데, 그의 아내는 당국에 의해 의료 혜택이 거부된 상태로 숨을 거두고 말았다. 문혁 기간에 숙청당한 등소평은 온갖 박해에도 불구하고 재기에 성공해 오뚝이라는 별명까지 얻었으나, 그의 아들은 홍위병의 구타를 견디지 못하고 베이징 대학교 건물 4층에서 뛰어내려 하반신 마비 신세가 되고 말았다.

이처럼 도덕적 혼란의 아수라장 속에서 교육의 기능이 온전히 보존될 리 없었다. 문혁의 광풍이 중국 대륙을 휩쓸고 간 10년 동안 모든 대학이 문을 닫는 바람에 대입시험도 당연히 취소되었으며, 교수들은 농촌이나 공장으로 보내져 노동에 종사하는 처지로 전락하고 말았다. 타락한 자본주의식 퇴폐 교육을 시행했다는 이유로 수많은 교사나 교수들이 정죄의 대상이 되어 조리돌림을 당하고 파면당하거나 스스로 자리에서 물러나야 했다. 어디 그뿐인가. 수많은 지식인 역시 농촌의 노동교화소로 보내져 사상개조 훈련을 받았으며, 도시 청년들도 농촌 이주를 강요받았다. 또한 대다수의 청소년이 더 이상의 교육을 포기했기 때문에 문혁 시기의 젊은이들은 적절한 교육을 받지 못한 세대로 성장할 수밖에 없었다.

비록 홍위병의 신격화 작업으로 권력 기반을 다지는 데 성공했지만, 홍위병의 난동으로 인해 벌어진 총체적 난국과 혼란 상태로 인해 모택동은 오히려 심각한 민심의 이반 현상을 수습해야만 했다. 따라서 일단 자신의 목적을 달성한 그는 더 이상 홍위병의 존재가 필요 없게 됨에 따라 마침내 인민해방군을 동원해 홍위병 진압에 나서게 되었다. 하지만 얼마 가지 않아 모택동이 사망하고 등소평이 권력의 핵심에 오르게 되면서 비로소 문화대혁명의 악몽이 막을 내리고 새로운 변화의 시대를 맞이하기에 이르렀다.

폴 포트의 킬링필드

폴 포트

중국의 문화대혁명의 열기가 식어 갈 무렵, 동남아시아의 캄보디아에서는 더욱 충격적인 도덕적 광란의 열기가 이념의 탈을 쓰고 등장했는데, 영화 〈킬링 필드〉로 널리 알려진 캄보디아 대학살이 바로 그것이다. 1975년 크메르 루주가 수도 프놈펜에 입성하고 급진적 공산주의자 폴 포트(Pol Pot, 1925~1998)가 권력을 장악하면서부터 시작되었다. 그는 모든 사유재산을 몰수하고 화폐제도 철폐, 산업시설 파괴, 학교 및 불교사원 폐쇄는 물론 모든 시민을 농촌으로 강제 이주시켜 집단세뇌 교육을 시키는 등 극단적인 정책을 밀고 나감으로써 온 나라를 완전히 공포의 도가니로 몰고 갔다.

그는 의사와 교사를 포함한 지식인, 부유층, 공무원 등을 대상으로 남녀노소를 가리지 않고 대량 학살을 주도해 그가 정권을 장악한 1975년부터 1979년에 이르기까지 인구 700만 명 가운데 무려 200만 명의 국민들이 희생된 것으로 알려졌다. 물론 이는 무참하게 학살당한 사람들을 비롯해 아사자, 병사자들이 모두 포함된 것으로, 당시 크메르 루주는 안경을 썼거나 글을 쓸 줄만 알아도 반동으로 간주해 처형시키기까지 했다고 한다. '썩은 사과는 상자째 버려야 한다'는 폴 포트 자신의 신념을 그대로 실천에 옮긴 결과였다.

폴 포트가 이끈 크메르 루주는 전 국민의 3분의 1에 가까운 목숨을 앗아간 끔찍스러운 도덕적 광기를 보였을 뿐만 아니라, 전 국민을 상대로 단기간에 걸쳐 전혀 새로운 인간으로 개조하겠다는 극단적인 실험을 단행하기도 했는데, 그토록 일사불란하게 이루어진 대규모의 사상적 개조 작업은 그 어떤 공산국가에서도 볼 수 없었던 놀라운 속도로 진행되었다. 하지만 전 국민을 한순간에 파블로프의 개로 만들어 버리겠다는 그런 무모한 시도는 불과 5년을 넘기지도 못하고 크메르 루주의 붕괴로 숱한 희생만 낳은 채 결국 부질없는 짓으로 끝나고 말았다.

인종주의와 종족주의 광기

─────────── 인간의 머리에서 나온 가장 추악한 발상 가운데 하나는 바로 인종주의와 종족주의라 할 수 있다. 우월하다고 자부한 인종과 민족이 열등한 것으로 간주한 인종 및 민족을 야만인이라 부르며 강제 정복하고 노예로 부린 행태는 수천 년에 달하는 인류 역사에서 비일비재로 벌어진 일들이었다. 그런 현상은 고대 이집트나 바빌론제국, 로마제국을 거쳐 식민제국주의 시대에 이르러 절정에 달했으며, 현대에 와서는 나치즘과 일제에 의해 더욱 기승을 떨었다.

서구사회의 인종주의는 반유대주의를 통해 악명을 떨쳤으며, 그런 인종주의에 기반을 둔 백인우월주의는 아프리카 대륙에서 무자비한 노예사냥을 통해, 그리고 신대륙에서는 노예제도와 원주민 학살을 통해 거침없이 퍼져나갔다. 물론 동양에서도 일제 역시 중국인과 조선인을 상대로 무자비한 학살을 자행함으로써 유례없는 잔혹성을 드러내 보였는데, 그것이 비록 인종주의가 아니라 민족적 우월감에 따른 종족주의적 행위였다 하더라도 정복자의 관점에서 행한 가공할 만행이라는 측면에서 볼 때 백인들의 입장과 오십보백보라 하겠다.

우월한 인종이 열등한 인종과 민족을 지배하고 착취한 식민제국주의는 주인과 노예의 관계라는 입장에서 오랜 세월 정당화되어 왔다. 특히 헤겔이 《정신현상학》에서 주장한 주인과 노예의 변증법은 나치 독일에 의해 차용되어 '노동이 자유를 주리라(Arbeit Macht Frei).'라는 헤겔의 문구가 아우슈비츠 수용소 입구에 걸린 현판에 새겨지기도 했다. 하지만 인종주의라는 개념조차 존재하지 않았던 고대사회에서도 아시리아, 바빌론, 이집트 왕국, 로마제국 등은 약소민족을 정복하고 노예로 삼아 혹독하게 다루고 극심한 박해와 착취를 자행했으며, 특히 고대 이집트 왕국에 노예로 끌려간 히브리인들이 탁월한 민족 지도자 모세의 인도로 해방되어 자신들의 고향인 가나안 땅으로 돌아간 사실은 유명하다. 하지만 그 후에도 유대인은 바빌론 제국에 포로로 끌려가 온갖 고초를 겪어야 했으니 참으로 비운의 민족이라 하겠다.

고대 로마제국은 특히 공화정 말기에 이르러 노예제가 가장 중요한 경제 기반을 이룰 정도로 노예가 차지하는 비중이 컸다. 로마 인구의 4분의 1 이상을 노예가 차지했다고 하며, 로마제국의 건국부터 멸망에 이르기까지 천 년에 이르는 기간 동안 무려 1억 명에 달하는 노예들이 거래된 것으로 추정된다고 하니 그 참상이 어땠을지 짐작조차 하기 어렵다.

하지만 그토록 강성했던 로마제국도 광대한 영토 주변의 야만족들, 특히 고트족, 반달족, 게르만족, 카르타고인, 훈족 등과 끊임없는 분쟁을 일삼으며 한동안 고전을 면치 못하기도 했다. 팔레스타인을 점령한 로마 군대는 성전을 파괴하고 무자비한 학살을 자행함으로써 수많은 유대인이 실향민으로 전락하는 디아스포라의 계기를 만들었으며, 노예검투사 출신의 스파르타쿠스가 본토에서 일으킨 대규모 노예반란으로 곤욕을 치르기도 했다. 당시 반란을 진압한 로마제국은 포로로 붙잡힌 노예 6천 명을 십자가에 매달아 아피아 가도에 전시하는 잔혹함을 보였다.

중세에 이르러 신대륙이 발견되면서 아프리카의 노예사냥을 통해 대서양 노예무역에 열을 올린 스페인, 포르투갈 등의 서구인들은 매우 잔혹한 방식으로 흑인 노예를 다루었는데, 여기에 영국까지 가세함으로써 특히 아프리카 서해안 지역은 급격한 인구 감소 현상까지 벌어지게 되었다. 이처럼 노예사냥 쟁탈전을 통해 짐승 취급을 받으며 노예선에 실려서 대서양을 건너 신대륙으로 팔려 나간 흑인 노예만 해도 16세기에서 19세기에 이르기까지 무려 1,200만 명에 달하는 것으로 추산되며, 그중에서 65만 명 정도가 미국 남부지역으로 끌려간 것으로 알려졌다.

미국의 흑인 노예들은 비록 링컨 대통령의 노예해방 선언으로 자유의 몸이 될 수 있었지만, 그렇다고 해서 인종차별이 미국 땅에서 사라진 것은 결코 아니었다. 특히 남부에서는 흑인을 상대로 벌이는 KKK (Ku Klux Klan)단의 집단 린치와 횡포가 극심해 심각한 사회 문제가 되었으며, 백인의 상징인 흰 두건을 쓰고 십자가를 내세운 KKK단의 만행은 지금까지도 완전히 근절되지 않고 있는 실정이다. 비록 마틴 루터킹 목사가 이끈 인권운동으로 그 기세가 한풀 꺾이긴 했으나 남부인의 고질적인 인종차별 의식은 현재까지도 좀처럼 수그러들 기미를 보이지 않고 있다.

흑인 노예 문제뿐 아니라 아메리카 원주민에 대한 무자비한 학살과 추방도 미국의 흑역사로 남는 부분이다. 특히 남북전쟁 이후 벌어진 악명 높은 커스터 장군의 인디언 학살뿐 아니라 강제이주 정책으로 인한 원주민의 비극적인 운명 또한 인종차별적 조치가 아닐 수 없다. 그중에서도 체로키족은 가장 슬픈 운명을 맞았는데, 백인 문명에 동화되기를 받아들인 사람들과 거부하는 사람들로 의견이 갈라져 결국 한 부족이 동서로 나뉘어 헤어지게 되었으며, 동화를 거부한 부족은 무려 2,000킬로미터나 멀리 떨어진 서부의 황량한 인디언 보호구역으로 강제 이주당하고 말았다.

'눈물의 길'로 알려진 기나긴 이주의 행렬은 도보로 진행되었는데, 수만 명의 부족 가운데 수많은 사람이 헐벗고 굶주린 상태로 죽어 갔으

1928년 워싱턴 D.C.에서 시위 행진하는 KKK 회원들

며, 이주한 후에도 모든 희망을 잃은 많은 원주민이 자포자기 상태에서 알코올 중독에 빠져 무기력한 삶을 이어 나갔다. 동족을 위해 체로키 문자를 발명한 것으로 알려진 시쿼야도 멕시코로 떠나 버린 동족을 찾으러 먼 길을 떠났다가 낯선 타지에서 객사하고 말았다. 실로 기구한 운명이 아니겠는가.

그럼에도 할리우드의 서부극에 등장하는 인디언들은 한결같이 백인의 머리 가죽이나 벗기는 잔인한 야만인들로만 묘사되고 있으니 적반하장도 유만부동이 아닐 수 없다. 하기야 초창기 미국 동부 해안에 정착한 개척민들 사이에서도 인디언을 상대로 기독교를 전도해야 하느냐 마느냐는 문제로 치열한 논쟁을 벌였다고 하니 더 이상 할 말은 없다. 그것은 결국 인디언을 사람 취급하지 않았다는 의미가 되기 때문이다.

이러한 인종차별뿐 아니라 종족주의를 내세워 타 민족을 짓밟고 박해한 경우는 특히 20세기에 접어들어 극성을 떨었는데, 일제가 자행한 조선인과 중국인 학살 만행, 크로아티아인과 세르비아인 사이에 벌어진 잔혹한 학살극의 악순환, 인도네시아의 동티모르 민족 말살 정책, 100만 명이 살해되고 300만 명의 난민이 발생한 투치족과 후투족 사이에 벌어진 끔찍스러운 르완다 내전 등이 가장 대표적인 예라 할 수 있다.

일 제 의   조 선 인   박 해

우리나라는 수천 년 동안 숱한 외침을 당해 왔으나 국권을 완전히 상실한 것은 일제에 의해 자행된 강제 한일병합을 통한 경술국치로, 이 민족의 직접 통치를 받은 것은 유사 이래 최초로 기록된다. 식민제국주의에 편승한 일제는 한일병합 이전에도 을미사변으로 알려진 명성황후 시해를 저질렀는데, 일국의 왕비를 일개 낭인들이 제멋대로 궁궐에 난입해 척살한 것은 인류 역사에도 그 유례가 없는 희귀한 사건이 아닐 수 없다. 일제가 조선이라는 나라를 얼마나 우습게 알았으면 그런 패악질도 서슴지 않았을까 싶기도 하다.

당시 일본 공사 이노우에는 고종의 면전에서 암탉이 울면 집안이 망한다며 으름장을 놓았는데, 물론 이 말은 명성황후를 염두에 두고 한 말이다. 이노우에는 명성황후 시해에 관한 모든 세부 계획을 완료하고 거사 직전에 일본으로 귀국해 버렸으며, 그의 후임으로 새로 부임한 미우라의 주도하에 명성황후 시해가 실행에 옮겨졌다. 명성황후 시해 작전의 암호는 여우사냥이었는데, 당시 일본인들은 명성황후를 여우라고 부르고 있었기 때문이다.

미우라는 명성황후 시해가 조선 조정의 내부적 문제인 것처럼 위장하기 위해 친일파 인물들을 동원하여 대원군을 강제로 가마에 모시고 궁궐로 향하게 했는데, 이처럼 친위 쿠데타를 위장한 틈을 이용하여 한성신보사 사장 아다치 겐조가 지휘하는 일본 낭인들이 궁궐에 난입해 명성황후를 시해한 것이다. 그날 밤 현장에 있었던 폭도의 일원 기쿠치 겐조의 기록에 따르면, 이들 무리는 술에 취한 상태였으며 복장도 제멋대로 흐트러져 있었다고 한다. 궁궐에 난입한 낭인들은 닥치는 대로 궁녀들의 머리채를 잡아끌고 폭행하며 명성황후의 처소를 대라고 위협했다. 그러나 겁을 먹고 도주한 1,500명에 달하는 궁궐 수비대와는 달리 궁녀들은 끝까지 입을 열지 않고 저항했다.

어렵게 명성황후를 찾아낸 낭인들은 두 팔을 벌려 앞을 가로막는 궁내부 대신 이경직의 팔을 잘라 버린 뒤 달아나는 왕비를 쫓아가 바닥에 내동댕이치고 가슴을 짓밟으며 사정없이 난자한 후 그 시신을 장작더미 위에 올려놓고 석유를 뿌려 불태웠다. 그러고도 안심이 안 되었던지 명성황후와 닮은 궁녀들을 무차별적으로 살해했다. 이들은 고종의 침전까지 침입하여 총칼을 휘두르는 만행을 저질렀으며, 명성황후의 시해 현장은 왕세자도 몰래 지켜보고 있었다. 또한 수많은 궁녀가 현장을 목격했으며, 당시 궁궐에 있던 미국인 교관 다이를 포함해 러시아인 건축기사 사바틴 등 외국인 목격자들도 있었다.

외국 공사들도 자신들이 직접 목격한 사실을 본국 정부에 보고했는데, 그중에서도 러시아 공사 웨베르의 보고서가 가장 자세하게 기록된 것이라 할 수 있다. 국모 시해 사건을 은폐하고 단순한 조선의 내정 문제로 사실을 호도하려 했던 일본 정부는 수많은 목격자로 인해 그런 만행이 전 세계에 알려지게 되면서 국제적인 비난 여론에 시달리며 궁지에 몰리게 되었지만, 일본은 시해 가담자들에 대한 재판도 형식적으로

을미사변을 일으킨 낭인들(한성신보 사옥 앞에서)

치렀을 뿐 얼마 가지 않아 증거 불충분으로 미우라 등 폭도 56명 전원
을 무죄 석방하고 말았다.

그런데 최근에 와서 명성황후는 일본도로 무참하게 난자당한 후 그
시신이 불태워진 것에 그친 것이 아니라 시해를 당하기 직전에 이미 일
국의 국모로서는 상상도 할 수 없는 치욕을 당했다는 주장이 나오고 있
다. 당시 시해 현장에 동참했던 이시즈카 에조의 보고서가 그 증거로,
그의 보고에 의하면 명성황후는 온몸이 발가벗겨진 후 능욕을 당했으
며, 그 후 살해당하여 시신이 불태워졌다는 것이다. 당시 20대의 젊은
낭인이었던 이시즈카 에조는 같은 일본인으로서도 차마 입에 담기 괴
로운 행위가 시해 현장에서 있었음을 고백한 것이다.

이처럼 중요한 이시즈카 에조 보고서는 일본 정부에 의해 철저히 숨
겨져 오다가 1966년 일본의 사학자 야마베 겐타로(山邊健太郞)에 의해
처음으로 발견되었다. 여기서 그는 비록 사체 능욕이라는 완곡한 표현
을 썼으나, 만약 이시즈카 에조의 목격담이 사실이라면 그것은 사체 능

욕이 아니라 감히 일국의 국모를 겁탈한 천인공노할 악행이자 광기어린 만행이 될 것이다. 세계사에 유례가 없는 그런 악행을 저지르고도 진실을 감추고 호도하기에 급급했던 일제의 도덕적 광기는 그 후에도 멈출 줄 모르고 계속되었는데, 1919년 3·1 만세운동과 1923년 관동 대지진 당시 무자비한 조선인 학살로 이어졌다.

3·1 만세운동은 고종이 일제에 의해 독살당했다는 소문을 계기로 고종 장례식에 맞춰 벌어진 비폭력 저항운동이었으나, 한반도 전역으로 퍼진 만세운동에 위기감을 느낀 일제는 혹독한 강경 진압에 나서 수많은 희생자를 낳게 되었다. 당시 조선총독부의 공식 기록에는 사망자 553명, 부상자 1,409명, 검거 2만 6,713명으로 되어 있으나, 이는 문제를 최소화시키려는 가해자의 주장이기 때문에 신뢰하기 어렵고 실제로는 더 많은 희생자가 있었을 것으로 짐작된다. 따라서 국내 학자들의 주장에 의하면 사망 7,500여 명, 부상 1만 5,961명, 체포 4만 7천명 정도로 추산된다.

하지만 중요한 점은 희생자 수에 있는 것이 아니라 일제가 자행한 혹독하고 잔인한 탄압 방식에 있었다. 남녀노소를 가리지 않고 총칼로 다루었으며, 투옥된 사람들은 생지옥이나 다름없는 감옥에서 이루 형언하기 어려운 고문과 폭행을 당해야 했다. 제암리 학살 사건을 통해서도 알 수 있듯이 일본군은 마을과 교회를 불태우고 교회당에 갇힌 주민들을 향해 일제사격을 가했으며, 불타는 교회 안에서 한 여인이 품에 안고 있던 아기만이라도 살리기 위해 창문 밖으로 아기를 내던졌으나 일본군은 그 아기마저 총검으로 찔러 죽이는 잔혹함을 보였다.

우리가 잘 아는 유관순은 시위 현장에서 부모를 잃었는데, 그녀의 부모가 일본 헌병들이 쏜 총에 맞아 숨진 뒤에 서대문형무소로 끌려간 그녀 역시 모진 고문 끝에 숨지고 말았다. 수원의 유관순으로 알려진 이선경 역시 만세운동 당시 고문 후유증으로 숨졌다. 함경도 길주의 장터에서 독립만세를 외치다 숨진 어린 소녀 동풍신은 일본 경찰이 쏜 총에 맞고 쓰러진 아버지를 등에 업고 계속해서 대한독립만세를 외쳤는데, 감옥에 끌려가 온갖 고문을 당하면서도 끝까지 일제에 항거하다가 결국 숨지고 말았다.

이처럼 어린 소녀들까지 목숨을 내걸고 저항하던 기미독립운동이 진압되고 4년이 지난 1923년 일본 본토에서 일어난 관동 대지진은 조선인에게 또 다른 재앙을 불러왔다. 당시 지진으로 인해 10만 채의 건물이 파손되고 14만 명 이상의 사망자를 낳는 초대형 재난 사태가 벌어졌으며, 그로 인해 엄청난 혼란과 국정 마비 현상이 초래되었다. 그러자 일제 당국은 계엄령을 선포하는 한편, 질서 회복과 흉흉해진 민심의 관심을 다른 곳으로 돌리기 위한 술책으로 조선인을 희생양으로 삼아 해괴한 소문과 유언비어를 퍼뜨리기 시작했으니, 그 내용은 조선인들이 혼란을 틈타 방화와 약탈, 폭동을 일으키려 한다는 것이었다.

이처럼 전혀 근거 없는 내무성의 지침 내용이 각 경찰서에 하달되고 사실 확인도 없이 신문 보도로 나가게 되자 조선인들이 폭도로 돌변해 우물에 독을 풀고 방화와 약탈을 하며 일본인을 습격하고 있다는 거짓 소문이 일본 전국으로 퍼져 나가기 시작했다. 그런 소문을 믿고 스스로 자경단을 조직한 일본인들은 그 후부터 군경과 손을 잡고 대대적인 조선인 색출에 나서며 닥치는 대로 학살극을 펼치게 되었는데, 당시 희생당한 조선인 수는 6천 명 이상인 것으로 알려졌다. 그들은 남녀노소를 가리지 않고 살해했으며, 상당수는 암매장되었다. 당시 도쿄에 흐르는 강물은 떠도는 시체로 피바다를 이루었다고 한다.

민간인으로 이루어진 자경단은 죽창과 몽둥이, 일본도 등으로 무장하고 불심검문을 통해 조선인으로 확인되면 즉석에서 살해했으며, 신분을 숨기기 위해 일본인으로 위장한 사람에게는 발음이 어려운 일본어를 말하도록 시켜서 제대로 따라 하지 못하면 그 자리에서 살해해 버리기도 했다. 그런 와중에 발음이 이상한 지방 출신의 일본인 일부도 희생당했으며, 학살을 피해 경찰서 유치장으로 피신한 일부 조선인도 있었지만, 경찰이 수수방관하는 사이에 자경단이 유치장까지 쳐들어가 살해하기도 했다. 일제 당국은 조선인 학살의 광란이 벌어지는 틈을 이용해 일본인 좌익 사상가들에 대한 대대적인 제거 작업을 동시에 수행하기도 했다.

처음부터 조선인 폭동이 사실무근임을 알고 있던 일본 치안당국은 길길이 날뛰는 자경단의 광란극을 의도적으로 방관했으며, 숱한 인명이 희생된 이후에나 가서야 비로소 수습에 나서 자경단 일부를 연행하고 조사에 착수했으나, 그것은 형식적인 절차에 불과했다. 결국 명성황후 시해 사건 때와 마찬가지로 기소된 인물들 전원이 증거 불충분으로 무죄 방면되었으며, 희생자의 수도 대폭 축소 발표되었다. 그리고 이런 사실이 조선에 알려질 경우 3·1 만세운동 때와 같은 대대적인 반발이 일어날 것을 우려한 나머지 한동안 조선인의 일본 입국을 금지시키기도 했다.

일제가 저지른 만행 가운데 하나는 숱한 조선인의 목숨을 앗아 간 일 외에도 조선인의 정신을 말살하고자 했던 일이다. 그것은 곧 조선의 말과 글을 금지시키고 신사참배와 창씨개명을 강요함으로써 조선인의 혼과 정체성까지 소멸시키고자 했던 것인데, 특히 신사참배 강요는 기독교계의 강한 반발을 샀다. 주기철 목사의 순교와 숭실학교의 자진 폐교가 대표적인 사례였다. 다만 당시 일제와 우호적인 관계를 유지하고 있던 교황청이 신사참배를 허락하면서 가톨릭 신자들도 적극적으로 신사참배에 참여함으로써 개신교와 갈등의 골이 깊어졌다.

더 나아가 일제는 태평양전쟁이 발발하면서 모든 조선인의 창씨개 명을 요구하고 그것도 조선인의 희망에 따라 시행한다는 말도 되지 않 는 명분을 내세웠으며, 수많은 친일파 인사를 내세워 창씨개명의 솔선 수범을 보이도록 강요했다. 이완용과 함께 정미칠적 중의 한 사람으로 꼽히는 송병준이 창씨개명 1호를 기록했으며, 그 후 춘원 이광수도 창 씨개명을 하면서 황국신민의 일원이 될 것을 널리 선전했다. 이처럼 친 일파 인사들의 동원이 불가피했던 것은 조상 대대로 이어받은 성씨를 일본식으로 바꾸라는 요구야말로 유교적 문화 전통에 오랜 세월 젖어 살아온 조선인에게 엄청난 굴욕과 정신적 고통을 안겨 주는 무리한 주 문이었기 때문이다.

당시 창씨개명을 하지 않을 경우에는 식량 배급 대상 제외, 자녀의

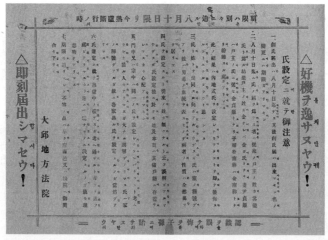

대구지방법원의 창씨개명 공고

학교 진학 거부, 공공기관 근무 불가, 징용 대상자 우선 지정, 불령선인 취급, 여행 제한 등 온갖 불이익이 주어질 것임을 공표했기 때문에 초창기 7.9%에 불과하던 창씨개명 신청자 수가 나중에는 거의 80%에 육박하는 수준까지 오르게 되었다. 그럼에도 불구하고 그런 불이익을 감수하면서도 나머지 20%는 끝까지 창씨개명을 거부했으니 그 용기와 기개가 실로 대단하다고 할 수 있다.

강제징용 문제 또한 조선인이 처한 비참한 현실이었다. 태평양전쟁의 발발로 국가총동원령이 내려진 가운데 부족한 노동력을 채우기 위해 동원된 조선인 징용자들은 일본 각지의 탄광에서 강제노역에 시달리다 쓰러져 희생당했으며, 이역만리 동남아나 남양 군도의 군사기지 건설과 철도공사에 동원되었다가 숨지는 경우도 많았다. 사할린의 징용자들은 전후 냉전의 여파로 끝내 고국에 돌아오지 못하고 실향민으로 살아야만 했다.

징용뿐 아니라 수많은 학생이 학도병으로 끌려가 목숨을 잃기도 했는데, 이렇게 온갖 방식으로 강제 동원된 조선인 피해자는 공식적으로 발표된 수만으로도 100만 명 이상인 것으로 알려졌다. 하지만 여기에는 종군 위안부가 빠진 상태이기 때문에 실제로는 이보다 훨씬 많은 인원이 동원되었을 것으로 보인다. 일본 정부는 지금까지도 강제징용자 문제로 우리 정부와 팽팽하게 이견을 보이며 줄다리기를 하고 있으니 참으로 어처구니없는 일이 아닐 수 없다. 그런 점에서 일제의 도덕적 광기는 아직도 끝난 것이 아닌 듯싶다.

하기야 그런 광기에 대한 응징의 대가로 일본은 원폭 두 방을 맞고 엄청난 피해를 입었지만, 더욱 심각한 문제는 원폭과 함께 일본의 마지막 남은 도덕성마저 날아가 버렸다는 점이다. 왜냐하면 원폭 피해로 인해 일본은 졸지에 가해자 신분에서 피해자 신분으로 둔갑했기 때문이다. 더 나아가 일본인은 자신들이 인종차별의 희생양이 된 것으로 사실을 호도하고 있기도 한데, 미국이 원폭을 독일이 아니라 굳이 일본에 투하한 것은 동양인이라고 무시한 인종차별의 결과라는 주장이다. 그렇다면 일제는 무슨 이유로 같은 동양인을 상대로 그토록 잔인무도한 만행들을 저질렀는지 묻고 싶다.

시 온 장 로 의 정 서

20세기 초에 갑자기 괴물처럼 나타나 오늘날에 이르기까지 유대인의 발목을 잡고 늘어지는 검은 손길이 있으니 그건 바로 '시온 장로 의정서'라는 괴문서라 하겠다. 1903년 제정러시아에서 처음으로 공개된 이 사악한 괴문서는 그 후 나치 독일에 의해 반유대주의 정책을 합리화하는 수단으로 악용되었을 뿐만 아니라 지금까지도 믿고 있는 사람들이 적지 않다.

유대인 장로들에 의해 비밀리에 작성된 문서라고 널리 선전된 이 괴문서에 의하면, 온갖 기발한 방법을 통해 인류의 사고력을 둔화시켜 바보로 만들고 더 나아가 쾌락 위주의 물질만능주의에 빠지게 유도함으로써 결국 유대인이 세계를 지배한다는 가공할 내용으로 가득 차 있다.

시온 장로 의정서는 나치 독일의 히틀러뿐 아니라 전 세계의 반유대주의자들에게 필독서가 되었다. 미국의 자동차왕 헨리 포드도 이 문서를 인용해 자신의 반유대 감정을 노골적으로 드러내기도 했으며, 사비를 들여 50만 부나 인쇄해 전국에 배포하기까지 했다. 이처럼 워낙 거물급 인사들이 태연스레 유대인의 세계지배 전략에 관한 음모를 이야기하니 일반 대중은 무턱대고 믿을 수밖에 없었다.

하지만 시온 장로 의정서는 명백한 위서임이 이미 오래전에 밝혀진 바 있다. 더 구체적으로 밝히자면, 시온 장로 의정서를 처음 작성한 장본인은 제정러시아 비밀경찰의 파리 지부장이었던 라흐코프스키와 그의 부하인 골로빈스키로, 이들은 당시 계속되는 노동자들의 파업과 혁명의 기운이 감돌아 매우 불안정한 러시아 정국의 타개책으로 대중의 사회적 불만의 초점을 유대인 문제로 쏠리게 만들어 위기를 벗어나 보려는 얕은 술책의 일환으로 괴문서를 만들어 유포시킨 것이다.

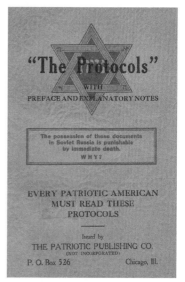

1934년판 시온 장로 의정서

실제로 당시 제정러시아에서는 공공연하게 유대인을 상대로 한 대학살이 자행되고 있었다. 더군다나 시온 장로 의정서 내용은 전적으로 이들의 상상력만으로 고안된 게 아니라 프랑스의 풍자가 모리스 졸리가 쓴 책 《마키아벨리와 몽테스키외가 지옥에서 나눈 대화》와 반유대주의자로 알려진 독일의 소설가 헤르만 괴드셰의 《비아리츠》 내용을 교묘하게 뒤섞은 것으로 '시온 장로 의정서'라는 제목을 달아 유포한 것이다.

게다가 세르게이 닐루스는 1905년에 보다 완벽한 형태의 책으로 내용을 보완해 출판하면서 그 내용이 마치 1897년 제1차 시온주의자 대회에서 결의된 보고서인 것처럼 주장했다. 1905년은 바로 피의 일요일 사건이 터진 해이기도 했다. 결국 시온 장로 의정서는 원래 의도했던 것과는 오히려 정반대의 길로 러시아정국을 몰고 감으로써 혁명의 불씨를 더욱 높이게 만든 셈이 되고 말았다. 10월 혁명으로 소비에트연방의 길을 튼 장본인이 유대계 혈통의 레닌과 트로츠키였기 때문이다.

그러나 러시아혁명을 주도하며 소련사회를 이끌었던 유대인 혁명가들 대부분은 레닌 사후에 권력을 차지한 스탈린에 의해 대대적인 숙청을 당하고야 말았다. 강력한 레닌의 후계자로 지목되었던 트로츠키 역시 망명지인 멕시코에서 스탈린이 보낸 자객의 손에 암살당하고 말았다. 그리고 시온 장로 의정서에 기록된 세계지배 전략은 유대인이 아니라 오히려 그 후에 나타난 히틀러와 스탈린에 의해 보다 노골적으로 전개되기에 이르렀다.

홀로코스트의 비극

세상에서 가장 극악무도한 도덕적 광기는 아무런 힘도 없고 무고한 사람들의 생명을 앗아가는 행위라 할 수 있다. 그런데 지금으로부터 불과 70여 년 전 나치 독일은 소위 인종박멸의 기치를 내걸고 600만 명의 유대인을 학살하는 만행을 저지름으로써 인류 역사상 씻을 수 없는 죄악을 저지르고 말았다. 보다 구체적으로 말하면, 아우슈비츠에서 100만 명, 트레블린카에서 87만 명, 벨젝 수용소에서 60만 명, 마이다네크에서 36만 명, 쿨름호프에서 32만 명, 소비보르에서 25만 명 등 이루 헤아릴 수 없이 많은 유대인을 조직적으로 집단학살한 것인데, 가장 정점을 이룬 것은 1941년부터 1942년에 이른 기간으로 이 시기에만도 무려 380만 명의 유대인이 희생당했다. 홀로코스트에 희생된 유대인의 수는 당시 유럽에 거주하던 유대인의 80%에 해당하는 것으로 전쟁이 더욱 장기화되었더라면 유럽에서 유대인의 씨는 완전히 말라 버렸을 것이 분명하다.

이처럼 끔찍스러운 홀로코스트에 대한 책임으로 이스라엘 감옥에서 사형이 집행된 아돌프 아이히만은 법정에서 "한 사람의 죽음은 비극이지만, 수백만의 죽음은 단지 통계상의 문제에 지나지 않는다."라고 말하여 공분을 사기도 했지만, "500만의 인간을 내가 좌지우지했다는 사실이 내게는 참으로 믿기 어려운 만족을 주었기 때문에 나는 얼마든지 웃으며 내 무덤으로 뛰어들 수 있을 것이다."라고 말해 더욱 사람들을 경악케 만들었다. 더욱이 그는 형 집행 직전에 마지막 남긴 유언에서 '독일이여, 영원하라!'를 외치고 자신은 신을 믿으며 죽는다고까지 했으니 더 이상 할 말을 잃게 한다. 일말의 양심도 없는 도덕적 광기의 전형적인 모습이 아닐 수 없다.

제2차 세계대전 기간에 희생된 사람들의 수는 홀로코스트의 범위를 어떻게 잡느냐에 따라 다르지만, 일반적으로 600만의 유대인을 포함해 소련군 전쟁포로 200만, 폴란드인 200만, 집시와 장애인 100만 명 등 총 1,100만 명에 달하는 것으로 추산되고 있다. 하지만 그 수보다 더욱 중요한 것은 인간 이하의 짐승 취급을 통해 인간의 존엄성을 스스로 무너뜨리고 인간 자체에 대한 모독 행위로 인해 온 세상을 도덕적 광란의 생지옥으로 만들어 버린 사실에 있다.

제2차 세계대전 당시 유대인 수용소 입구에 걸린 현판의 문구 '노동이 자유롭게 하리라(Arbeit Macht Frei)'라는 말의 뜻은 다시 말해서 노예로 끌려온 너희가 살길은 오로지 노동뿐이라는 것으로, 독일 철학자 헤겔의 저서 《정신현상학》에 나오는 주인과 노예의 변증법 내용을 교묘하게 도용한 것이다. 죽음의 수용소로 줄지어 행진해 들어서던 유대인들이 수용소 입구에 걸린 그 현판 글귀를 바라보고 헤겔의 심오한 뜻을 얼마나 가슴에 새겼는지는 모르겠지만, 적어도 그 말이 지배자의 논리를 정당화시키는 궤변이라는 것쯤은 누구나 눈치 챘을 것이다.

비록 헤겔은 노동하지 않고 향락만을 누리는 주인 밑에서 노예가 진정으로 인간답게 살길은 신성한 노동의 가치를 통해 주인보다 더욱 풍요로운 자의식에 도달하는 것뿐이라는 뜻에서 한 말이겠지만, 나치는 그 의미를 축소해 오로지 노동만이 노예의 살길이라는 의미로 왜곡한 것이다. 그러나 유대인 철학자 카를 마르크스는 그런 노예철학을 과감히 거부하고 오로지 혁명을 통해 주인과 노예라는 신분 자체를 타파하려고 했으며, 모든 계급적 차이를 없애고 노동과 재산을 공유함으로써 노동자들로 이루어진 지상낙원을 건설하고자 했다. 그리고 실제로 그의 이념은 유대인 혁명가 레닌과 트로츠키에 의해 실현되기에 이르렀다.

독일인은 마르틴 루터의 종교개혁으로 유럽에서 가장 먼저 개신교

'Arbeit Macht Frei' 글귀가 새겨져 있는 아우슈비츠 강제수용소 입구

의 선봉에 섰던 민족이었다. 그런 점에서 '진리가 너희를 자유롭게 하리라.'라는 예수의 말씀을 누구보다 충실히 따르던 독일에서 '노동이 너희를 자유롭게 하리라.'라는 해괴망측한 구호를 내걸며 수백만의 유대인을 가스실로 보낸 나치의 출현은 그야말로 불가사의한 일이 아닐 수 없다. 그런데 공교롭게도 서구사회에서 엄청난 인식론적 혁명을 일으킨 예수나 스피노자, 마르크스와 레닌, 트로츠키, 프로이트와 아인슈타인 등은 모두 유대인 혈통이 아닌가. 히틀러가 유대인을 경계하고 편집증적 피해망상에 사로잡힐 만도 했다고 본다.

물론 히틀러는 아리안족의 순수 혈통을 지킨다는 명분 아래 인종 말살 정책이라는 희한한 발상으로 무려 600만에 달하는 유대인을 학살했지만, 사실 서양에서 유대인에 대한 박해와 학살은 새삼스러운 일도 아니었다. 고대 이집트에 노예로 끌려간 것은 물론이고, 로마제국 군대에 의해 성전이 파괴되고 무자비한 학살이 자행된 이래 조국을 떠나 전 세계로 뿔뿔이 흩어지기 시작한 유대인은 중세 암흑기에는 예수를 살해한 민족으로 박해를 받는 가운데 게토에 격리된 상태로 지내야 했으며, 흑사병이 창궐하자 사람들은 유대인이 우물에 독을 타서 괴질이 발생한 것으로 소문을 퍼뜨리며 수많은 유대인을 살해하기도 했다.

특히 제정러시아에서 벌어진 유대인 학살은 잔혹하기로 정평이 나 있는데, '포그롬'으로 불린 야만적인 학살을 피해 수많은 유대인이 신대륙으로 향하는 이민선에 몸을 실어야 했다. 또 어디 그뿐인가. 19세기말 전 유럽을 시끄럽게 만든 드레퓌스 사건으로 뿌리 깊은 반유대주의와 나라 잃은 설움을 절감한 헤르츨은 조국을 되찾기 위한 시오니즘 운동을 벌여 숱한 논쟁을 불러일으켰으며, 그런 시오니즘에 반대한 유대인들은 오히려 공산주의 혁명을 통해 새로운 세상을 만드는 일에 전념하게 되었다. 그리고 이 모든 움직임에 경계심을 품은 일부 극우파는 유대인이 세계정복의 음모를 꾀한다는 내용의 위서 '시온 장로 의정서'를 퍼뜨려 반유대주의를 부추겼는데, 실제로 러시아에서 공산혁명이 성공하자 이에 대한 반동으로 세상에 나타난 것이 바로 극우 나치즘이었던 것이다.

따라서 순수한 아리안족의 새로운 세상을 건설한다는 기치 아래 히틀러는 유대인을 희생양으로 삼아 세계정복의 야망을 이루려고 한 것이다. 결국 히틀러가 가장 주된 공공의 적으로 간주한 것은 유대인과 공산주의 두 가지로 요약될 수 있으며, 더 나아가 서구 자본주의 세계마저 유대인 자본가의 농간에 놀아난다는 편집증적 망상으로 이어져 마침내 제2차 세계대전을 일으킨 것이다. 하지만 유대인에 대한 피해망상을 가진 것은 히틀러뿐이 아니었다. 소련의 스탈린 역시 결코 그에 못지않은 편집증적 망상을 보여 이미 1930년대에 피의 대숙청을 통해 수많은 유대인 정적을 제거했기 때문이다.

이처럼 유대인은 20세기에 접어들어 극우와 극좌 세력 양측으로부터 모두 수난을 겪어야 했지만, 설마가 사람 잡는다고 히틀러가 그토록 야만적인 방식으로 유대민족 자체를 지구상에서 아예 씨를 말려 없애려 들 줄은 꿈에도 생각하지 못한 것이다. 그러니 기독교를 믿는 일반 독일 시민들은 그런 엄청난 음모가 진행 중인 사실을 더더욱 믿으려 하지 않았을 것이다. 심지어 파시즘의 비호를 받고 있던 바티칸의 교황마저 홀로코스트에 대해서만큼은 아무런 비난이나 제지도 하지 않은 채 침묵으로 일관했으니 더 이상 할 말을 잃게 한다.

그런 점에서 비록 유람선을 타고 가는 관광객이 뗏목을 타고 지나가는 사람들의 심정을 헤아리기 어렵겠지만, 그래도 눈앞에서 벌어지는 참혹한 살육의 현장을 보고도 모른 체한다는 것은 더욱 이해하기 어려운 일이라 하겠다. 결국 도덕적 광기란 무지몽매한 사람들보다 오히려 영악하고 머리 좋은 사람들에게서 더욱 흔하게 찾아볼 수 있는 현상이며, 따라서 종교와 정치적 이념이 서로 손 잡을 때 가장 두려운 재앙을 낳는 것이 아닐까 한다.

하지만 유람선을 타고 가든 뗏목을 타고 가든 혼자 헤엄쳐 가는 것보다는 그래도 나은 편이 아니겠는가. 그런 이유 때문에 결코 어리석은 민족이 아닌 유대인들도 아무런 저항 없이 가스실로 행진해 갔을 것이다. 적어도 혼자 겪는 시련과 죽음은 아니었기 때문이다. 더욱이 그들은 다른 어느 민족보다 가장 먼저 수천 년에 걸쳐 신의 존재를 믿어 온 민족이 아닌가. 비록 일부는 절망적인 순간마다 신의 존재를 부정했을지도 모르나 절대 다수는 그렇지 않았을 것이다. 그런 관점에서 볼 때, 역사를 바꾸는 힘은 소수의 엘리트에서 나오고, 역사를 이끌어 가는 힘은 민중에서 나온다는 말과 나라는 망해도 민족은 영원하다는 말이 생겨난 이유를 납득할 만하다.

남 경 학 살

일제가 저지른 만행 가운데 가장 참혹한 광란의 극치는 중일전쟁 당시 남경에서 중국인을 상대로 벌인 대규모 학살이었다. 1937년 7월 중일전쟁을 개시한 일본군은 파죽지세로 진격을 계속해 마침내 그해 12월 중화민국의 수도인 남경을 함락·점령한 후 이듬해 2월에 이르기까지 6주간에 걸쳐 무려 30만 명에 달하는 중국인을 닥치는 대로 학살함으로써 순식간에 전 도시를 아비규환의 생지옥으로 만들고 말았다.

당시 일본군이 남경을 함락하기 위해 진격해 오자 장개석이 이끌던 국민당 정부는 수도인 남경을 포기하고 중경으로 철수할 준비에 들어갔으나, 중국군 사령관 당생지는 임전무퇴의 결사항전을 선언하며 죽기를 각오하고 수도를 방어하겠다는 다짐을 천명하기도 했다. 하지만 일본군의 포위망이 좁혀져 들어오자 국민당 고위관리들과 부유층은 잽싸게 도시를 빠져나갔으며, 두려움에 사로잡혀 도시를 탈출하려는 피난민과 일본군을 피해 타 지역에서 도시로 밀려드는 피난민들이 서로 뒤엉킨 채 도시는 극도의 혼란에 빠지게 되었다.

항복하지 않으면 양자강을 피로 물들게 만들겠다고 위협하는 일본군의 최후통첩에도 불구하고 당생지 휘하의 중국군 15만 명은 끝내 투항을 거부했으나, 도시가 함락되기 직전 그동안 결사항전을 주장하던 사령관 당생지가 자신의 군대와 도시에 갇힌 시민들을 그대로 내팽개친 채 양자강을 건너 도주해 버렸다. 졸지에 지휘관을 잃은 중국군은 우왕좌왕하며 전의를 상실한 채 곧바로 공격을 개시한 일본군에게 속수무책으로 당할 수밖에 없었다.

당시 인구 110만이었던 남경은 피난 가지 못한 상태로 도시에 남아 있던 50만 명의 시민과 15만 명의 군인이 극도의 공포 속에서 일본군을 맞이했는데, 도시에 입성한 직후부터 이미 일본군은 무차별 학살을 자행하기 시작했다. 그것은 물론 상부의 지시에 따른 것으로, 백기를 들고 투항한 중국군 포로뿐만 아니라 젊은 남자들이면 무조건 색출해 끌고 가서 총살해 버렸다. 그중에는 일본군의 총검술 훈련 대상이 되거나 일본도로 목 베기 시합의 희생양이 되기도 했으며, 총알이 아까울 때는 일본군이 아예 산 채로 매장을 하거나 칼로 난도질해 죽인 경우들도 적지 않았다. 어디 그뿐인가. 남경에 있던 1644부대는 중국인을 상대로 생체실험도 마다하지 않았으니 그야말로 남경은 생지옥을 방불케 하는 아수라장으로 변하고 말았다.

당시 일본 신문에는 무카이 도시아키 소위와 노다 츠요시 소위 두 사람이 일본도로 누가 먼저 100명의 목을 벨 것인지 경합을 벌였다는 기사가 보도되기까지 했지만, 더욱 기가 막힌 사실은 그런 광란적 행위에 대한 도덕적 비판이 전혀 보이지 않았다는 점이다. 일본이라는 온 나라가 도덕적 광기에 빠졌다는 사실을 뜻하는 현상이 아니고 무엇이겠는가. 그들은 일본군의 승전보에 도취된 나머지 사리분별 능력을 완전히 상실하고 만 것이다.

집단살인의 광란이 극도에 달하게 되자 일본군은 더욱 흥분한 상태에서 남녀노소를 가리지 않고 민간인에게도 눈길을 돌려 무차별 학살을 자행했는데, 여성들과 어린아이들이 포함된 수천 명의 중국인을 광장에 세워 놓고 이들에게 석유를 뿌린 뒤 기관총을 난사하여 불길에 휩싸인 시체들이 산더미처럼 쌓이기도 했다. 어디 그뿐인가. 어린 소녀에서부터 나이 든 노파에 이르기까지 연령 구분 없이 여성들을 보이는 대로 능욕하고 집단윤간을 서슴지 않았으며, 심지어는 수녀와 여승들에까지 손을 댔다. 더욱 잔인한 것은 강간한 후에도 선간후살(先姦後殺)이라고 해서 무참하게 죽여 버렸는데, 여성을 강간한 후 몽둥이를 하체에 쑤셔 박아 숨지게 하거나 수족을 절단하는 참혹한 짓까지 벌였다고 한다.

당시 학살에 가담한 일본군 병사의 일기에 의하면 무료함을 달래기 위해 중국인을 상대로 살인을 즐겼다는 내용이 있다. 산 채로 땅에 묻거나 불에 태워 죽이고 몽둥이로 때려죽이는 일이 예사로 벌어진 것은 중국인을 인간으로 취급하지 않았다는 증좌이며, 평소에 억압되어 있

남경 대학살 기념관에 전시된 아이리스 장의 동상

던 가학적 충동을 집단적으로 허용된 인간사냥을 통해 마음껏 충족시킨 현상으로 이해되기도 한다. 하지만 그토록 참담하고 끔찍스러운 야만적 행위를 아무런 양심의 가책도 없이 거침없이 저지를 수 있었던 것은 종족주의에 의한 도덕적 광기의 소산으로 볼 수밖에 없다.

하지만 지금까지도 일본은 남경 학살을 남경 사건으로 부르며 그 의미를 애써 축소하거나 희생자 수도 미미한 것으로 사실을 호도하고 있으며, 우익단체에서는 아예 남경 학살의 존재 자체를 부정하고 국민당 정부에 의해 날조된 사건일 뿐이라는 억지를 쓰고 있다. 더 나아가 중국계 미국인 여성 아이리스 장(Iris Chang, 1968~2004)이 남경 학살의 참상을 고발한 저서 《남경의 강간》을 출간해 베스트셀러가 되자, 일본 우익세력이 수시로 그녀에게 협박을 가하여 결국 정신적 스트레스와 우울증에 견디다 못한 그녀는 2004년 자살로 생을 마감하고 말았다.

일본은 전통적으로 사무라이 정신을 강조한 나라다. 다시 말해서 문

인정신보다 무사정신을 더욱 높이 사고 목숨을 초개처럼 여기며 주인에게 충성을 다하는 것이 인간 도리의 전부인 것으로 여기고 살아왔다고 볼 수 있다. 그런데 그런 정신은 천황 숭배로 이어져 천황을 위해서는 자신들의 목숨도 얼마든지 바칠 수 있다는 각오로 살았다. 메이지 천황이 승하한 직후 러일전쟁의 영웅 노기 마레스케 장군이 자신의 부인과 함께 할복 자살한 경우가 대표적인 예라 할 수 있다.

따라서 일본군은 전투에서 패할 때도 결코 항복하지 않고 천황을 위해 전원 옥쇄의 길을 택했으며, 가미카제 특공대처럼 천황폐하 만세를 부르며 기꺼이 자신들의 목숨을 천황을 위해 바칠 수 있었던 것이다. 전시 총동원령을 내릴 때도 일억옥쇄(一億玉碎)의 기치를 내세워 승전의지를 북돋았으니 개개인의 목숨은 오로지 천황을 위해 존재했던 것이다. 그런 정신으로 무장한 군대가 종족 우월감에 사로잡혀 가는 곳마다 무자비한 살육과 만행을 저지른 것은 불 보듯 뻔한 일이었다. 그들에게 인간적 도리나 자비심, 관용과 도덕성 등을 바란다는 일 자체가 애당초 무리였을 것이다.

유 럽 의   화 약 고   발 칸 반 도

유럽의 화약고로 알려진 발칸 반도는 제1차 세계대전의 발원지일 뿐 아니라 제2차 세계대전과 유고 내전을 통해 끔찍한 학살극이 벌어진 생지옥의 현장이기도 하다. 그리고 그런 대량학살을 주도한 인물들은 발칸의 도살자로 불리는 크로아티아의 지도자 파벨리치와 세르비아의 지도자 카라지치였다. 물론 제2차 세계대전을 일으킨 나치 독일은 비록 600만에 달하는 유대인을 학살함으로써 돌이킬 수 없는 죄악을 저질렀으나, 그런 만행은 전적으로 인종주의에 입각한 것이었지 종교적 이유에 의한 것은 결코 아니었다.

하지만 당시 나치의 지원을 받고 크로아티아에 괴뢰정부를 수립한 파벨리치는 독실한 가톨릭 신자로서 바티칸의 묵인하에 자신이 이끌던 군사 조직 우스타샤를 동원해 그리스정교 신도였던 세르비아인을 상대로 실로 끔찍스러운 학살과 만행을 주도했던 것이다. 당시 희생된 세르비아 민간인들만도 어림잡아 70만에서 100만 명으로 추산되고 있다. 그것은 가톨릭을 신봉하는 크로아티아인이 그리스정교를 믿는 세르비아인을 상대로 저지른 일종의 종교적 학살이었던 셈이다. 하지만 희생된 사람들의 수보다 더욱 참혹한 사실은 실로 상상을 초월한 잔인한 방법으로 살육을 자행했다는 것이다.

그런데 문제는 그것으로 끝나지 않았다. 크로아티아인의 만행을 잊지 않고 있던 세르비아인들은 한 세대가 지나 유고 내전이 벌어지자 과거의 그 어떤 전쟁보다 그 유례를 찾아보기 힘든 참혹한 학살과 비인간적인 만행을 크로아티아인과 이슬람 난민을 상대로 자행한 것이다. 그 주역은 뜻밖에도 정신과 의사 출신의 세르비아인 카라지치였다. 그는 수많은 이슬람 난민을 무참하게 살육함으로써 전 세계인의 지탄을 받고 잠적했다가 최근에 체포되어 전범재판에 회부되었지만, 그를 지지하는 세르비아인의 비호 역시 만만치가 않다.

그러나 세계의 여론은 세르비아인의 만행에 대해서만 비난을 퍼붓고 과거에 그보다 더욱 끔찍한 만행을 저질렀던 크로아티아인에 대해서는 이상하게도 계속 침묵을 지켜 왔다. 그것은 과거 우스타샤가 저지른 만행에 대해 계속 입을 굳게 다물었던 바티칸의 침묵만큼이나 매우 이례적인 현상이 아닐 수 없다. 이처럼 반세기 가까운 세월 동안 억지로 참아 왔던 세르비아인들의 불만이 일시에 폭발한 것이 유고 내전 및 보스니아전쟁이었던 것이다. 그들은 과거 자신들이 당했던 크로아티아인의 잔악한 만행을 결코 잊은 적이 없었다.

그야말로 보복의 악순환이 발칸반도를 순식간에 광기의 현장으로 몰고 간 것이다. 그리고 그런 학살과 만행의 선봉에 섰던 두 인물 파벨리치와 카라지치야말로 인간 광기의 고삐를 푸는 데 앞장선 장본인으로서, 결과적으로 인간의 존엄성을 여지없이 무너뜨린 광기의 주체였다는 점에서, 그리고 지금 이 순간이야말로 인간성 회복의 문제가 그 어느 때보다 절실한 시기라는 점에서 이들의 실체를 면밀히 따져 볼 필요가 있는 것이다.

발칸의 도살자 파벨리치

크로아티아의 지도자 안테 파벨리치(Ante Pavelić, 1889~1959)는 광적인 크로아티아 민족주의자인 동시에 광신적인 가톨릭주의자로, 히틀러와 무솔리니 그리고 교황이라는 가장 든든한 후원자를 등에 업은 상태에서 가톨릭의 수호자임을 자처하며 크로아티아 내의 모든 세르비아인들에 대한 대대적인 개종 작업과 가공할 인종청소를 단행했다. 그의 지시에 의해 우스타샤 민병대는 마치 고삐 풀린 망아지처럼 날뛰며 수십만에 달하는 세르비아인들의 목숨을 앗아가 버린 것이다.

우스타샤는 전국을 누비며 세르비아인

안테 파벨리치

의 마을을 불태우고 총도 아닌 칼과 도끼로 상대를 가리지 않고 마구 살해했다. 노인들과 부녀자 그리고 아이들도 예외가 될 수 없었다. 가톨릭으로의 개종을 끝까지 거부하는 그리스정교 성직자는 톱으로 목을 자르는 끔찍한 만행까지 서슴지 않았다. 세르비아인뿐 아니라 유대인, 집시들이 흘린 피가 크로아티아의 산과 강을 뒤덮었다.

이처럼 전국 각지에서 무자비한 살육을 저지르는 학살 행위에 대해 이상하게도 당시 교황은 아무런 제재나 비난도 가하지 않고 침묵으로 일관했다. 아니, 침묵 정도가 아니라 오히려 교황 비오 12세는 슈테피나치 주교를 통해 파벨리치를 독려했으며, 1941년 5월에는 로마를 방문한 파벨리치 일행을 무솔리니와 교황이 직접 접견까지 했던 것이다. 그들은 바티칸에 특별히 초대되어 교황의 격려까지 받음으로써 사기가 충만해 있었다.

당시 교황 비오 12세와 파벨리치 간에 오간 수많은 전문은 신성한 임무에 대한 축복과 격려의 말로 넘쳐나고 있었다. 파벨리치에 대한 바티칸의 예우는 매우 정중했을 뿐만 아니라, 학살 현장에 가톨릭 사제들의 동참을 용인하기까지 했다. 그들에 관한 자세한 명단은 오늘날에 와서야 비로소 밝혀졌다. 그중 가장 악명을 떨친 인물은 프란체스코파 수사 출신의 군종 신부 필리포비치 마스토로비치였다. 그는 생지옥으로 변한 야세노바치 수용소의 책임자로서 잔혹한 대량학살을 주도했으며, 당시 그가 얻은 별명은 악마의 사제였다. 종전 직후 그는 유고슬라비아 공산군에 체포되어 처형당했다.

크로아티아 내의 모든 수용소를 관장했던 막스 루부리치 장군은 특히 야세노바치에서 이루어진 가장 능률적인 학살에 대한 공로로 파벨리치로부터 훈장까지 받았다. 그는 자신의 처남 딩코 사키치를 야세노바치 수용소의 소장으로 임명하기도 했다. 루부리치는 그 후 스페인으로 도주했다가 유고슬라비아의 한 암살자에 의해 살해당했다. 우스타샤 장교였던 페타르 브르지차는 1942년 8월

안테 파벨리치와 베니토 무솔리니

29일 하룻밤 사이에 무려 1,362명을 살해했는데, 그날 그는 자신의 동료와 누가 더 많은 인간의 목을 칼로 딸 수 있는가 시합을 벌이기도 했다. 생각만 해도 오금이 저려오는 실로 끔찍한 만행이 아닐 수 없다.

이처럼 아비규환의 생지옥으로 변한 야세노바치 수용소에서만 적어도 20만 명 이상의 세르비아인들이 참혹한 방법에 의해 죽어 간 것으로 추산된다. 우스타시 군인들은 학살당한 세르비아인들의 안구를 모아 그들의 지도자인 파벨리치에게 헌납하기도 했다. 그렇게 해서 수십만 명의 그리스정교 신도가 주로 칼과 도끼, 심지어는 톱까지 동원된 무자비한 방법으로 살해되었다. 우스타샤는 잔인한 방법으로 살육했을 뿐만 아니라 시신을 모욕하고, 더욱이 희생자의 가족들이 지켜보는 앞에서 그런 만행들을 거침없이 자행했던 것이다.

이러한 대학살에 주도적으로 참여했던 사제 및 수사들은 500명에 달한 것으로 추산되며, 학살 현장을 지휘한 신부들은 사제복 대신에 군복을 입고 학살 현장을 진두지휘했다고 한다. 하지만 보스니아-헤르체고비나 지역의 책임자로 임명된 브랄로 신부는 사제복을 입은 채 잔악 행위를 한 혐의로 기소되었으며, 파벨리치의 고해신부인 디오니스 주리세프 주교는 한 연설에서 개종을 거부하는 세르비아인들은 모조리 처형시켜 마땅하다며 학살을 부추겼다.

그러나 종전 후 그들은 바티칸의 비호 아래 전범 대상에서 제외되었을 뿐만 아니라 외부로 도주하여 각국의 수도원에 피신했다. 또한 크로아티아의 악마로 불리던 파벨리치를 비롯해 약 4천 명에 달하는 우스타샤 간부가 가톨릭 단체의 도움을 받아 남미로 도주할 수 있었다.

하지만 세르비아인들은 과거 크로아티아인들이 저질렀던 끔찍한 만행을 결코 잊지 않고 있었음이 그 후 보스니아전쟁을 통해 여실히 입증되고 말았다. 더욱이 민족과 종교의 이름으로 자행된 끔찍한 만행이라는 점에서 그리고 바로 어깨를 나란히 하며 살던 이웃을 상대로 저지른 만행이라는 점에서 그 상처는 더욱 아물기 어려울 뿐만 아니라 이미 오래전부터 언제 터질지 모르는 뇌관처럼 보복의 악순환을 낳을 수 있는 여지를 충분히 남기고 있었던 셈이다. 다만 분명한 사실은 악으로 규정한 자신들의 정의가 바뀌지 않는 한, 악을 악으로 응징한 악행은 이미 악으로 간주되지 않고 손쉽게 묵인된다는 점이다. 선악의 가치에 있어서 이처럼 전도된 의식이 지속되는 한, 진정한 종교적 구원은 요원하기만 할 것이다.

그런 점에서 교황 비오 12세에 대한 진보신학자 한스 큉의 평가는 매우 냉철하다. 그는 가톨릭 총통이라는 별명으로 불릴 정도로 권위주의적이고도 비민주적인 비오 12세의 특성뿐 아니라 노골적인 반유대주의 정책에 대해서도 비판을 가했는데, 비오 12세는 홀로코스트에 대해서도 침묵·방조했을 뿐만 아니라 이스라엘 건국에도 찬성하지 않았으며, 생전에 유대인이라는 단어를 단 한 번도 사용하지 않았던 인물이었다는 것이다. 따라서 그의 침묵은 정치적 실패의 의미 이상으로 도덕적 실패를 의미하는 것으로 전후 자신의 과오를 은폐하고 가톨릭 내의 반대자들을 억압한 것은 더욱 묵과할 수 없는 과오라고 했다. 그런 관점에서 비오 12세의 성인 시복은 그야말로 바티칸의 농담이 될 것이라는 것이 한스 큉의 주장이다. 그러나 어찌 됐든 그 어떤 명분으로도 목적이 수단을 정당화해서는 안 될 것이며, 더군다나 무고한 인명의 살상을 합리화하는 그 어떤 행동도 결코 용납되어서는 안 될 것이다.

보 스 니 아   인 종 청 소 로   보 복 한   카 라 지 치

이처럼 크로아티아의 파벨리치가 발칸반도를 순식간에 생지옥으로 몰고 갔다면, 그 후 반세기가 지나 벌어진 보스니아 내전에서 세르비아계 출신의 지도자 라도반 카라지치(Radovan Karadžić, 1945~)가 이끄는 민병대는 수많은 이슬람 난민과 크로아티아인을 상대로 비인간적인 살육과 강간을 자행함으로써 끔찍스러운 보복의 악순환을 낳게 되었다. 이는 과거 우스타샤가 세르비아인들을 대상으로 저질렀던 만행에 버금갈 정도로 잔인했다. 특히 사라예보 함락 당시 벌어진 만행과 스레브레니차의 학살은 사전에 치밀하게 계획된 인종청소였다. 이때 수많은 이슬람 여성이 무자비하게 강간당했으며 남자들은 모두 살육되었다.

유고 내전을 직접 취재했던 미국의 저널리스트 피터 마아스가 보스니아에서 만난 마취과 의사 출신의 밀란 코바셰비치도 그런 광기를 보인인간 중의 하나였다. 그는 제2차 세계대전 당시 우스타샤가 운영했던 야세노바치 집단수용소에서 태어난 인

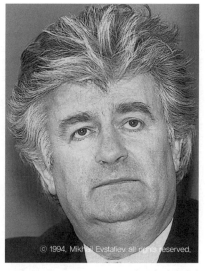

라도반 카라지치

물이었다. 그곳은 수십만 명의 세르비아인이 무참하게 살육된 지옥의 현장이었으며, 그 비극의 현장에서 태어난 인간이 성장해서 또 다른 집단수용소를 책임 맡게 되었으니 그야말로 고양이에게 어물전을 맡긴 셈이 된 것이다.

그런 배경은 세르비아 정치인들과 수많은 장군에서도 확인할 수 있는 일들이었다. 세르비아공화국의 대통령이었던 밀로셰비치 역시 예외가 아니다. 그의 아버지는 성직자였으나 자살했으며, 열성 공산주의자였던 어머니도 자살했다. 유고슬라비아군의 참모총장이었던 아드지치 장군은 제2차 세계대전 당시 자신의 가족들이 마을을 덮친 우스타샤에 의해 무참하게 난도질당하며 죽는 장면을 나무 위에 숨어서 목격해야만 했다. 카라지치와 함께 학살 만행의 주범으로 지명수배되었던 블라디치 장군의 경우도 그의 아버지가 우스타샤에 의해 무참하게 살해당하는 비극을 겪었으며, 그의 딸은 보스니아 내전 중에 총기자살을 했다.

이처럼 제각기 어릴 때 겪은 정신적 외상과 원한을 가슴속에 묻어 두고 있던 사람들이었으니 내전의 발발은 이들로 하여금 고삐 풀린 망아지처럼 살육의 현장에서 날뛸 여지를 만들어 준 것이다. 물론 최종적인 책임은 그런 초토화 작전을 지시했던 카라지치에 있지만, 과거의 원한을 적절히 해소하고 화해할 기회를 제공하지 않았던 정치가들에게도 그 책임을 물어야 할 것이다.

인간은 누구나 다 이기적이다. 그러나 자신의 이기적 욕망 때문에 타인에게 고통을 안기고 돌이킬 수 없는 상처를 주는 일은 생각처럼 쉬운 일이 아니다. 더군다나 상대의 고통을 즐기며 서서히 생명을 빼앗는 일은 아무나 할 수 있는 일이 아니다. 하지만 세상에는 그런 행동이 가능한 인간들이 분명히 존재한다.

크로아티아의 야세노바치 집단수용소는 그런 인간들로 넘쳐 나 있었다. 우스타샤 병사들은 가톨릭을 수호한다는 소명의식하에 중세의 십자군처럼 자신들의 잔악 행위에 대해 일말의 자부심마저 느끼고 있었던 것이다. 그것은 오히려 아우슈비츠 수용소에 근무했던 독일군 병사들에서도 찾아보기 힘든 태도라 하겠다. 왜냐하면 독일군은 인종적 우월감에 도취되어 유대인을 멸시하고 학대하기는 했으나, 우스타샤 병사들처럼 복수심과 종교적 사명감에 사로잡혀 살육을 공개적으로 드러내 놓고 즐긴 것은 아니었기 때문이다.

그런 점에서 아우슈비츠와 야세노바치 수용소의 차이점은 분명히 존재한다. 악에도 서로 다른 종류가 존재하는 셈이다. 보스니아 내전에서 실제로 악의 현장을 목격했던 피터 마아스는 악에는 두 개의 얼굴이 있다고 했다. 그것은 평범하기 그지없는 얼굴을 한 악과 야비하기 짝이 없는 얼굴을 한 악의 전형들이 있다는 것이다. 전자의 예로는 둔감하기 이를 데 없는 아이히만 같은 창백한 얼굴의 소심한 인간을 들 수 있으며, 후자의 예로는 히틀러나 스탈린과 같은 광기에 가득 찬 비정한 인간들을 꼽을 수 있다는 것이다.

아이히만의 재판 과정을 소상히 기록한 한나 아렌트는 그가 자신의 행동에 아무런 양심의 가책도 느끼지 않는, 그리고 독자적인 신념도 없고 그다지 명석하지도 않은 그저 평범한 관료였을 뿐이라며, 스스로의 행동에 책임을 지는 최소한의 용기조차 지니지 못한 인물이라고 묘사했다. 결론적으로 그녀는 악이란 불가피한 인간 본성의 한 측면이 아니라 상대를 이해할 의도가 전혀 없는 것에서 비롯된다고 주장했다.

더욱 안타까운 사실은 인간 심성을 순화시키고 보다 나은 영적 진화를 도모하기 위함이라는 숭고한 명분을 지닌 종교조차도 집단적 살육의 원인을 제공한 경우가 비일비재했다는 점이다. 더 나아가 법학을 공부한 파벨리치나 정신과 의사인 카라지치와 같은 인간들도 제각기 자신의 고유한 신앙 및 애국심에 충실했던 사람들이었다. 그들을 숭배하는 추종자들은 가톨릭과 그리스정교의 수호를 위해 각자 자신들에게 주어진 임무에 최선을 다한 것이라고 강변한다. 그러나 무고한 시민들을 강간·고문하고 무자비한 방법으로 살육하는 것이 신으로부터 부여받은 성스러운 사명이라고 한다면, 그 종교는 이미 신의 종교가 아닌 악마의 종교일 것이다.

유명한 정신과 의사 스콧 펙은 악을 매우 간단히 정의한다. 자신의 이익을 위해 타인에게 고통을 안겨 주는 모든 행위는 악이라는 것이다. 그것은 개인적이든 집단적이든 모두 해당되는 정의이기도 하다. 다만 질적으로나 양적으로 차이는 있을 것이다. 그러나 아이히만도 말했듯이 단 한 사람을 죽이는 것은 어려운 일이지만 수백만을 죽이는 일은 간단하다는 것이 문제다. 그런 점에서 인간은 매우 신비스러운 존재이며, 선의 세계보다 악의 세계가 더욱 신비스러운 이유는 그 실체를 알기가 더욱 어렵기 때문이다.

생체실험의 악마들

인간을 상대로 마취도 없이 생체실험을 한다는 일은 상상만 해도 끔찍스러운 일이 아닐 수 없다. 하지만 실제로 그런 일들이 제2차 세계대전 기간 중에 독일과 일제에 의해 버젓이 벌어졌으니 참으로 천인공노할 노릇이다. 그런 비인도적 만행의 주역은 나치 독일의 군의관 멩겔레

대위와 일본 관동군 731부대 사령관 이시이 중장이었다. 비록 그들은 애국 차원의 과학적 실험이라는 명분을 내걸고 오히려 크나큰 자부심과 사명감으로 그런 악행을 일삼았는지 모르겠으나 아무리 그렇더라도 일말의 양심이 있는 인간이라면 어찌 그토록 참혹한 일들을 벌일 수 있을까 도저히 이해할 수가 없다.

물론 과거에도 동양에서는 사형을 선고받은 죄수에게 가장 잔혹한 형벌로 능지처참을 가하기도 했으며, 서양에도 로마제국의 십자가 처형이나 중세 유럽에서 행하던 화형식이 존재하기도 했지만, 그것은 형벌 차원에서 이루어진 일이었지 의학적 실험을 위한 일이 결코 아니었다. 그런 점에서 독일과 일제에 의해 자행된 생체실험은 최소한의 의료 윤리마저 깡그리 무시한 도덕적 광기에 속한다고 볼 수 있다. 정상적인 인간으로서는 상상조차 할 수 없는 일이기 때문에 더욱 그렇다.

죽음의 천사 요제프 멩겔레

제2차 세계대전 당시 악명 높은 아우슈비츠 수용소에서 죽음의 천사로 불린 나치 군의관 요제프 멩겔레(Josef Mengele, 1911~1979)는 어린아이들과 여성들이 포함된 유대인 수용자들을 대상으로 숱한 생체실험을 시행한 인물로 악명이 자자했다. 그는 원래 뮌헨 대학에서 인류학을 공부하고 유대인의 인종적 차이점을 연구한 우생학적 논문으로 인류학 박사학위를 받았으며, 그 후 다시 프랑크푸르트 대학에서 의사 자격까지 따낼 정도로 뛰어난 두뇌의 소유자였지만, 백인우월주의에 가득 찬 매우 냉혹한 인간이었다.

1937년 나치당에 가입하고 그 이듬해에 친위대에 들어간 그는 1943년 비르케나우 수용소를 거쳐 아우슈비츠 수용소의 의무 책임자

요제프 멩겔레

로 발령받았다. 당시 멩겔레 대위는 유대인을 상대로 가스실로 보낼지, 아니면 강제노역을 시킬 것인지를 선별하는 임무를 수행하는 동시에 유전학에 대한 연구도 병행해 나갔다. 수용자들이 새로 역에 도착하면 그는 항상 흰색 코트를 걸치고 죽음의 선별 작업을 했기 때문에 처음에는 사람들이 그를 가리켜 '하얀 천사'라고 부르기도 했다.

그는 수용자들을 대상으로 자신의 연구실험을 시행했는데, 특히 아이들의 눈에 염색약을 주입해 동공 색깔의 변화를 관찰하거나, 마취 없이 장기를 제거하는 외과적 수술을 자행했으며, 희생자들이 죽으면 그 눈알을 적출해 개인 소장품으로 보관하기도 했다. 여성들을 대상으로 강제 불임수술 등 잔인한 실험도 계속했는데, 대부분의 여성이 합병증으로 숨을 거두었다. 일부 여성은 가스실로 보내기 전에 생체실험의 대상이 되기도 했다. 당시 가스실로 보낼지 아닐지를 결정하는 수용자들의 운명은 멩겔레의 손가락 하나로 좌지우지되었으니 그가 죽음의 천사로 불린 것은 지극히 당연한 결과였다.

독일이 항복하자 멩겔레는 남미로 도주해 아르헨티나를 거쳐 브라질에 숨어 지냈는데, 이스라엘의 모사드와 나치 사냥꾼 시몬 비젠탈의 추적을 피해 수시로 가명을 쓰며 신분을 위장한 채 살았다. 특히 남미에 은닉하던 중 체포되어 사형까지 당한 아이히만의 경우를 잘 알고 있던 그는 작은 소리에도 수시로 놀라 잠을 제대로 이루지 못하는 등 극도의 신경과민 상태로 말년을 보냈는데, 그럼에도 불구하고 과거 자신이 저지른 행위에 대해서는 한 줌의 죄의식도 느끼지 않았다고 한다.

그는 상파울루의 아름다운 해변에서 수영을 즐기던 중 갑자기 심장마비를 일으켜 68세 나이로 죽었는데, 나중에 발견된 그의 유골을 통해 멩겔레의 신원이 밝혀지게 되었다. 하지만 온갖 악행을 저지른 그가 아무런 처벌도 받지 않은 상태에서 그것도 고통 없이 평온한 모습으로 죽었다는 사실은 아무리 생각해도 이 세상이 공평하지 못하다는 느낌을 지울 수 없게 만든다. 하기야 이스라엘 감옥에서 교수형이 집행된 아이히만도 죽기 직전에 남긴 마지막 유언에서 자신도 신을 믿으며 죽는다고 했으니 과연 인간의 도덕적 광기와 전도된 의식은 어디가 그 끝인지 알다가도 모를 일이다.

731부대 사령관 이시이 시로

일본 관동군 731부대 사령관이었던 이시이 시로(石井四郎, 1892~1959) 중장은 악명 높은 마루타 실험을 자행한 인물이다. 마루타란 통나무를 뜻하는 말로 생체실험의 대상이 되었던 포로들을 지칭하는 은어였다. 교토 제국대학에서 의학을 공부하며 전체 수석을 차지할 정도로 뛰어난 머리의 소유자였던 그는 일본제국 군대 의무장교로 배속되어 도쿄의 군의학교에 근무했다.

이시이 시로

대학원 과정을 마친 후 2년간 유럽 각지를 여행하면서 제1차 세계대전 이래 발전을 거듭한 화학무기와 생물학적 무기에 대한 정보를 두루 섭렵하고 귀국한 그는 중일전쟁 이래 일본 관동군이 점령하고 있던 만주 하얼빈 외곽 지역에 세균전에 대비한 천황 직속의 비밀부대를 창설해 본격적인 생체실험에 들어갔다.

150개의 건물이 세워진 방대한 규모의 비밀요새에서 자행된 각종 실험에는 중국인, 조선인, 몽골인, 러시아인 등이 강제로 동원되었는데, 그 수는 만여 명에 이르렀다. 일본군은 이들을 짐승만도 못한 존재로 취급하며 잔혹하게 다루었다. 수용자들을 인간으로 보지 않도록 하기 위해 새로 전입한 신병이 도착하면 의무적으로 수용자 한 사람을 골라 때려죽이도록 지시했으며, 일부 군인은 원판에 묶인 수용자를 상대로 단검을 던지는 게임을 즐기거나 여성 수용자를 강간하기도 했다.

731부대에서 자행된 실험은 크게 세 가지로 구분되는데, 생체실험, 세균전 실험, 무기 성능 실험으로 분류될 수 있다. 생체실험은 대부분 마취 없는 상태에서 시행된 것으로, 예를 들어 위를 절제한 뒤 식도와 장을 연결하기, 팔다리를 절단한 후 출혈 상태를 조사하고 반대편에 붙여 봉합하기, 장기의 일부를 제거하기, 산 채로 피부 벗겨내기, 남녀 생식기를 잘라 내어 상대방의 국부에 이식하는 성전환 수술 등 실로 인간으로서 할 수 없는 끔찍스러운 잔악 행위들을 일삼았다.

이 외에도 목을 매달아 질식 시간을 측정하기, 동물의 혈액이나 소변을 주입하기, 혈관에 공기나 바닷물 주입하기, 굶겨 죽이기, 화학무기를 이용한 가스실 실험, 고압실 실험, 화상 실험, 원심분리기 실험, 진공실험, 그리고 주로 여성들을 상대로 한 동상 실험 등이 자행됐다. 무기 성능을 알아보기 위해서는 사람들을 말뚝에 묶어 놓고 소총이나 수류탄, 화염방사기 등을 시험했으며, 세균폭탄이나 화학무기의 성능도 시험했다.

세균전 실험은 더욱 끔찍했다. 예방접종이라고 속여 페스트균, 콜레라균 등의 세균을 직접 인체에 주입하고, 전염 속도를 측정하기 위해 세균을 넣은 만두를 급식시켰으며, 남녀 수용자들을 상대로 임질, 매독 등의 성병을 고의적으로 감염시키기도 했다. 이시이가 직접 개발한 도자기 폭탄에는 각종 전염병 세균이 내장되었는데, 인근 지역에 투하시킴으로써 수십만 명의 중국인이 숨진 것으로 추정되기도 한다.

일본이 패전하자 이시이는 증거 인멸 차원에서 모든 시설을 파괴했으며, 살아남은 포로들마저 모조리 처형시켰다. 비록 이시이를 포함한 731부대원들은 미군에 체포되어 조사를 받았지만 강력한 처벌을 원하는 소련 당국의 주장에도 불구하고 이들 전원은 결코 전범재판에 회부되지 않았다. 미군 당국과의 은밀한 거래에서 결국 이시이가 승리한 셈이다. 그동안의 극비실험 정보를 제공하는 대가로 가볍게 풀려난 이시이는 그 후에도 군 복무를 계속했으며, 한국전쟁 시에는 군의관 신분으로 잠시 한국을 다녀가기도 했다.

군에서 제대한 이후로는 미국을 방문해 세균전에 대한 정보를 제공했으며, 귀국해서는 무료 진료소를 차리고 환자들을 치료하기도 했다. 이처럼 그는 아무런 제재도 받지 않고 자유롭게 여생을 보냈는데, 수많은 인명을 잔혹하게 살상했던 그가 일본 녹십자 활동에도 관여하고 더나아가 도쿄올림픽 조직위원장까지 맡아 활동했다는 사실은 실로 파렴치한 모습이 아닐 수 없다. 그렇게 천수를 누리고 살던 그는 말년에 이르러 기독교로 귀의했으며 인후암에 걸려 67세를 일기로 사망했다.

이처럼 제2차 세계대전 당시 나치 독일과 일제에 의해 은밀히 자행

마르틴 부버

된 생체실험은 자신들보다 열등하다고 여긴 유대인과 중국인, 조선인 등을 상대로 행해졌다는 점에서 인종주의와 종족주의가 낳은 가장 악랄한 도덕적 광기의 극치였다고 할 수 있다. 왜냐하면 전투 중에 적을 사살하는 군인이나 대규모 폭격을 가하는 조종사들이 양심의 가책을 받는 경우는 매우 드물 수 있지만, 살아 있는 사람을 대상으로 끔찍스러운 실험을 행하는 입장에서 아무런 죄의식도 없이 그런 행위를 저지를 수 있다는 것은 정상적인 인간으로 간주하기 어렵기 때문이다.

그런 점에서 우리는 유대 철학자 마르틴 부버(Martin Buber, 1878~1965)가 《나와 너》에서 설파한 말을 떠올리지 않을 수 없다. 그는 나와 너의 관계 속에서 인간의 진정한 가치와 의미를 찾을 수 있다고 하면서 만약 그런 관계가 단지 사물에 불과한 그것과의 관계로 전락하게 되면, 다시 말해서 나와 그것의 관계로 전락하게 되면 인간은 절대적으로 타락한다는 것이다.

그렇게 볼 때, 나치 독일과 일제가 유대인과 중국인, 조선인 등을 대량 학살하고 생체실험을 가한 것은 자신들과 동등한 가치를 지닌 인간이 아니라 단지 사물에 불과한 그것으로 간주했다는 의미가 된다. 우리가 의자나 책상을 부수고 죄의식을 느끼고 괴로워하진 않을 테니 말이다. 중요한 점은 그럼에도 불구하고 유대인과 중국인, 한국인이 가해자들에 대해 똑같은 방식으로 보복하지 않았다는 사실이다. 왜냐하면 양심을 지닌 인간이기 때문이다.

우 생 학 의   도 덕 적   광 기

　백인 주도의 인종차별은 20세기 초 기승을 떨었던 우생학의 광기로
정점에 달했다고 할 수 있다. 19세기 말 영국의 인류학자 프랜시스 골
턴이 창시한 우생학은 인류의 유전학적 종자 개량을 목적으로 내세운
학문으로 찰스 다윈의 사촌동생이기도 했던 골턴이 다윈의《종의 기
원》에서 가장 큰 영감을 받고 우생학이라는 용어를 창안하기에 이른
것이다. 그는 그런 학문적 업적으로 말년에 이르러 영국 왕실로부터 기
사 작위까지 받았다. 학문적 타락의 극치라고도 할 수 있는 우생학은
특히 대중 사이에서 큰 인기를 얻었는데, 백인사회의 인종적 우월감을
학문적으로 정당화시킨다는 점에서 더욱 유혹적인 미끼가 되었다고
본다.

존 켈로그의 인종개량운동

　그 후 우생학은 다인종국가인 미국으
로 건너가 크게 대중화되었는데, 미국
최초의 우생학적 운동에 앞장선 인물
가운데 한 사람은 콘플레이크를 처음으
로 개발해 보급한 미국인 의사 존 켈로
그(John Harvey Kellogg, 1852~1943)였
다. 아이러니하게도 독실한 제7일 안식
교 신자였던 그는 철저한 금욕주의자로
자신의 환자들에게도 채식 위주의 식이
요법을 시행하면서 술, 담배, 커피 등을

존 켈로그

엄격히 금했으며, 그런 배경에서 특히 단맛과 양념을 성적 충동을 일으키는 주범으로 보고 성욕을 억제시키는 곡물 위주의 음식을 개발한 것이다.

물론 그의 금욕주의는 자신이 믿고 있던 신앙심에 근거한 것이었지만, 타협을 모르는 그의 극단적인 주장은 오히려 역효과를 낳기도 했다. 자위 행위를 금지하는 캠페인에 온갖 심혈을 기울인 그는 자위 행위가 목숨을 갉아먹는 자살 행위나 다름없으며, 자궁암과 간질병, 더 나아가 정신병까지 초래한다고 대중에게 겁을 주었다. 그는 말로만 겁을 준 게 아니라 실제 행동으로 옮기기도 했는데, 아동들의 손을 묶고 성기에 덮개를 씌우는 조치 등에 머물지 않고 심지어는 성기에 전기 충격을 가하거나 클리토리스를 제거하는 수술까지 했다.

존 켈로그의 도덕적 광기는 1906년 매우 인종차별적인 인종개량재단(Race Betterment Foundation)을 설립하면서 더욱 극에 달했다. 그는 이민자들과 유색인종이 미국인의 유전자를 파괴한다는 믿음을 지니고 그런 열등한 인종들은 따로 격리해야 마땅하다고 주장했다. 물론 그의 주장은 격렬한 찬반 논쟁을 불러일으켰으나, 그럼에도 불구하고 유능한 외과의사로서 그에게 치료받은 인물들 가운데에는 저명인사들이 즐비했다고 한다. 오늘날 대중적 인기를 끌고 있는 콘플레이크의 배경에는 이처럼 독실한 제7일 안식교 신자였던 의사 존 켈로그의 도덕적 광기가 자리 잡고 있었던 것이다.

미국에서 극성을 떨던 우생학은 그 후 나치 독일로 역수입되어 순수 아리안 혈통의 우수성을 과시하고 보존한다는 나치 이데올로기에 접합시킴으로써 수많은 정신병 환자와 지적장애인, 유전질환자, 뇌전증 환자들을 대상으로 강제 불임시술을 자행하기도 했는데, 그 수가 무려

35만 명에 달했다고 한다. 일제가 소록도 나환자를 대상으로 강제 불임시술을 행한 것도 같은 맥락에서 저지른 비인도적 만행이었다. 하지만 그런 학문적 광기는 600만 명의 유대인을 집단적으로 학살하는 인종박멸로 이어지면서 우생학의 운명도 더 이상 지탱할 도덕적 명분을 잃고 스스로 자멸하고 말았다.

나치에 동조한 정신과 의사 바그너-야우렉

나치의 광기가 극성을 떨던 시기에 활동한 오스트리아의 정신과 의사 율리우스 바그너-야우렉(Julius Wagner-Jauregg, 1857~1940)은 발열요법을 통한 뇌매독 치료에 대한 공로로 1927년 노벨 의학상을 받은 인물이다. 그는 빈 의대를 졸업하고 개인 정신과병원에 근무하다가 1893년 스승인 마이너트 교수의 뒤를 이어 빈 대학 정신과 교수가 되었다. 비슷한 시기에 빈 대학 교수가 되려다 유대인이라는 이유로 고배를 마신 프로이트에 비하면 야우렉은 30대 중반의 나이로 교수직에 올라 출세 가도를 달린 셈이다. 마이너트 교수는 프로이트에게 교수직보다는 차라리 개업을 하는 게 낫겠다고 권유한 인물이다.

정신질환의 심리치료에 전념한 프로이트와는 정반대로 야우렉은 교수가 되기 이전부터 이미 정신질환을 발열요법으로 치료할 수 있다는 생각을 지니고 정신병 환자의 발열 상태를 연

율리우스 바그너-야우렉

구하기 시작했는데, 1917년 신경매독에 의한 진행성 마비 환자에게 말라리아 원충을 주입한 결과 고열 상태가 증상 완화에 도움이 된다는 사실을 발견하고 그 내용을 학계에 보고함으로써 마침내 1927년 노벨 의학상까지 받는 영예를 누렸다.

더욱이 그는 나치에 동조한 반유대주의자로 오명을 남겼는데, 1938년 나치가 오스트리아를 합병하자 곧바로 나치당에 가입 신청을 하기도 했다. 하지만 전후 탈나치 위원회의 조사에 의하면 그의 신청은 받아들여지지 않은 것으로 판명되었는데, 그 이유는 그의 이혼한 전처가 유대인이었기 때문이라고 한다. 비록 당원 가입이 거부되었지만, 야우렉은 나치 이념에 적극 동조해서 자신의 인종주의적 신념을 계속 밀고 나가며 정신질환자와 범죄자들에 대한 단종을 주장하는가 하면, 오스트리아 인종 개조협회 회장으로 활동하면서 열등인종에 대한 단종을 적극 홍보하기도 했다. 그의 신념은 제자인 알렉산더 필츠에게 영향을 주어 인종주의적 정신의학에 관한 저서를 출간하도록 이끌었는데, 유대인들이야말로 정신질환에 특히 취약한 특성을 지니고 있다는 매우 치졸한 내용을 담은 책이었다.

야우렉은 1928년에 이미 공식적인 은퇴를 선언했지만, 그건 말뿐이었고 그 후에도 여전히 정력적인 활동을 펼치고 있었으며, 나치의 비호 아래 오스트리아 사회에 막강한 영향력을 행사하고 있었다. 1935년에는 오스트리아 인류학회 일원으로 있으면서 계속해서 열등인에 대한 비인도적인 단종을 주장함으로써 나치에게 학문적인 정당성을 제공하기도 했다. 나치 독일은 실제로 그런 주장에 따라 수많은 정신질환자와 동성애자를 단종뿐 아니라 독극물로 잔인하게 살해하는 만행을 저지르기도 했다. 조현병에 걸린 여류화가 로베-벡틀러도 그런 만행의 희

생자 중 한 사람이었다. 야우렉은 런던으로 망명한 유대인 학자 프로이
트가 숨을 거둔 이듬해에 빈에서 세상을 떠났다.

나치의 우생학적 정책을 찬양한 알렉시 카렐

프랑스의 외과의사 알렉시 카렐(Alexis Carrel, 1873~1944)은 혈관봉
합술에 대한 신기술 개발로 장기이식 수술의 새로운 길을 연 업적으로
1912년 노벨 의학상을 수상했으나, 우생학을 지지하고 나치 괴뢰정권
인 비시 정부에 동조함으로써 도덕적 시비의 대상이 되었다. 그는《미
지의 사나이》라는 저서까지 출판해 일약 베스트셀러 작가가 되었는데,
이 책에서 그는 노골적으로 인종적 우월주의를 찬양하고 인류는 소수
의 엘리트 집단이 이끄는 강화된 우생학적 체제에서만 보다 나은 미래
를 보장받을 수 있다고 하면서 선천적으로 타고난 생물학적 귀족이 분
명히 존재하며 열등한 인종은 억압되어 마땅하다고 주장했다. 더 나아
가 이들에 대해 가스를 이용한 안락
사 방식이 오히려 인도주의적이며
경제적으로도 매우 효율적인 처리
방식이 될 것이라고 보았다.

카렐은 한술 더 떠서 1936년에 간
행된 독일어판 서문에서는 나치 독
일에서 시행하고 있는 우생학적 정
책을 찬양하고, 정신질환자와 범죄
자들의 번식을 차단하기 위한 독일
정부의 노력이야말로 가장 이상적인
해결책이라고 주장했다. 실제로 카

알렉시 카렐

렐은 나치 괴뢰정부인 비시 정권의 비호 아래 인간문제 연구재단의 총 감독직을 맡아 자신의 우생학적 신념을 계속 밀고 나가면서 결혼 전에 생물학적 검사를 통해 배우자의 유전 상태를 의무적으로 입증하는 혼 전증명서 제도를 법제화하는 데 앞장서기도 했다.

1944년 8월 파리가 해방되자 프랑스 보건장관은 카렐에게 집행유예 조치를 내렸으며, 다행히 카렐은 그해 11월 세상을 떠남으로써 반역죄 처벌을 면하게 되었지만, 인간문제 연구재단은 곧바로 해체되고 말았 다. 그러나 카렐이 세상을 떠날 그 무렵 아우슈비츠에서는 수백만의 유 대인이 가스실에서 희생되고 있었으니 결국 그의 꿈은 실현되었다고 할 수 있다. 따라서 그가 인간의 생명을 연장시키기 위해 노력한 것은 모든 인류를 위해서가 아니라 단지 우월한 생물학적 귀족들을 위해서 였다는 점이 분명해진 것이다.

르 완 다   집 단 학 살

1994년 4월부터 7월에 이르는 100일 동안 중부 아프리카의 르완다에 서는 참혹한 대학살로 무려 100만 명 이상이 희생당하는 집단적 광란 사태가 벌어졌다. 당시 투치족을 상대로 벌인 후투족의 만행으로 인해 투치족의 70%가 살해당하는 끔찍스러운 일이 발생했는데, 이는 매일 1만 명씩 살해당한 것으로, 분당 7명이 죽임을 당한 셈이니 그야말로 생 지옥이 따로 없었다. 르완다의 마을과 도시는 버려진 투치족의 시체로 산을 이루었으며, 가는 곳마다 시체 썩는 냄새가 진동했다.

1962년 벨기에로부터 독립한 르완다는 식민지 시절부터 인구의 다 수를 차지하는 후투족과 소수파인 투치족 사이에 치열한 대립과 반목으로 바람 잘 날이 없었는데, 그런 갈등의 배경에는 지배자인 벨기에 당국과 가톨릭 교회의 투치족 우대정책이 작용했다고 볼 수 있다. 특히 벨기에는 투치족을 행정 관료 엘리트로 육성해 지배계급으로 삼으면서 식민통치 수단에 이용했으며, 가톨릭 교회는 한술 더 떠서 투치족이 후투족보다 우월하다는 입장을 유지함으로써 종족 갈등을 더욱 부추긴 결과를 낳았다.

하지만 제2차 세계대전이 끝난 후 투치족의 지배에 반발하는 후투족을 지원하기 시작한 벨기에 당국과 가톨릭 교회는 결국 투치족 왕국을 폐지하고 후투족 중심의 공화제를 세웠으며, 그 후 르완다가 독립하게 되자 투치족에 대한 탄압이 노골적으로 진행되면서 수많은 투치족이 인근 주변국으로 망명해 정착하기 시작했다. 그리고 이들 난민을 중심으로 반군이 결성되고 후투족 정부군을 상대로 전투를 벌임으로써 사실상 내전 상태에 돌입하기에 이른 것이다. 더군다나 당시 후투족은 투치족의 반정부세력이 투치족 왕국을 부활시키고 후투족을 노예로 삼을 것으로 여기고 있었으니 투치족에 대한 반감도 극에 달해 있었다.

그런 상황에서 때마침 르완다 대통령이 탑승한 비행기가 격추되어 사망하는 사건이 벌어지자 바로 그다음 날부터 대규모 집단학살이 시작되었다. 마치 때를 기다리고 있었다는 듯이 군경과 민병대가 출동해 투치족을 살해하기 시작했으며, 여기에 후투족 민간인들까지 가세함으로써 사태는 걷잡을 수 없이 번져 나갔다. 칼과 도끼, 둔기 등으로 무장한 후투족은 투치족의 집을 불태우고 남녀노소를 가리지 않고 강간과 폭행, 살인을 일삼았으며, 무자비한 강간으로 인해 에이즈 감염이 급증해 전국으로 확산되기도 했다. 또한 집단학살로 인해 숱한 과부와 고아들이 생겨났는데, 나중에 밝혀진 사실에 의하면 당시 르완다 정부각료회의에서 이미 투치족 말살에 대한 논의가 있었다고 한다. 그런 광란적 만행의 상황은 테리 조지 감독의 영화 〈호텔 르완다〉에도 잘 묘사되어 있다.

결국 투치족 반군이 반격을 개시해 수도 키갈리를 점령하고 투치족 중심의 정부가 새로 출범하게 되자 이번에는 보복을 두려워한 수많은 후투족이 주변국으로 도주하기도 했다. 하지만 문제는 유엔을 비롯한 국제사회가 그런 집단적 광란 사태를 수수방관했다는 점에 있으며, 더욱 심각한 사실은 가톨릭 교회가 집단학살에 긴밀히 협조했다는 점이다. 당시 학살에 가담한 후투족 주민 대다수가 투치족 학살은 하느님의 뜻에 따른 것이라고 여겼다는 것인데, 여기에는 현지 가톨릭 교회 지도자와 성직자들이 깊이 연루되었다는 것이다.

실제로 르완다 국제 전범 재판에서 학살에 관여한 가톨릭 사제 아타나제 세롬바와 엠마누엘 루쿤도 등이 유죄 판결을 받았으며, 수많은 투치족 주민이 가톨릭 교회로 도피했다가 오히려 사제들과 수녀들이 학살을 방조하는 바람에 그곳에서 숨진 것으로 밝혀졌다. 하지만 당시 교황 요한 바오로 2세는 가톨릭 교회의 책임을 부인했으며, 르완다 가톨릭 교단은 당시 학살에 연루된 성직자들의 행동은 개인적 차원에서 저지른 것이지 교단과는 무관한 일이라고 하면서 교단 차원의 공식적인 사과는 끝내 하지 않았다.

사실 르완다는 식민지 시절부터 인구의 대다수가 가톨릭 교인으로, 아프리카 최대의 가톨릭 국가다. 그런 점에서 르완다는 아프리카에서도 매우 이례적인 국가에 속한다. 그럼에도 집단학살이 끝난 후 교황청은 학살에 연루된 전범들을 자신들의 은밀한 조직망을 통해 유럽으로 탈출시켰으며, 학살에 가담한 신부들 역시 몰래 유럽으로 도피시켜 벨

르완다 대학살 추모지에 세워진 기념비

기에나 프랑스 교구로 파견하는 치밀함을 보였다. 더군다나 불과 3개월 동안 100만 명의 주민이 학살을 당하는 참극을 접하고서도 교황청은 그동안 침묵으로 일관했으니, 그런 모습은 과거 제2차 세계대전 당시 수십만 명의 세르비아인을 상대로 벌인 크로아티아의 학살에 대해 침묵을 유지하고 종전 이후에도 전범들을 해외로 몰래 도피시켜 준 교황청의 태도와 거의 똑같다.

더 나아가 교황 요한 바오로 2세는 가톨릭 교회가 연루된 모든 진상이 밝혀진 후에도 르완다 대통령에게 보낸 서한에서 그 어떤 유감이나 사과의 표명도 없이 단지 후투족 학살자들에 대한 사형을 연기해 줄 것만을 요청했으니 과연 종교의 목적과 존재 이유가 무엇인지 근본적인 질문을 던지지 않을 수 없다. 하지만 그로부터 20년이 지난 2017년 프란치스코 교황은 마침내 바티칸에서 르완다 대통령 카가메를 접견하고 과거 집단학살에서 저지른 가톨릭 교회의 과오에 대해 사죄함으로써 그나마 교황청의 양심이 살아 있음을 몸소 실천해 보여 주었다.

2부

예술과
도덕적
광기

2부
**예술과
도덕적
광기**

문학과 도덕적 광기

인류 문화의 소중한 자산 가운데 예술만큼 대중적 사랑을 차지해 온 분야도 달리 없을 것이다. 특히 인간 정신의 불완전성을 보완해 줌과 동시에 치유 기능까지 발휘한다는 점에서 보자면 감히 종교의 기능에 견주어도 손색이 없을 정도라 할 수 있다. 그런 점에서 예술과 종교는 특히 심리적 갈등과 불안정에서 자유롭지 못한 현대인에게 마치 일용할 양식과도 같은 존재가 아닐 수 없다.

예술은 오랜 세월 인간과 더불어 동고동락을 함께한 삶의 동반자로서 예술이 없는 삶이란 상상하기조차 어려울 지경에 이르렀다고 감히 말할 수 있다. 그만큼 예술이 지닌 심리적 위안의 기능은 결코 종교에 뒤지지 않는다. 물론 종교가 지닌 도덕적 기능은 인간의 영적 구원과 도덕성 확립에 절대적인 영향력을 지닌 것도 사실이다. 하지만 인간이 지닌 감정적 취약성을 다루는 문제에 있어서 예술이 지닌 치유 기능 또한 무시할 수 없는 힘을 발휘하기 마련이다.

그런 점에서 다양한 예술 분야 가운데 특히 문학과 대중음악, 영화, 드라마 속에 드러난 도덕적 광기의 문제를 다루어 보는 것도 나름대로 의미가 있을 것으로 보인다. 왜냐하면 예술은 인간의 감성 문제뿐 아니라 도덕성에도 지대한 영향을 끼치고 있기 때문이다. 더군다나 현대로 올수록 종교의 기능 약화가 두드러지는 반면에 예술적 기능이 더욱 큰 힘을 발휘하고 있지 않은가. 따라서 대중적인 측면에서 막강한 영향력을 지니고 있는 예술 분야에서 인간의 도덕적 광기를 어떤 식으로 표출하고 있는지 살펴보는 것도 우리에게 자성의 기회를 제공해 줄 수 있을 것이다.

역 사 는 승 자 의 기 록 , 문 학 은 패 자 의 기 록

문학 속에 등장하는 도덕적 광기의 인물들은 대부분 반인륜적 살인이나 복수, 질투심, 충동적 성향, 죄의식의 결여, 왜곡된 판단, 비현실적 환상, 원초적 감정 상태, 세상으로부터 고립된 모습 등을 특징으로 한다. 당연히 그들은 망상과 환청에 휘말린 정신병 환자들과는 달리 겉으로만 얼핏 봐서는 매우 멀쩡해 보인다는 점에서 명백한 행동으로 드러나기 전까지는 그들의 병적인 부분을 좀처럼 눈치 채기 어렵다.

역사는 승자의 기록이요, 문학은 패자의 기록이라는 말이 있다. 또한 개가 사람을 물면 화제가 될 수 없지만, 사람이 개를 물면 화젯거리가 된다는 말도 있다. 그런 점에서 문학은 인생 실패자의 모습을 통해 대중적 관심과 공감을 이끌어 내기 위한 전략을 동원하는 것으로 볼 수도 있다. 그런 모습은 고대 그리스 비극을 비롯해 현대 문학에 이르기까지 일관되게 흐르는 오랜 전통이기도 하지만, 단순히 인생 실패자의 모습을 그린 것뿐 아니라 도덕적 광기의 일면을 드러낸 것이기도 하다.

예를 들어, 근친상간과 부친살해를 통해 저주받은 운명의 길을 걸은 오이디푸스 왕은 분명 인생 실패자의 모습이기도 하지만 자신의 눈을 스스로 찔러 장님으로 만든 도덕적 광기를 보인 인물이기도 하다. 질투심과 분노에 눈이 멀어 친족살해도 마다하지 않은 메데이아 역시 인생 실패자인 동시에 도덕적 광기의 소유자다. 이 외에도 셰익스피어 비극의 주인공들이나 세르반테스의 《돈키호테》, 괴테와 토마스 만의 파우스트 박사, 빅토르 위고의 《노트르담의 꼽추》, 고골리와 루쉰의 《광인일기》, 도스토옙스키의 《죄와 벌》과 《백치》, 김동인의 《광염소나타》와 《광화사》, 알베르 카뮈의 《이방인》, 귄터 그라스의 《양철북》, 피터 셰퍼의 《에쿠스》 등에서도 한결같이 도덕적 광기의 희생자들이 등장한다.

이 외에도 문학 속에 등장하는 도덕적 광기의 예는 얼마든지 있다. 에드거 앨런 포의 《검은 고양이》, 체호프의 《6호실》, 윌리엄 포크너의 《음향과 분노》, 나보코프의 《롤리타》와 《어둠속의 웃음소리》, 미시마 유키오의 《금각사》, 존 파울즈의 《콜렉터》, 뒤렌마트의 《물리학자들》, 쥐스킨트의 《향수》, 켄 키지의 《뻐꾸기 둥지위로 날아간 새》, 존 필마이어의 《신의 아그네스》, 움베르토 에코의 《푸코의 추》, 토머스 해리스의 《양들의 침묵》 등 이루 헤아리기도 어려울 정도다. 반면에 조지 오웰의 《동물농장》과 《1984년》, 아서 밀러의 《도가니》, 이오네스코의 《코뿔소》, 윌리엄 골딩의 《파리대왕》 등은 집단적 광기의 희생양으로 전락하는 인간의 모습을 통해 인류의 미래에 대한 경고를 던지기도 한다.

《메데이아》의 도덕적 광기

그렇다면 문학 작품에 등장하는 도덕적 광기는 과연 어떤 모습일까. 우선 고대 그리스의 비극으로 에우리피데스(Euripides, BC 480~406)의 《메데이아》를 살펴보도록 하자. 잔혹한 복수에 광적으로 집착한 질투의 화신 메데이아는 콜키스의 공주 출신으로, 영웅 이아손에게 반한 나머지 아버지의 뜻을 거스르고 이아손과 함께 멀리 그리스로 달아난다. 그 과정에서 자신을 추적하던 동생마저 죽인 그녀는 코린토스에 정착하지만, 파렴치한 이아손이 자신을 배신하고 코린토스의 공주와 결혼하게 되자 분노가 극에 달한 메데이아는 독약을 이용해 코린토스의 왕과 공주를 죽음으로 몰아넣고 자신의 아이들마저 살해한다. 그 후 그녀는 태양신 헬리오스의 도움으로 불마차를 타고 아테네로 달아난다.

그런데 한 여성의 격렬한 사랑과 잔혹한 복수를 다룬 《메데이아》는 권선징악적 결말에 길들여진 관객들에게는 상당히 혼란스러운 감정을 불러일으키기 쉽다. 그토록 잔인하고 처절한 살인극을 벌인 여성임에도 불구하고 징벌은커녕 오히려 신의 도움으로 구원을 받기 때문이다. 따라서 배신과 질투, 분노와 존속살해 등 인간 도덕성의 타락과 폭력성뿐만 아니라 그런 인간들의 혼탁한 모습에 무심하기 그지없는 신들의 세계까지 폭로함으로써 우주적 차원의 혼란을 극명하게 드러낸 작품이라 할 수 있겠다.

메데이아의 격정과 질투 그리고 잔인한 폭력성은 매우 광적이라 할 수 있지만, 그렇다고 해서 그런 모습을 단순히 광인의 전유물로 치부할 수만도 없다. 왜냐하면 누구나 다 어느 정도의 광기는 각자의 내면에 간직하고 있기 때문이다. 다만 이성적인 자아의 강한 억압으로 인해 스

메데이아

스로가 인식하지 못할 뿐이다. 그런데 메데이아는 어떻게 그토록 잔인한 폭력에 무릎을 꿇고 만 것일까 궁금해진다. 우선 생각해 볼 수 있는 점은 세상의 모든 권력을 독차지한 남성들에 대한 질투심과 적개심을 들 수 있다. 아버지를 배신하고, 남동생을 죽였으며, 크레온 왕도 죽게 하고, 자신의 아이들까지 죽임으로써 이아손을 절망의 나락으로 빠트려 복수했기 때문이다.

그런 점에서 볼 때, 《메데이아》는 지금으로부터 무려 2,400년 전에 나온 작품임에도 불구하고 인간 광기의 실체를 폭로할 뿐만 아니라 페미니즘적 시각에서 한 여성의 비극적 운명을 다룬 최초의 작품이라 할 수 있다. 사실 질투심은 망상까지 일으킬 수 있는 매우 독성이 강한 고통스러운 감정으로 공격적인 폭력성과는 항상 맞물려 돌아가는 톱니바퀴와 같은 것이다. 편집증적 망상에 속하는 의처증이나 의부증에 걸린 사람이 질투에 눈이 멀어 살인까지 저지르는 경우는 이미 오래전부터 흔히 접할 수 있었던 광기로, 셰익스피어의 《오셀로》, 톨스토이의 《크로이체르 소나타》 역시 그런 질투심과 의처증으로 빚어진 비극적인 사건을 다루고 있다. 하지만 에우리피데스의 《메데이아》는 이미 수천 년 전에 질투심에 가득 찬 한 여성의 광기 어린 처절한 복수뿐 아니라 인간이 지닐 수 있는 극심한 갈등과 정신적 고통의 단면을 극적인 모습으로 다룬 작품이라는 점에서 그저 경이로울 뿐이다. 우리나라로 치면 고조선 시대에 나온 작품이니 더욱 그렇다.

에우리피데스의 《메데이아》가 한 개인의 운명에 초점을 맞추었다면, 그의 또 다른 비극 《트로이의 여인들》은 패망한 왕국의 백성들이 겪어야 했던 참담한 비극적 현실을 다룬 걸작이다. 빈약한 명분으로 무려 10년간 이어진 트로이전쟁은 결국 그리스의 승리로 마무리되었으나, 승리감에 도취된 그리스 군대는 거의 광란에 가까운 만행을 일삼는다. 트로이는 폐허로 변하고 여인들은 그리스 전사들의 성적 노리개로 전락해 노예로 끌려간다. 그리스의 영웅 아킬레우스의 아들 네오프톨레모스는 트로이의 영웅 헥토르 왕자의 어린 아들을 성벽에서 내던져 죽이고 헥토르의 아내 안드로마케를 노예로 삼았으며, 아가멤논은 트로이의 카산드라 공주를 첩으로 삼고, 트로이 목마를 이용해 승리의 발판을 마련한 영웅 오디세우스는 트로이의 왕비 헤카베를 종으로 끌고 갔으니 말이 영웅이지 인간다움을 포기한 광란의 주역들일 뿐이다. 따라서 에우리피데스는 《트로이의 여인들》을 통해 참혹한 전쟁의 광기를 묘사하는 가운데 진정한 승자나 영웅이란 존재하지 않음을 여지없이 폭로한 것이다. 그곳에는 정의가 사라진 대신 오로지 모든 것을 잃고 탐욕에 물든 인간들의 광기에 희생되어 흔적조차 없이 사라져 간 가련한 인간들의 신음소리만 울려 퍼지고 있을 뿐이었다.

셰 익 스 피 어 의 비 극

윌리엄 셰익스피어

고대 그리스 비극이 저주받은 운명의 힘에 초점을 맞추었다면, 셰익스피어 비극의 특징은 기본적으로 복수에 바탕을 둔 내용이라 할 수 있다. 셰익스피어(William Shakespeare, 1564~1616)의 4대 비극 가운데 하나인 《맥베스》는 맥더프의 복수를, 《햄릿》은 암살당한 부왕의 복수를, 《오셀로》는 간교한 이아고의 음모와 복수를, 그리고 《리어왕》은 막내딸 코델리아의 복수와 희생을 다루고 있으며, 심지어 희극 《베니스의 상인》도 결국은 유대인 수전노 샤일록의 흉계에 대한 통쾌한 복수를 담고 있다.

하지만 셰익스피어 비극에서 도덕적으로 가장 광적인 인물은 《맥베스》에서 덩컨 왕을 살해하도록 부추긴 맥베스 부인이라 할 수 있다. 사악하고 음흉한 여인의 전형이라 할 수 있는 맥베스 부인은 결국 죄책감에 시달린 나머지 자신의 상상 속에서 만들어 낸 피를 손에서 씻어 내려 무진 애를 쓰기도 하는데, 정신분석에서는 이런 방어기제를 취소(undoing)라고 부른다. 밤마다 몽유병 증세에 시달리던 그녀는 마침내 스스로 목숨을 끊게 되고, 그녀와 공범인 맥베스 역시 악몽에 시달린다.

고질적인 의처증 때문에 아리따운 젊은 아내 데스데모나의 목을 졸라 살해하고 자살한 무어인 장군 오셀로의 광기는 '오셀로 증후군'이라는 용어를 낳을 정도로 이미 오래전부터 잘 알려진 것이다. 물론 그런 비극의 배경에는 오셀로에게 앙심을 품은 부하 이아고의 간교한 흉계가 도사리고 있었지만, 단순히 손수건 한 장만의 불충분한 증거로 자신의 아내를 의심해 죽일 정도의 판단력이라면 사실 장군으로서의 자격조차 없다고 볼 수 있다. 따라서 오셀로의 광기는 새삼스러운 것이 아니라 평소에도 그 자신의 내면에 숨겨진 열등감과 질투심, 피해의식 등이 이아고의 흉계를 통해 촉발된 것일 뿐이다.

《 돈 키 호 테 》의 광 기

셰익스피어와 동시대에 활동한 스페인의 문호 세르반테스(Miguel de Cervantes, 1547~1616)는 공교롭게도 셰익스피어와 같은 날에 죽었는데, 그가 창조한 돈키호테는 셰익스피어가 창조한 햄릿과 그 인물상이 상극을 이루는 것으로 너무도 유명하다. 왜냐하면 햄릿은 "죽느냐 사느냐, 그것이 문제로다."라며 강박적인 사고에 얽매인 채 그야말로 그 어떤 결단도 내리지 못하는 소심한 성격의 소유자이지만, 돈키호테는 자신이 세상을 바로잡겠다는 과대망상에 사로잡힌 인물로, 앞뒤 가리지 않고 저돌적으로 행동하는 인물이기 때문이다.

어느 날 갑자기 창과 방패, 갑옷으로 무장한 돈키호테는 비루먹은 말 로시난테에 몸을 실은 채 하인 산초

미겔 데 세르반테스

판사를 대동하고 모험의 길을 떠난다. 자기 멋대로 농부의 딸 둘시네아를 공주로 간주하고 자신을 수호해 줄 여신으로 삼은 그는 온갖 웃지 못할 해프닝을 벌이는데, 들판에 있는 풍차를 적으로 간주하고 돌진해 공격하다가 말에서 떨어지는 등의 모습을 보면 돈키호테의 정신 상태는 분명 정상이 아니다. 물론 그의 광기는 책을 너무 많이 읽어서 생긴 결과로 설명되고 있지만, 할 일 없는 귀족이 쓸데없는 상상의 세계에 빠져 지내다가 점차 현실감각을 잃고 망상의 세계로 진행한 것으로 보인다. 사족을 덧붙이자면, 모든 과대망상의 뿌리는 열등감과 손상된 자존감에 있다. 하지만 잘못된 세상을 자신이 나서서 바로잡겠다는 것은 결국 도덕적 광기의 소산이 아니겠는가.

《 노 트 르 담 의   꼽 추 》

프랑스의 문호 빅토르 위고(Victor Hugo, 1802~1885)의 《노트르담의 꼽추》에 등장하는 종지기 꼽추 콰지모도를 갓난아기 때부터 데려다 키운 노트르담 사원의 부주교 클로드 프롤로는 성직자의 몸으로 아름다운 집시 여인 에스메랄다를 은밀히 연모하다가 그녀가 청년장교 페뷔스와 사랑에 빠지자 질투에 눈이 먼 나머지 페뷔스의 등에 칼을 꽂는다. 그리고 자신의 범행을 대신 뒤집어쓰고 교수형에 처해지는 에스메랄다의 모습을 웃음을 머금고 지켜본다. 그런 프롤로의 사악한 위선에 분노한 콰지모도는 자신을 키워 준 사제를 사원의 높은 탑 위에서 밑으로 내던져 죽인다.

여기서 분명하게 드러나는 사실은 육체적으로나 정신적으로 문제가 있어 보이는 콰지모도가 오히려 매우 순수한 영혼의 소유자인 데 반해,

빅토르 위고

겉으로는 몹시 근엄하고 이성적인 태도를 유지하면서도 속으로는 음란한 욕정과 살의를 품고 있는 사제 프롤로야말로 매우 사악한 심성의 소유자라는 점이다. 그런 점에서 프롤로는 도덕적 광기에 휘말린 위선적인 성직자의 전형으로 등장하며, 흉측한 얼굴과 몰골 때문에 장난기 어린 대중에 의해 광인 교황으로 선발되기도 했던 콰지모도는 억울하게 죽은 에스메랄다와 운명을 함께하는 순애보의 주인공이다. 하기야 세상에서 가장 두렵고도 가증스러운 광기는 프롤로처럼 정상인을 가장한 도덕적 광기가 아니겠는가.

《 검 은 고 양 이 》

미국의 소설가 에드거 앨런 포(Edgar Allan Poe, 1809~1849)는 추리소설의 대가로 꼽히기도 하지만, 그의 대표작 《검은 고양이》는 추리소설이라기보다 오히려 엽기적인 괴기소설에 가깝다. 1843년에 발표된 이 소설은 인간의 광기와 악마적인 속성이 과연 어디까지 나아갈 수 있는지 그 극한점을 보여 주는 듯하다. 더군다나 동물을 극진히 사랑하던 인간이 자신이 기르던 고양이의 눈을 도려내고 나무에 매달아 죽이는가 하면, 심지어는 아내를 죽여 그 시체를 벽 속에 감추기까지 하니 도저히 인간이라 하기 어려울 정도다.

소설의 주인공은 어려서부터 동물을 무척 좋아해서 항상 동물들과 어

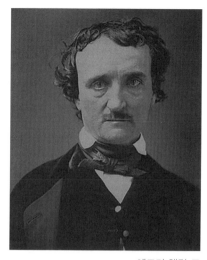

울려 놀기를 즐기던 매우 온순하고 순진한 아이였으며, 성인이 된 후에도 워낙 정이 많아 정성껏 동물을 키우며 보살핀다. 그가 아내로 맞아들인 여성 또한 몹시 착한 심성의 소유자로 부부가 함께 검은 고양이 플루토를 자식처럼 아끼고 돌보지만, 결혼한 후부터 술독에 빠지기 시작한 그는 점차 거칠고 난폭한 인간으로 변해 간다.

결국 어느 날 술에 만취한 상태에서 그는 검은 고양이 플루토의 한쪽 눈을 도려낸 후 나무에 매달아 죽여 버리는데, 공교롭게도 그날 밤 집에 큰 불이 나 모든 재산을 날려 버린다. 그 후 죽은 고양이와 빼닮은 외눈박이 검은 고양이가 집 주변을 배회하다가 아내 눈에 띄어 집에서 키우게 되었는데, 그녀가 정성껏 돌보는 검은 고양이를 볼 때마다 그는 자신이 죽인 플루토가 생각나 섬뜩함과 두려움을 느끼게 된다.

더욱이 그 고양이는 유난히 그를 따라서 잠자리까지 쫓아다니는데, 그럴수록 그는 신경을 곤두세우며 마치 고양이가 자신의 뒤를 쫓아 감시하는 것처럼 받아들인다. 그렇지 않아도 화재 사건 이후로 생활도 궁핍해진 터에 고양이까지 자신을 괴롭히니 신경이 날카로워진 그는 술버릇이 나빠져 아내에게 폭언을 퍼붓고 심지어 폭행까지 일삼게 되었다.

결국 우발적인 사고로 아내를 죽이게 된 그는 그녀의 시체를 지하실 벽 속에 감추고 아예 새로운 벽을 쌓고 발라서 완벽하게 범행을 은폐한다. 하지만 그 후 집에 들른 경찰이 집 안을 샅샅이 조사하는 과정에서 아내의 시신이 숨겨진 벽 앞을 무심코 지나칠 때 쓸데없이 자만심에 빠진 그가 지하실 벽의 탄탄함을 자랑하며 자기 손으로 벽을 두드리고 마는데, 그때 벽 안에 울리는 기이한 메아리 소리를 수상히 여긴 경찰이 벽을 허물자 그 안에서 아내의 시체와 함께 산 채로 묻힌 검은 고양이가 발견된다.

이 소설에서 우리가 주목할 부분은 극적인 반전이나 공포심이 아니라 한 인간의 냉혹함과 잔혹성이며, 양심과 죄의식의 실종이다. 주인공은 마치 자신의 폭력성이나 범행을 술 탓으로 돌리는 것처럼 보이기도 하는데, 그것은 단순히 술의 문제가 아니라 도덕적 광기에 가득 찬 인간 심성의 문제라는 점에서 우리를 더욱 소름 끼치게 만든다.

도스토옙스키의 소설

표도르 도스토옙스키

러시아의 문호 도스토옙스키(Fyodor Dostoevsky, 1821~1881)는 인간 심리 묘사에 탁월한 대가로 너무도 잘 알려져 있다. 물론 프로이트는 부친살해에 초점을 맞추다 보니 전당포 노파를 살해한 《죄와 벌》의 라스콜니코프보다는 오히려 부친살해를 중심으로 이야기가 전개되는 《카라마조프가의 형제들》에 더 큰 비중을 두고 다루었지만, 사실 그 상대가 누구든 살인 행위는 일종의 도덕적 광기에 속한다고 볼 수 있다.

도스토옙스키의 거의 모든 작품에는 살인의 주제가 나온다.《죄와 벌》의 라스콜니코프가 저지른 전당포 노파의 살해,《카라마조프가의 형제들》에서 음탕하고 포악한 아버지 표도르를 살해한 사생아 아들의 살인 사건,《악령》및《백치》의 살인 사건 등이 그렇다. 그리고 그런 일련의 사건을 통해 그는 인간의 가장 원초적이면서 극단적인 형태의 악을 증언한다. 그는 악의 심연을 스스로 체험하고 바라볼 수 있었다는 점에서 인간 무의식의 존재를 알고 있었던 것으로 보이며, 그런 점에서 도스토옙스키를 고전적인 의미의 심리분석가였다고 평하는 사람도 있을 정도다. 왜냐하면 도스토옙스키만큼 친족살해에 대해 철저한 탐구를 시도한 작가는 전무후무하기 때문이다.

살인의 주제로 가장 심각하고도 긴장감이 감도는 심리소설의 전형은 단연《죄와 벌》이라 하겠다. 악덕 전당포 노파를 사람들의 고혈이나 빨아먹은 쓸모없는 기생충과 다름없는 존재로 간주하고 거침없이 도끼로 살해한 가난한 대학생 라스콜니코프는 자신의 행동이 정당하다고 스스로 여기지만, 노파의 여동생까지 덩달아 살해했다는 점에 대해서는 엄청난 양심의 가책을 느낀다. 아무런 잘못도 없이 단지 살인 현장을 목격했다는 이유만으로 엉겁결에 그녀를 죽였기 때문이다. 하지만 자신을 악을 응징할 권리가 있는 특별난 존재로 착각하고 있던 라스콜니코프는 천사와도 같은 지고지순한 창녀 소냐를 만나게 되면서 자신의 신념이 그릇된 것임을 깨닫고 결국 그녀의 권유에 따라 자수를 한 뒤 시베리아 유형을 떠난다. 그리고 소냐 역시 그의 뒤를 따른다.

오랜 문학사를 통해 수많은 작품에 살인의 주제가 나오지만, 인류 최초의 살인자로 지칭되는 창세기의 카인은 자신의 부모가 아닌 형제를 살해한 것이다. 프로이트는 그런 점에서 우리 모두는 살인자의 후예라는 매우 자조적인 말을 하기도 했다. 그러나 부모살해는 입에 올리거나 기록으로 남겨져서는 결코 안 될 엄중한 금기 사항이었다. 특히 기독교사회에서는 더욱 그랬다. 그런 금기를 도스토옙스키는 일거에 무너뜨린 셈이다.

일설에 의하면, 도스토옙스키의 아버지는 자신의 영지에서 농노들을 잔인하게 학대함으로써 오히려 그들의 손에 죽임을 당했다고 한다. 단순히 살해당한 것이 아니라 거세를 당했다는 소문까지 있다. 그런 아버지의 죽음을 그 아들이 어떻게 받아들였는지에 대해서는 알려진 바가 없지만, 사실《카라마조프가의 형제들》에 등장하는 네 아들, 드미트리와 이반, 알료샤, 그리고 이복동생 스메르쟈코프는 모두 도스토옙스키 자신의 분신들이라 할 수 있다. 선과 악이 혼재되어 있다는 점에서 더욱 그렇다. 분신의 주제도 그에게는 아주 매력적인 화두였다. 무언가에 씌었다는 빙의 주제도《악령》을 통해 생생히 나타난다.

매우 포악하고 음탕한 아버지 표도르 카라마조프의 네 아들 중에서 특히 장남 드미트리와 차남 이반은 비록 방탕한 아버지를 직접 살해한 범인은 아니라 하더라도 적어도 마음속으로는 부친살해 의도를 지니고 있었다는 점에서 전적으로 결백하다고 보기 어렵다. 더욱이 드미트리는 한 여인을 사이에 두고 아버지와 치열한 경합을 벌였으며, 입버릇처럼 아버지를 죽여 버리겠다고 공언했으니 신앙심이 돈독한 알료샤의 입장에서 보자면 그렇게 입버릇처럼 아버지를 죽이겠다고 큰소리친 드미트리는 직접 살인을 저지른 것이나 진배없을 것이다. 왜냐하면 예수 그리스도의 말씀에 따르면 '마음속으로 간음한 자는 이미 간음한 것'이나 다를 바 없기 때문이다. 그런 점에서는 매우 지적인 무신론자

이반도 드미트리와 크게 다르지 않다. 아버지를 몹시 증오한 그는 "신이 존재하지 않으면 인육조차 먹을 수 있을 정도로 모든 것이 허용된다."라는 말로 무지한 간질병 환자 스메르쟈코프를 은근히 충동질했으니 말이다. 결국 스메르쟈코프는 자신의 비열한 아버지 표도르를 무참하게 살해하고 자살해 버린다. 그런 점에서 이반은 매우 사악한 선동꾼이라 할 수 있다.

그런 도덕적 광기는 《백치》에서 미슈킨 공작과 결혼하려는 순간 어처구니없게도 사악한 탐욕의 화신 로고진에게 달려가 그의 칼에 찔려 죽고 마는 나스타샤의 이율배반적인 행적을 통해서도 찾아볼 수 있다. 물론 도스토옙스키는 서서히 미쳐 가는 간질병 환자 미슈킨 공작을 예수 그리스도에 버금가는 더없이 순수하고 때 묻지 않은 아름다운 영혼의 전형으로 묘사하고 있는데, 백치로 불릴 만큼 선하기만 한 그의 존재는 오히려 도덕적 광기로 가득 찬 주변 인물들에 의해 만신창이가 되어 실제로 미쳐 간다. 반면에 도덕적 마조히즘의 수렁에 빠진 나머지 스스로 불행을 자초한 나스타샤 역시 광기의 희생자라는 점에서는 오십보백보라 할 수 있다. 어린 시절 당한 성폭행으로 인해 자신은 결코 행복해서는 안 될 사람인 듯이 스스로 자기징벌적인 길을 자청해 걸어가는 그녀의 모순된 심리는 결국 도덕적 광기에 속하는 마조히즘으로 자신을 파멸시키고 만다.

《 도 리 언   그 레 이 의   초 상 》

아일랜드 출신의 탐미주의 작가 오스카 와일드(Oscar Wilde, 1854~1900)는 대표작 《도리언 그레이의 초상》으로 유명하다. 런던의 화가 배질 홀워드는 아름다운 외모의 미남 청년 도리언 그레이의 초상화를 그린 후 그림의 주인공에게 선물로 주는데, 도리언은 자신의 초상화에 스스로 도취하고 자만에 빠진 나머지 자기는 늙지 않고 영원히 젊음을 유지하는 대신 초상화가 늙어 주었으면 좋겠다고 상상하며 쾌락적인 삶을 즐긴다. 자연의 섭리마저 거부하는 병적 나르시시스트의 과대망상과 도덕적 광기가 서서히 고개를 들기 시작한 것이다.

극단 여배우 시빌과 사랑에 빠져 결혼까지 결심했음에도 어느 날 그녀의 연기에 실망한 도리언이 매정하게도 헤어질 것을 요구하자 이를 비관하고 그녀는 자살해 버리는데, 그 후에도 그는 자기 대신 조금씩 늙어 가는 초상화를 덮개로 가리고 집 안 깊숙이 숨겨 둔 채 끊임없이 쾌락만을 추구한다. 이처럼 그가 방탕한 삶을 누린다는 소문을 듣고 화가 배질이 찾아와 자신이 그려 준 초상화를 보기를 원했는데, 그동안 추하게 늙어 버린 초상화를 보고 큰 충격을 받고 놀란 화가가 도리언에게 기도하며 바르게 살 것을 타이르자 이에 자존심이 상한 도리언은 격분한 나머지 화가를 칼로 찔러 무참하게 살해한다. 이처럼 살인은 흉악한 몰골의 악당만이 저지르는 범죄가 아니라 아름다운 외모와 추악하고 냉담한 심성을 지닌 나르시시스트에 의해서도 얼마든지 벌

오스카 와일드

어질 수 있는 범죄라 할 수 있다.

그 후 자살한 시빌의 동생 제임스가 누이의 복수를 위해 도리언을 찾아오지만, 그동안 도리언을 한 번도 본 적이 없었던 제임스에게 도리언은 오랜 세월 유지해 온 자신의 젊고 아름다운 외모를 보여 주며 자기는 도리언이 아니라고 거짓을 둘러댄다. 하지만 한 여인의 귀띔으로 자신이 속은 사실을 알고 도리언을 다시 뒤쫓기 시작한 제임스는 도리언을 죽이려고 기회를 노리던 중에 오발 사고로 오히려 자신의 목숨을 잃고 만다. 제임스가 죽었다는 소식을 듣고 도리언은 안도의 한숨을 내쉬고 기쁨에 겨워한다.

이처럼 자신의 아름다움을 유지하기 위해 여러 사람을 죽음으로 몰고 간 도리언은 자신이 저지른 죄를 뉘우치고 올바른 삶을 살겠다고 다짐하며 시골 마을의 순박한 소녀와 사랑에 빠지지만, 이미 추악한 몰골로 변한 자신의 초상화를 보면서 새로운 삶을 살겠다는 다짐 자체가 허영이자 위선임을 깨닫고 화가 배질을 죽인 칼로 자신의 초상화를 사정없이 찌른다. 그 후 경찰과 사람들이 그의 방에 들어서니 그곳에는 젊고 아름다운 청년의 초상화 앞에 쓰러져 있는 늙고 추악한 모습을 한 남자의 시체만이 남겨져 있을 뿐이었다.

젊음과 아름다움에 병적으로 집착한 나르시시스트의 도덕적 광기가 돋보이는 비극적 말로는 솔직히 말해 작가 오스카 와일드 자신의 불행한 운명을 떠올리게 한다. 사춘기적 반항심과 자아도취에 빠진 나머지 보수적인 영국 사회를 마음껏 조롱하며 객기를 부리던 그는, 당시 세상에 큰 물의를 일으킨 동성애 사건 재판을 통해 실형을 선고받고 2년간 투옥생활을 했으며, 그후 해외에서 추방생활을 전전하며 살다가 병으로 일찍 세상을 뜨고 말았다. 영국에서는 오스카 와일드가 죽은 지 반세기가 훨씬 지난 1967년부터 동성애가 합법화되었다.

《 파 우 스 트   박 사 》

노벨 문학상 수상자 토마스 만(Thomas Mann, 1875~1955)의 소설 《파우스트 박사》는 매독과 계약을 맺은 천재적인 음악가 아드리안 레베르퀸의 이야기다. 아드리안은 원래 결벽증이 심한 도덕주의자로 여자를 가까이 하지 않던 사람이지만 우연히 방문한 사창가의 여인을 통해 매독에 걸린 후로는 그 누구도 사랑해선 안 된다는 속박에 얽매이게 된다. 물론 괴테의 파우스트는 악마와 계약을 맺고 세상의 모든 지식을 얻게 되지만, 아드리안은 악마가 아닌 매독과 계약을 맺고 매독을 통해 얻게 된 환상과 영감 덕분에 숱한 걸작들을 작곡하기에 이른다.

이처럼 그 어떤 사랑도 금지된 계약 때문에 모든 세속적인 인간관계

토마스 만

를 포기하는 대신 악마적 영감에 의한 경이로운 걸작을 남기고 아드리안은 마침내 매독에 의한 급성 뇌막염으로 세상을 떠난다. 그런 점에서 아드리안은 매독으로 숨진 천재 니체를 연상시키는데, 아드리안의 발병과 사망 시기가 니체의 경우와 정확히 일치하기 때문에 더욱 그렇다. 어쨌든 아드리안이 선택한 예술적 승화의 길은 악마적 속성을 지닌 매독의 도움을 통한 것으로 세속적인

욕망을 포기하는 엄청난 대가를 지불한 것이기도 했다.

물론 사회심리학적으로 보자면 매독이라는 악마와 계약을 맺었다는 점에서 아드리안은 한때 나치라는 악의 수렁에 빠진 독일을 상징한 것으로 볼 수도 있다. 따라서 괴테의 파우스트가 인류 보편적인 선과 악의 문제를 다룬 것이라면, 토마스 만은 인류를 타락시키는 데 광분하며 날뛰던 조국 독일의 모습에서 악마의 얼굴을 떠올렸을 것이다. 독일은 원래 음악의 나라였다. 진정으로 음악을 사랑하는 사람들은 결코 악을 행할 수 없다. 그런데 기묘하게도 두 차례의 세계대전을 일으킨 장본인은 그토록 음악을 사랑하던 독일인들이었으니 토마스 만으로서도 그 의문은 좀처럼 풀기 어려운 과제였을 것이다. 전쟁과 학살에 광분하던 히틀러나 그를 추종하던 독일인들이 바그너의 악극에 그토록 열광하고 심취했던 사실을 상기해 볼 때 그것은 실로 20세기가 남긴 수수께끼가 아닐 수 없다. 그런 점에서 아드리안의 도덕적 광기는 나치의 광기와 그 맥을 함께한다고 볼 수 있다.

김 동 인 의 《 광 염 소 나 타 》와 《 광 화 사 》

한국 문학에서 도덕적 광기로 치면 일제강점기인 1930년에 발표한 김동인(1900~1951)의 소설《광염 소나타》의 주인공 백성수를 빼놓을 수 없다. 예술적 영감을 얻기 위해서라면 살인과 방화도 서슴지 않는 천재적인 작곡가 백성수의 광기를 다룬 작품이라는 점에서 토마스 만의《파우스트 박사》와 흡사하다고 할 수도 있겠지만, 백성수는 음악을 작곡하기 위해 시체를 훼손하는 등 엽기적인 범죄 행각도 마다하지 않는다는 점에서 더욱 광기 어린 인물이라 할 수 있다. 더욱이 김동인은

김동인

토마스 만의 《파우스트 박사》보다 17년이나 앞서 《광염 소나타》를 발표했으며, 더 나아가 예술적 차원에서 저지른 범죄는 사회에서 용인되어야 한다고 주장함으로써 오히려 애드거 앨런 포, 보들레르, 오스카 와일드 등의 탐미주의 세계와 맞닿아 있다고 할 수 있다.

그런데 작가는 백성수의 엽기적인 행동이 마치 아버지로부터 유전된 것처럼 소개하고 있어서 다소 김빠진 느낌을 주고 있는 것도 사실이다. 그의 아버지 역시 매우 거칠고 야성적인 성격을 지닌 작곡가였기 때문에 그 피를 그대로 이어받았다는 것이다. 닥치는 대로 행패를 부려 수시로 경찰에 붙들려 가기도 했던 아버지는 결국 술독에 빠져 폐인처럼 지내다가 심장마비로 죽고 말았는데, 그런 아버지의 유복자로 태어난 백성수는 아버지보다 더한 광기에 빠져 마침내 자신이 방화한 불길에서 영감을 얻고 《광염 소나타》를 작곡한다. 하지만 그의 못 말릴 광기는 단순히 유전에 의한 것이기보다는 성장 과정에서 비롯된 결함, 다시 말해 병적 동일시, 파괴적 환상을 통한 도착적인 희열과 도덕적 광기, 예술로 포장된 개인적 나르시시즘의 좌절과 분노에서 비롯된 것으로 볼 수도 있다.

김동인의 《광화사》 역시 광기에 사로잡힌 천재 화가 솔거에 대한 이야기로, 비록 가상적 상황을 묘사한 내용이긴 하나 매우 탐미적인 주제를 다룬다는 점에서는 《광염 소나타》와 그 맥을 함께하는 소설이다. 세상에서 버림받고 산속에 숨어 살며 그림에만 몰두하는 솔거는 비록 자신은 못생긴 추남이지만 절세미인이었던 어머니를 닮은 미인도를 그리고자 미녀를 찾아다닌다. 어느 날 신비로운 눈빛의 맹인 처녀를 발견한 그는 자신의 오두막으로 데려가 그녀를 모델로 삼아 미인도를 그리기 시작한다.

하지만 눈동자 부분만 남겨 놓고 그녀와 정을 통한 다음 날 그림을 마저 완성하려던 순간, 그녀의 눈빛에서 신비로움은 이미 사라지고 애욕에 가득 찬 눈망울만 발견할 수 있을 뿐이었다. 이에 크게 격분한 솔거는 그녀의 멱살을 잡고 다그치다가 그만 실수로 그녀를 죽게 만드는데, 그녀가 벼루에 넘어지면서 튄 먹물로 인해 미인도의 눈동자가 완성되지만 그 눈빛은 원망에 가득 찬 것이었다. 그 후 정신이 이상해진 솔거는 괴이한 여인상을 들고 다니는 미친 화가로 불리다가 추운 겨울날 미인도를 품에 안은 채 숨을 거둔다.

《 이 방 인 》의　 뫼 르 소

프랑스의 소설가이자 부조리 철학의 대변자로 알려진 알베르 카뮈(Albert Camus, 1913-1960)는 대표작 《이방인》 외에도 《전락》 《페스트》 등의 소설을 발표하여 실존주의 작가로 명성을 떨쳤으며, 그 결과 1957년 44세의 나이로 노벨 문학상까지 받았다. 비록 그는 교통사고를 당해 46세의 나이로 생을 마감하고 말았지만, 그가 1942년에 발표한 소설 《이방인》은 인간 부조리에 관한 이야기로, 주인공 뫼르소의 입을 통해 삶의 무의미성을 부각시킴으로써 실존적 소설의 대표작으로 꼽히기도 한다.

《이방인》의 주인공 뫼르소는 프랑스 식민지 알지에의 평범한 회사원이다. 그는 양로원에서 어머니의 장례를 치르지만 무덤덤하기만 하

알베르 카뮈

다. 묘지로 가는 길은 무덥고 모든 것이 그에게는 짜증나고 귀찮기만 하다. 그리고 다음날 해수욕장에서 애인과 함께 수영을 즐기고 코미디 영화를 보며 희희낙락하는가 하면, 밤에는 그녀와 정사를 벌이기도 한다. 얼마 후에는 불량배들의 패싸움에 휘말려 한 아랍인을 이유도 없이 권총으로 살해한다.

경찰에 체포되어 재판에 회부된 그는 자신에게는 죄가 없다고 강변하며 단지 바닷가의 여름 태양이 너무도 눈부시어 그를 살해했노라고 억지 주장을 편다. 배심원들의 분노를 산 뫼르소는 결국 사형을 언도받기에 이르지만 끝까지 속죄의 기도조차 거부하고 자신은 지난 과거도 그랬지만 언제나 행복하다고 주장한다. 그리고 자신이 처형되는 날 많은 구경꾼이 몰려들 것을 기대하며 소설은 끝난다.

평자들은 뫼르소를 부조리한 인간의 한 전형으로 보기도 하고, 또는 현대사회의 비극적 인간상인 소외된 인간의 상징으로 보기도 한다. 심지어는 모든 소외된 자를 대신해서 형장의 이슬로 사라진 존재라는 점에서 현대에 되살아난 그리스도상에 비유하기도 한다. 그러나 뫼르소에게 그런 심오한 철학적 성찰이 있었는지 여부는 확인할 길이 없다. 단지 겉으로 드러난 행동으로 봐서는 무위도식하며 거리를 오가는 무책임한 건달패거리와 하나도 다를 게 없어 보인다.

그는 오로지 욕망의 충족과 충동적 행동에 몰입하는 무책임한 단세포적 청년일 뿐이다. 그런 그에게 인간 존재의 무상성을 자각한 인간이라는 거창한 철학적 타이틀을 입히는 작업은 물론 평론가들이 맡은 사명이기도 하겠지만, 특별한 이유 없이 사람을 마구 죽이는 살인자에게 주어진 명예치고는 너무 과한 칭호가 아닌지 모르겠다. 우리말에 애비 없는 후레자식이라는 말도 있지만, 양심불량, 비정함, 무책임성, 나태함, 충동성, 폭력성 등의 차원에서 본다면 뫼르소는 분명 반사회적 또는 도덕적 광기의 인간 범주에 딱 들어맞는다.

물론 카뮈는 뫼르소의 행동에 찬사를 보내기 위한 의도로 작품을 쓴 것은 아니었을 것이다. 그가 이해하는 뫼르소는 단지 거짓말을 하지 못하는 정직한 인간이기 때문에 사회로부터 배척당하고 희생되었다는 것뿐이다. 그러나 과연 정직이란 무엇일까. 인간의 자아는 어차피 자신의 무의식적 의도에 대해서는 그 스스로도 알지 못한다. 따라서 진정한 의미에서 정직한 인간이란 존재할 수 없는 것이며, 뫼르소 역시 그것에서 예외가 될 수 없다. 뫼르소의 문제는 정직, 부정직의 문제가 아니라 감정적으로 메말라 있다는 것이며, 일체의 도덕적 판단을 거부한다는 것이다. 그는 스스로 행복하다고 강변하지만, 그것은 일종의 자기 자신을 기만하는 행위에 지나지 않는다.

뫼르소가 총구를 눈부신 태양을 향해 겨누고 발사했다면 별 탈이 없었을 것이다. 그러나 그는 사람을 죽인 것이다. 그것도 원주민인 아랍인을 말이다. 무동기 살인이란 심리학적으로 있을 수 없는 일이다. 단지 그 동기가 적절히 밝혀지지 못했을 뿐이다. 동기 없는 행위란 과연 가능한 일일까. 눈부신 태양 때문에 사람을 죽였다는 말은 매우 시적으로 들리지만, 그것은 말도 되지 않는 자기합리화에 불과하다. 뚜렷한 이유를 자신도 댈 수 없기 때문에 되는 대로 둘러댄 말이기 쉽다.

성격적인 측면에서 볼 때 타인의 감정이나 입장에 매우 둔감한 유형들이 있다. 병적인 나르시시즘이 그렇고 분열성 인격과 강박성 인격, 또는 반사회성 인격의 소유자들에게서 그런 특징을 볼 수 있다. 어머니의 부고 소식을 접한 뫼르소가 이틀간의 휴가를 신청하자 직장 상사는 매우 못마땅한 표정을 지었는데, 그러자 뫼르소는 어머니가 돌아가신 것은 내 탓이 아니라고 쏘아붙인다. 물론 그의 말은 매우 지당하지만 살인의 동기를 태양 탓으로 돌린 그의 언행으로 보아 뫼르소는 뭐든지 남의 탓으로 돌리는 경향이 있음을 알 수 있다. 그것은 곧 부정(denial)과 투사(projection)의 방어기제로서 매우 유아적인 수준의 방어수단이다.

자신이 처형당하는 날에 수많은 구경꾼이 모여들 것을 기대하는 모습도 무관심을 가장한 나르시시즘적 환상의 예가 된다. 병적인 나르시시스트들은 모든 인간적 교류를 단절하고 오로지 자신의 이익만을 추구할 뿐이며, 그 때문에 타인을 착취하고 이용하기를 밥 먹듯 한다. 감정적으로도 매우 냉담하고 무미건조하기 그지없다. 그가 이미 숨진 아랍인의 몸에 다시 네 발의 총탄을 쏘아 박으며 그것이 마치 불행의 문을 두드리는 네 번의 노크 소리 같았다는 표현도 죽은 사람의 불행 따위는 전혀 문제가 되지 않는다는 듯한 매우 비정한 무관심의 전형처럼 보인다. 흔히 범죄영화에 보면 '사람을 죽일 때 기분이 어땠느냐'는 질문이 대사 중에 나오는데, 그럴 때 돌아오는 살인자의 대답은 한결같이 '아무런 느낌도 없었다'는 것이다.

철학자 마르틴 부버는 인간관계가 나와 너의 관계가 아니라 나와 그것의 관계로 전락할 때 인간은 절대 타락하는 것이며, 그럴 경우 구원도 요원하다고 말했다. 홀로코스트나 남경 학살에서 보듯이 타인의 존재를 하나의 인격체로 보지 않고 단지 하나의 사물인 그것으로 간주할 때 아무런 죄의식이나 수치심 없이도 상대를 잔인하게 죽일 수 있는 법이다. 그런 점에서 뫼르소의 비극은 곧 모든 인간관계를 단절하고 스스로 고립 상태에 빠졌기 때문에 벌어진 일이라 할 수 있다. 그것을 평자들은 소외라 부르고 현대인이 마주친 가장 큰 비극으로 보기도 하지만, 솔직히 말해 소외라는 현학적 표현보다 도덕적 광기의 일부라는 것이 더욱 정확한 표현이 아닐까 한다.

오 웰 과 헉 슬 리 의 디 스 토 피 아

인간이 꿈꾸는 이상향을 유토피아라고 부른다. 종교적으로는 천국 또는 극락세계로 불리기도 한다. 토머스 모어의 《유토피아》에서 유래된 이 명칭은 인간이 꿈꾸는 가장 이상적인 형태의 지상낙원을 의미한다. 그리고 근대에 이르러서는 공산주의 이념에 의한 노동자들의 천국을 꿈꾸기도 했다. 그러나 인간의 문명사회가 고도로 산업화되어 가면서 긍정적이고 가장 바람직한 형태로서의 유토피아는 점차 자취를 감추고 대신에 부정적 형태의 반유토피아적인 경향들이 그 모습을 드러내기 시작했는데, 우리는 그것을 디스토피아라고 부른다.

유토피아가 보다 이상적으로 완벽한 사회를 의미한다면, 디스토피아 역시 부정적인 입장에서 완벽한 사회다. 따라서 디스토피아는 단순히 유토피아에 반대하는 의미보다는 현 사회에 대한 비판과 풍자의 의미가 큰 것이며, 개인을 압도하는 집단적 횡포와 언어적 파괴를 통한 집단의 통제 및 인간성 말살에 대한 경고의 의미가 모두 포함된 것으로 봐야 한다. 따라서 새로운 냉전시대가 시작된 1949년에 때맞춰 나온 오웰의 《1984》는 미래에 다가올지도 모르는 강력한 독재적 지배자 빅 브라더의 출현을 경고한 내용이다.

조지 오웰

영국의 소설가 조지 오웰(George Orwell, 1903~1950)은 20세기 영국 문학을 대표하는 작가로, 최악의 가상적 전체주의사회를 묘사한 대표작 《동물농장》과 《1984》를 통해 인간성의 비극적인 상황에 대한 참담한 경고의 목소리를 냄으로써 많은 독자에게 큰 충격을 안겨 주었다. 물론 그가 제시한 가상적 미래 세계는 그 어떤 해답을 주고자 한 것이 아니라 문제를 제기한 것으로 받아들여야 하겠지만, 실제로 오늘날의 현대 문명 세계가 그가 예견한 모습대로 되어 가고 있는 듯해 더욱 전율을 느끼게 된다.

비록 오웰은 스탈린을 염두에 두고 빅 브라더의 존재를 창조해 냈다고 하지만, 특히 민중의 사고와 감정을 통제하는 빅 브라더의 지배 전략은 실로 가공할 정도다. 그중에서도 오웰이 명명한 이중사고는 도덕적 광기의 차원에서도 주목할 가치가 충분히 있다. 빅 브라더가 지배하는 대양국 진리성의 벽에 걸린 3대 슬로건인 '전쟁은 평화, 자유는 예속, 무지는 힘'은 사고의 전도 그 자체다. 이처럼 도덕적으로 완전히 전도된 가치의 세뇌교육을 통해 지배자는 완벽하게 민중을 구속한다.

무지가 곧 힘이라는 교육을 통해 자유의지를 말살하고 전적으로 수동적인 인간으로 개조하는 체제의 구속은 바로 지옥 그 자체다. 이는 매우 부정적인 사고 내용을 긍정적 사고 내용으로 변화시키고자 노력하는 인지행동요법과는 정반대의 혼란을 초래하는 매우 비도덕적 전략이 아닐 수 없다. 그런 이중사고의 주입은 거의 집단적 망상 단계로까지 발전시킨다. 이는 곧 모든 민중을 파블로프의 개로 만들어 버리는 결과를 초래한다. 이처럼 자동인형화 된 민중은 학습된 사고와 개념 및 정의 이외에 존재할 수 있는 다른 가능성에 대해서는 상상조차 하지 못한다.

영국의 인류학자 그레고리 베이트슨은 가족 구성원들 간에 이루어지는 이중구속적 메시지의 부정적인 영향에 대하여 언급한 적이 있는데, 그가 말한 이중구속(double bind)이란 상호 모순된 메시지를 동시에 전달함으로써 극도의 혼란을 가져오는 것이다. 예를 들어, 전쟁은 나쁜 것이지만 적이 쳐들어오면 나가서 싸워야 한다거나 또는 자유는 반드시 필요하나 평등을 위해서는 희생이 불가피하다는 등, 그 어떤 결론도 내릴 수 없고 혼란만 가중시키는 것이 이중구속이다. 반면에 오웰이 말한 이중사고는 그 어떤 선택의 여지조차 주어지지 않고 정반대의 의미를 조합시키는 일방적으로 강요된 세뇌 작업을 의미한다.

소설 속 주인공 윈스턴은 이성에 대한 쾌락을 추구했다는 이유만으로 감옥에 갇힌 상태에서 잔혹하고 끔찍스러운 고문을 당한 후 회심하게 되는데, 한동안 그런 집단적 세뇌에 끝까지 저항해 보지만, 빅 브라더의 하수인 오브라이언의 간교하고도 잔혹한 고문과 세뇌로 인해 결국에는 최후의 순간 자신의 모순을 인정하고 빅 브라더의 넘치는 사랑과 은총 앞에 기쁨의 눈물을 흘리며 죽음을 맞이한다.

이처럼 《1984》에서는 강요된 세뇌 작업으로 인간성을 상실한 민중의 비극적이고도 무기력하기 그지없는 모습을 보여 준다. 물론 여기서 말하는 세뇌란 급진적인 행동주의 심리학자들이 주장하는 것처럼 실험자가 원하는 사고 및 행동을 피실험 대상에게 자유자재로 주입시킬 수 있는 학습의 행태를 뜻하는 것으로, 공산주의 국가에서 채택된 유일한 심리학이 왜 파블로프의 학습심리학일 수밖에 없었는지 그 이유를 알 만도 하다.

소련뿐 아니라 미국의 행동주의 심리학자 스키너 역시 인간의 자유의지란 근원적으로 존재할 수 없다고 감히 단언했지만, 그것은 그만큼 인간이 환경의 영향에서 자유로울 수 없음을 강조하기 위함이었다. 우연의 일치인지 모르나 1985년 고르바초프가 소련 공산당 서기장에 오름으로써 공산독재 및 사회주의 체제의 붕괴를 알리는 전조가 되었는데, 결국 오웰이 예언한 빅 브라더의 지배는 적어도 서구사회에서는 1984년을 끝으로 종말을 고한 셈이다. 매우 역설적인 현상이 아닐 수 없다.

가상적인 디스토피아 세계를 정치사회적 이념의 관점에서 묘사한 오웰과는 달리, 동시대에 활동한 영국 소설가 올더스 헉슬리(Aldous Huxley, 1894~1963)는 혼탁한 창밖의 세상을 관조하는 방관자적 입장

올더스 헉슬리

에 머물며 오로지 개인주의 차원에서 신비주의에 경도되었는데, 헉슬리가 가장 이상적인 세계로 묘사한 것은 자타의 구분이 없는 관념적 황홀경으로, 이는 1960년대 한때 미국사회를 뒤흔든 히피운동의 효시가 되었다고 해도 과언이 아니다. 따라서 그의 소설《멋진 신세계》는 흔히들 오늘날의 파괴적인 문명 세계를 예언한 것으로 인용되기도 한다.

그러나 헉슬리가 전하고자 하는 진

정한 의도가 무엇인지는 솔직히 말해서 분명치가 않다. 과연 그는 다가올 지옥을 역설적인 표현으로 천국이라 묘사한 것일까. 계급과 신분의 차별에 구애됨이 없이 소마라는 약물에 의해 아무런 고통도 갈등도 느끼지 않는 세계, 미리 정해진 계획에 따라 대량 생산되는 인간 제조기술은 마치 현대의 인간 복제술을 예견한 듯이 보인다. 집단적 섹스 파티 역시 그렇다. 더군다나 헉슬리는 가장 최초로 환각제 LSD를 통한 의식의 확장 및 영적인 황홀경을 직접 체험하고 그 경험을 기록으로 남긴 사람이다. 그래서 한때 미국의 히피들은 그가 보고한 환각제 경험을 바이블처럼 읽기도 했다.

흔히들 헉슬리에 대하여 동양철학적 신비주의를 추구한 범신론 차원에서 신의 존재를 탐구한 구도자로 보는 경향이 없는 것도 아니지만, 그런 신적 존재의 경험이 환각제 복용에 힘입은 것이라면 그것이 과연 진정한 영적 차원의 깨달음인지 재고해 볼 필요는 있겠다. 더 나아가 프로이트가 이미 지적했듯이 타조 기제(ostrich mechanism)에 의한 현실 부정과 합리화의 가능성도 고려해 볼 필요가 있다. 타조는 위기 상황을 모면하기 위해 모래 속에 얼굴을 처박고 자신이 더 이상 위험하지 않다고 굳게 믿기 때문이다.

헉슬리의 《멋진 신세계》에서는 인간들이 알파, 베타, 델타 등으로 미리 정해진 계급에 순응하며 살아간다. 그것은 마치 인도의 카스트제도처럼 누구도 함부로 뜯어고칠 수 없다. 다만 계급 간의 차별이나 우열에 의한 갈등 및 고통이 존재하지 않을 뿐이다. 그것은 소마라는 약물로 해결된다. 저열한 계급에 속한 인간들도 자신의 계급을 사랑하고 만족하며 살아간다.

멋진 신세계는 외형적으로는 매우 안정된 사회다. 참된 진리를 찾고

자 하는 주인공 버나드는 소마의 힘을 빌리지 않고서도 행복할 수 있는 자유를 갈망하지만, 총통이 제시하는 안정되고 완벽한 사회에서는 계급 선택의 고민도 없고 실패와 성공의 갈림길에서 좌절할 필요도 없으며 희로애락에서 완전히 해방된 사회다. 아이들은 자유롭게 성행위를 즐기며 놀 수 있고 서로 다른 계급끼리는 쓸데없는 간섭을 하지 않으며 각자의 일에만 몰두한다.

사고의 자유냐, 아니면 감정의 자유냐 하는 문제에 있어서 오웰은 사고 쪽에, 그리고 헉슬리는 감정 쪽에 더욱 큰 관심을 보였지만, 결국 헉슬리와 오웰이 보여 준 천국과 지옥은 완벽한 사회를 이룩한다는 사실이 얼마나 인간을 비극적인 상황으로 몰고 갈 수 있는지 경고하는 것이기도 하다. 사고와 감정의 자유가 차단된 사회야말로 지옥 그 자체라 할 수 있기 때문이다. 따라서 천국이든 지옥이든 《1984》와 《멋진 신세계》의 사회는 인간의 사고와 감정을 세뇌 작업으로 지배하고 통제하는 비인간적 사회라는 점에서, 그리고 인간 내면의 주관적 경험 세계를 철저히 무시하고 오로지 권력자의 의도대로 인성의 조작이 가능하다는 점에서 도덕적 광기의 세계임에 틀림없다.

대양국 애정성의 규칙을 어기고 윈스턴은 모처럼 진정한 사랑에 눈뜨지만, 혹독한 고문과 세뇌로 결국 빅 브라더에게 굴복하고 만다. 세계국가의 버나드 역시 총통의 압제에서 벗어나 자유가 보장된 새로운 세상을 원하지만, 모든 고통과 갈등을 잠재우는 소마의 힘 앞에 결국 무릎을 꿇고 만다. 윈스턴은 고통스러운 사고에서 벗어나고, 버나드는 고통스러운 감정에서 벗어난다. 모든 고통이 사라진 세계는 천국으로 불린다. 그러나 지옥을 천국으로 착각하는 것도 심각한 문제다. 왜냐하면 오웰의 미래 세계는 평등이 주어졌으나 사고의 자유를 상실한 사회이며, 헉슬리의 신세계는 불평등사회에 살면서도 아무런 고통이나 감정을 느끼지 못하는 세상이기 때문이다.

정신분석적 배경을 지닌 인물 가운데 이상적인 사회 건설에 가장 큰 열정을 보였던 사회주의 성향의 분석가 에리히 프롬은 오웰과 헉슬리가 제시한 미래 세계에 대한 논평에서 이들이 비록 부정적 관점의 유토피아를 제시하긴 했으나 실제로 그런 세계가 도래하리라고 믿은 것은 아닐 것이며, 오히려 인류의 미래에 대한 경고의 목소리로 받아들여야 할 것이라고 하였다. 그러면서 결국 오웰은 히틀러나 스탈린 등이 보여준 광기의 확산을 경계한 것이며, 헉슬리는 서구산업사회의 비극적인 말로를 경고한 것으로 본다고 했다. 그런 점에서 조지 오웰이 상상한 지옥과 헉슬리가 제시한 천국의 모습은 비록 과장된 묘사이긴 하나 실제로 우리가 몸담고 살아가는 이 세상의 모습일지도 모른다.

나 보 코 프 의 《 롤 리 타 》

러시아 태생의 망명 작가 블라디미르 나보코프(Vladimir Nabokov, 1899~1977)는 세밀한 심리 묘사와 유려한 문체로 정평이 나 있는 소설가로, 특히 그의 소설 《롤리타》는 인간 내면에서 이루어지는 불가항력적인 욕망과 환상의 세계를 다루면서 인간을 파국으로 몰고 가는 비극적인 상황을 그렸다. 그의 작품에서 인용되어 '롤리타 증후군' 또는 '롤리타 콤플렉스'라는 용어까지 생길 정도로 그의 소설은 사회적으로 큰 물의를 일으키는 동시에 베스트셀러가 되기도 했다. 하지만 그는 결코 악마적인 속성을 찬미하거나 성도착적인 페도필리아를 옹호하기 위해 작품을 쓴 것은 아니었다. 그는 단지 인간 내면에 존재하는 욕망의 세

블라디미르 나보코프

계를 있는 그대로 묘사했을 뿐이다.

그의 대표작이라 할 수 있는 《롤리타》는 1955년에 발표되었는데, 주인공 험버트는 파리 태생의 중년 작가로 마흔을 바라보는 나이다. 어머니가 소풍을 나갔다가 벼락에 맞아 죽게 된 이후로 아버지 밑에서 외롭게 성장한 그는 특히 사춘기 전후의 소녀들에게 유별난 매력을 느끼게 된다. 부인과 이혼한 뒤 파리를 떠나 뉴욕으로 이사한 그는 집필 활동을 위해 자신이 묵을 집을 찾던 중에 뉴잉글랜드 지방의 한 작은 마을에 방을 빌려 정착하게 되는데, 그때부터 그는 점차 파멸의 길로 접어들게 된다.

과부인 셋집 주인 샬로트 헤이즈에게는 열두 살의 귀여운 딸 돌로레스(롤리타)가 있었다. 롤리타를 본 순간 첫눈에 반한 그는 그녀에게 접근하기 위해 어머니인 샬로트와 마음에도 없는 결혼까지 한다. 어린 소녀에 대한 갈망과 집착에 사로잡힌 나머지 그녀의 어머니와 위장결혼까지 불사한 것이다. 그런 점에서 험버트는 상식적으로 볼 때 매우 부도덕한 인간이라 할 수 있으며, 비록 그 결혼이 합법적인 혼인이었다 하더라도 도덕적으로는 사악한 결합이 아닐 수 없다.

그러나 남편인 험버트의 사랑이 실제로는 자신의 어린 딸을 겨냥한 것이었다는 사실을 알게 된 어머니 샬로트는 충격을 받고 집을 뛰쳐나가다 교통사고로 죽게 된다. 그 후 험버트는 롤리타와 사랑의 도피행각을 벌이게 되지만, 결국에는 그녀로부터 버림을 받는다. 롤리타는 사악한 남성 퀼티를 만나 그의 아이까지 배게 되는데, 그녀 역시 퀼티에게 버림을 받고 만다. 질투심과 복수심에 가득 찬 험버트는 퀼티를 찾아내 살해함으로써 경찰에 체포되는 파국으로까지 치닫는다. 물론 그에게 주어진 혐의는 미성년 유괴 및 강간에다 살인죄였다. 그럼에도 불구하고 험버트는 오로지 롤리타에 대한 애절한 사랑을 버리지 못한다.

하지만 험버트의 사랑은 뜨거운 열정이라기보다는 자신의 차가운 심장을 덥히기 위한 자구책으로 보이기도 한다. 순수하고 청순무구한 소녀의 사랑을 착취함으로써 그 자신의 냉담하고 우울한 내면세계에 온기를 가하고자 하는 필사적인 시도로 보이기 때문이다. 고립과 소외에서 벗어나기 위해 롤리타의 때 묻지 않은 열정을 공유하고자 한 것이다. 그러나 험버트의 간절한 기대는 롤리타의 배신으로 일순간에 무너져 내리고, 그는 자신의 분노와 좌절감 및 질투심을 사악한 인간 퀼티를 살해함으로써 상쇄시키려 했으나 그에게 돌아온 것은 롤리타가 아니라 죽음과 파멸뿐이었다.

험버트가 저지른 악은 어린 소녀에 대한 탐욕과 더불어 자신의 욕망을 이루기 위해 사랑하지도 않는 여성과 위장결혼을 했다는 악, 또한 그녀를 죽음으로 몰고 갔다는 악, 그리고 애도할 기회도 없이 그녀의 어린 딸을 데리고 애정행각을 벌인 악, 미성년을 성적으로 착취했다는 악, 그리고 악을 악으로 응징하는 또 다른 악을 행한 것이다. 따라서 나보코프의 소설에는 구태의연한 권선징악적 구도가 존재하지 않는다. 어디까지가 선이고 악인지 구분하기 어렵다. 서로의 욕망 때문에 상대를 착취하고 이용하는 기생적인 관계만이 존재할 뿐이다. 온통 도덕적 광기로 서로 맞물린 그곳에 구원은 없어 보인다.

권 터 그 라 스 의 《 양 철 북 》

독일의 노벨 문학상 수상작가 권터 그라스(Günter Grass, 1927-2015)
의 소설《양철북》은 오스카 마체라트의 일대기를 다룬 내용으로, 매우
조숙했던 오스카는 세 살이 되면서부터 위선적인 어른들의 세계에 대
한 환멸과 반항심에 더 이상의 성장을 거부하기로 결심하고 스스로 지
하실 계단에서 굴러 떨어진 후 키마저 자라지 않아 난쟁이가 된다. 세
상에 대한 분노로 가득 찬 그가 양철북을 두드리며 괴성을 지르면 주위
의 유리창이 모조리 박살나는 초능력도 보인다.

소설은 정신병원에 들어간 오스카가 자신의 과거를 회상하는 형식
으로 진행되지만, 그의 회상은 실로 믿기 어려운 내용들로 가득 차 있
다. 우선 그 자신의 출생 배경에 대한 기억부터가 그렇다. 자신의 친아
버지가 어머니의 정부였던 얀 브론스
키라는 주장은 그렇다 치더라도 계모
마리아의 아들인 이복동생 쿠르트가
바로 자신의 아들이라는 주장 역시 독
자들을 혼란스럽게 만든다. 이처럼 불
륜에 기초해 복잡하게 뒤엉킨 부도덕
한 가계도는 오스카의 정체성 혼란과
도덕적 광기에 크게 한몫했음에 틀림
없다.

성과 공격성 측면에서 그리고 도덕
적·신앙적 측면에서도 그는 인습적
관행에 일격을 가하고 비틀린 시각을

권터 그라스

통해 정신적으로나 물질적으로 파괴된 독일의 현실을 희화적으로 폭로한다. 그런 점에서 주인공 오스카는 상식을 공유하지 않으며, 남달리 강한 성적 욕망과 공격성으로 고통받기도 한다. 그런 점에서 불륜을 저지른 엄마를 잃고 아버지마저 죽게 만든 오스카는 자신의 근친상간적인 욕망과 아버지에 대한 살해 욕구를 매우 은밀한 방식으로 성취한다. 계모인 마리아와 관계를 맺고 그녀가 낳은 아이 쿠르트를 자기의 아들이라고 믿는 것이나 자신의 친아버지로 믿고 있던 얀 브론스키와 자신을 길러 준 아버지 알프레드 마체라트 두 사람 모두를 죽음으로 몰고 간 것 역시 오스카 자신이기 때문이다. 그것은 아버지에 대한 복수요 응징인 동시에 이중적인 위선과 가식으로 오염된 가부장적 사회에 대한 파괴 욕구를 동시에 드러낸 것이기도 하다.

계모 마리아와 불륜 관계를 맺고 자식을 낳음으로써 아버지와 함께 아들 쿠르트를 공유한 것은 오스카의 근친상간적 욕구는 물론 아버지의 위치를 빼앗으려는 욕망도 나타낸다. 어머니 아그네스가 뱀장어를 너무 먹어 죽었다는 오스카의 진술 역시 어머니의 지나친 성적 욕망을 비난함과 동시에 오스카 자신의 성적인 좌절 및 깊은 혐오감을 나타낸다. 그의 눈에 비친 성의 세계는 너무도 추잡하고 동물적이며 폭력적인 모습에 불과하다. 따라서 오스카는 자신의 성기를 사탄이라고 부르며 심한 자책감에 빠진다. 그것은 부모의 성관계 장면이나 어머니의 불륜 장면을 목격한 데서 비롯된 근원적인 불안과 혐오 반응이기도 하다. 따라서 오스카가 다시 성장하기로 작심한 이유는 분명치 않지만, 그것은 일종의 자책감에서 비롯된 반응이 아닐까 여겨진다. 자신의 부모를 죽게 만든 무의식적 환상과 그로 인한 도덕적 광기에 대한 죄의식 말이다.

미시마 유키오의 도덕적 광기

일본적 미의식에 바탕을 둔 대표작 《금각사》로 유명한 일본의 소설가 미시마 유키오(三島由紀夫, 1925-1970)는 노벨상 후보에도 여러 번 오른 세계적인 작가였다. 1950년 20대의 젊은 승려 하야시 요켄의 방화로 인해 벌어진 금각사 화재 사건에서 힌트를 얻어 쓴 이 소설의 주인공은 자신이 몸담고 있는 절간에 몰래 방화하는데, 빗속에 불타오르는 절을 바라보며 그는 말없이 담배에 불을 붙여 입에 문다. 자신을 먹여 주고 길러 준 절간에 불을 질러 송두리째 태워 버리고도 모자라 또다시 그 자신의 입에 담뱃불을 붙여 문 것이다. 얼음처럼 차가운 나르시시스트에게는 상대적으로 그만큼의 불이 또 필요했기 때문일까.

그는 자신의 아버지로부터 주입된 일종의 미의식에 대한 강박관념으로부터 벗어나기 위해 생전의 아버지가 그토록 찬미해 마지않던 미의 화신인 사원을 한순간에 불태우고 나서 마치 자신에게 주어진 신성한 임무를 완수한 사람처럼 홀가분한 마음으로 담배 한 모금을 빨면서 심적인 해방감을 만끽한다. 그것은 미적 가치의 보존과 파괴 그리고 해방의 관점에서 이해될 수 있는 행동으로 볼 수도 있지만, 다른 한편으로는 미학으로 포장된 도덕적 광기와 나르시시즘적인 인간의 잔혹성과 냉담성 및 파괴적 공격성의 그림자가 그 이면에 놓여 있음을 알 수 있다.

미시마 유키오

하지만 소설 주인공만 도덕적 광기를

보인 게 아니었다. 작가인 미시마 유키오 자신도 1970년 11월 25일, 자위대 본부에서 인질극을 벌이며 천황제 복귀를 외치다가 스스로 할복 자살하는 충격적인 사건을 벌인 것이다. 평소 광적인 천황 숭배자였던 그는 자신이 창설한 극우단체 추종자 4명을 이끌고 자위대 본부에 난입해 사령관을 인질로 잡고 자위대원들을 집합시키라고 요구한 후, 건물 2층 발코니에서 이마에 머리띠를 두르고 흰 장갑 낀 손을 휘두르며 사무라이 정신과 천황제 복귀를 외치는 일장 연설을 했다. "지금 일본 혼을 유지하는 것은 자위대뿐이다. 일본을 지킨다는 것은 피와 문화의 전통을 지키는 것이다. 너희들은 사무라이다. 자신을 부정하는 헌법을 왜 지키고 있단 말인가. 나를 따를 사람은 없는가." 그러나 '다 함께 궐기하자'고 외친 그에게 당시 운집한 젊은 자위대 1천여 명이 보낸 것은 차가운 조소뿐이었다. 자위대원들의 야유가 터지자 발끈한 그는 '천황 폐하 만세'를 외치고 사령관실로 들어가 곧바로 할복을 시도했다.

미시마는 미리 준비한 일본도로 배를 가르고 창자를 꺼냈으나 얼른 죽지도 않고 극심한 고통으로 힘겨워하자 그 모습을 보다 못한 제자 모리타가 나서서 그의 목을 쳐 주었지만, 모리타 역시 세 번이나 실패하자 대신 고가가 나서서 미시마의 목을 베어 주었다. 당시 모리타는 미리 약속한 대로 미시마를 따라서 할복을 시도했으나 제대로 수행하지 못하고 실패하자 이번에도 고가가 나서서 모리타의 목을 베어 주었다. 자위대 사령관실은 순식간에 피로 낭자한 살육의 현장으로 변해 버렸다. 그것은 자살과 타살이 기묘하게 조합을 이룬 충격적인 살육의 현장으로 단순히 죽음의 미학으로 미화시키기에는 너무도 끔찍한 모습이었다.

그것은 오히려 주어진 현실 앞에 적절한 분출구를 찾지 못한 미시마 자신의 나르시시즘적 상처 및 좌절감, 그리고 내재된 사도마조히즘적 욕망과 잔혹성을 처리하기 위한 광란적인 파티에 지나지 않는 것이었다. 물론 그는 전 세계인들 앞에서 공개적으로 일본의 사무라이 정신의 본질이 무엇인지 일깨워 주기 위해 그런 무모한 행동을 몸소 실연해 보인 것인지는 모르겠으나, 이는 그야말로 일본적 객기와 만용의 실체가 무엇인지를 단적으로 보여 준 사건이었을 뿐이다. 그런 점에서 그가 추구했던 주된 삶의 가치가 미와 엑스터시, 죽음의 세 가지로 집약될 수 있다면, 그에게 있어서 이들 세 가지를 하나로 묶을 수 있는 유일한 최종 해결책이 바로 할복 자살이었던 것으로 보인다. 한마디로 도덕적 광기를 보인 소설 《금각사》의 주인공은 바로 미시마 유키오 자신의 분신이었던 셈이다.

평소 극단적인 사설 우익 군사단체를 창설해 자신이 직접 이끌었던 미시마는 시대착오적인 천황제의 복귀를 위해 한때는 친위 쿠데타를 기도할 정도로 매우 극우적인 인물로, 재능 있는 작가로서 명성을 얻은 데 그치지 않고 탤런트적인 자질도 발휘해 영화배우로도 활동했으며, 육체미에 몰두해 남성적 근육미를 자랑하는 등 심한 자기도취를 보였다. 그런 남성다움에 대한 지나친 집착과 찬미는 그의 나르시시즘 및 동성애적 경향과 무관치 않아 보인다. 그는 공공연한 동성애자로 그의 최후를 집행하려다 실패한 모리타는 그의 동성애 파트너로, 결국 그 역시 다른 동료에 의해 죽음을 맞이하고 말았다. 그런데 공교롭게도 그의 문학적 스승으로 역시 일본적 미학을 추구하며 탐미주의 길을 걸었던 노벨상 수상작가 가와바타 야스나리도 2년 뒤에 자살로 생을 마감하고 말았으니 단순한 우연치고는 너무도 기묘한 인연이 아닐 수 없다.

쥐스킨트의 《향수》

독일의 소설가 쥐스킨트((Patrick Süskind, 1949~)는 1985년 발표한 소설 《향수》가 베스트셀러가 되면서 국제적인 명성을 얻게 되었는데, '어느 살인자의 이야기'라는 부제가 붙은 이 작품은 18세기 프랑스를 무대로 냄새를 맡는 데 천부적인 재능을 타고난 주인공 장 바티스트 그르누이가 엽기적인 방법으로 향수를 개발해 오로지 향기 하나만으로 사람들을 지배하게 되는 과정을 담고 있다. 하지만 완벽한 향수를 만들기 위해 젊은 처녀들만 골라 살해하는 그르누이의 엽기적이고도 기괴한 행동은 도덕적으로 문제의 소지가 많다고 할 수 있다. 그것이 아무리 악취와 소통의 단절을 해소하는 데 놀라운 괴력을 발휘하는 향수의 마법이라 할지라도 말이다.

그르누이는 파리의 지저분하고 악취가 진동하는 생선 좌판대 밑에서 매독에 걸린 한 여인의 사생아로 태어난다. 태어나자마자 길바닥에 버려진 그는 놀라운 생명력을 발휘해 살아남고, 대신 그의 어머니는 영아 살해 혐의로 교수형에 처해진다. 그 후 떠돌이 생활을 전전하던 그는 남달리 발달된 후각 기능을 통해 온갖 냄새에 민감하게 반응하는 매우 특별난 능력을 지니게 되었는데, 그런 기이한 능력으로 인해 서서히 자기파멸의 길로 접어들게 된다.

병적으로 냄새에 민감한 그는 어느 날 길에서 자신을 황홀하게 만드는 향기에 도취되어 정신없이 이끌리게 되는데, 그 향기의 진원지를 추적한 결과, 한 젊은 여성의 몸에서 나는 향기로 밝혀진다. 그토록 황홀한 향기를 빼앗기 위해 그는 마침내 그녀를 목 졸라 죽이고 그녀의 향기를 차지한다. 그렇게 해서 최초의 살인이 이루어진다. 그 후 파리의 향수 제조업자 발디니의 제자로 들어가 뛰어난 솜씨를 발휘하기 시작한 그는 세계 최고의 향수를 만들어 내기 위해 젊은 여성들을 상대로 연쇄살인을 저지르게 되는데, 이는 여성을 살해한 후 칼을 이용해 그 피부에서 직접 향기를 채취하는 끔찍스러운 방법이었다.

하지만 점차 우월감에 사로잡힌 그의 야망은 끝없이 불타올라 지상의 모든 사람에게 사랑을 불러일으키는 향수를 개발함으로써 자신이 세상을 지배하고 말겠다는 과대망상으로 이어졌으며, 결국 당국에 체포되어 사형까지 언도받는다. 형장으로 가는 길에 자신이 개발한 향수가 퍼지면서 운집한 군중 모두가 그를 경배하게 되고, 마침내 그는 향수 덕분에 자유의 몸으로 풀려나게 된다.

모든 인간의 체취를 악취로 간주하고 그런 인간들을 몹시 혐오했던 그는 향수로 인해 자신을 숭배하게 된 인간들에 대해서도 역겨움을 느끼고 자신이 태어난 파리로 돌아가 그곳에서 최후를 맞이하고자 한다. 그리고 주변에 모여든 군중 앞에서 자신이 지니고 있던 향수를 모조리 자기 몸에 뿌린 후 그들에게 자신을 내맡긴다. 군중은 앞다투어 그에게 달려들어 그의 몸을 차지하려고 아우성을 쳤으며, 심지어는 그의 신체 일부를 뜯어먹기까지 한다. 이처럼 향수 하나로 세상을 조종할 수 있다고 믿었던 그르누이의 도덕적 광기는 매우 엽기적이고도 허망한 결말로 끝나 버리고 마는데, 그것은 마치 덧없이 허공으로 사라져 버리는 향수의 모습과도 너무나 닮아 보인다.

이 소설은 그 후 톰 티크베어 감독에 의해 영화로 제작되어 더욱 유명해졌는데, 세상에서 철저히 고립된 우울한 탐미주의자 그르누이의 모습은 세상을 몹시 혐오하는 아웃사이더라는 점에서 세상과의 모든 접촉을 끊고 은둔생활로 일관하는 작가 쥐스킨트 자신의 모습이기도 하다. 실제로 쥐스킨트는 자신의 이름이 세계적으로 알려지기 시작하면서 오히려 은둔생활로 접어들어 좀처럼 공개적인 장소에 모습을 드러내지 않고 있는데, 매스컴의 인터뷰는 물론 자신에게 주어진 그 어떤 상도 거절해 그의 얼굴조차 제대로 알려져 있지 않을 정도다. 심지어 자신의 신상에 대해 조금이라도 발설하는 사람과는 아예 인연을 끊어 버리는 기이한 작가이기도 하다. 따라서 그는 오로지 작품만을 통해 세상과 접촉하고 있는 셈인데, 출판사와의 접촉도 형 마르틴이 대신해 주고 있다고 한다.

영화 〈향수〉에서 그르누이 역을 맡은 벤 위쇼

영화 속의 도덕적 광기

──────────── 모든 예술 장르 가운데 가장 적나라하고 충격적인 도덕적 광기의 모습을 대중에게 직접 전달한 부문은 단언컨대 영화라 해도 결코 과언이 아닐 것이다. 하기야 성과 폭력의 문제에 있어서 영화만큼 노골적으로 표현한 예술 장르도 찾아보기 힘든 게 사실이니, 한창 자라나는 아동과 청소년의 건전한 인격 발달과 도덕적 함양에 영화가 끼치는 해악에 대한 경고의 목소리 또한 꾸준히 제기되어 오기도 했다.

따라서 X등급이니 15세, 19세 등 나이 등급을 매기기도 하지만, 그것은 구색 갖추기에 급급한 실효성 없는 명분에 불과할 뿐, 인터넷 사용이 보편화된 오늘날에 와서는 아무런 힘도 쓰지 못하는 실정에 있음은 초등학생들도 다 알고 있는 사실이다. 이처럼 무분별한 대중 매체의 영향과 더불어 학교 교육 또한 윤리도덕 교육에 소홀하고 거의 방치된 상태에 놓여 있으니 참으로 이 사회의 앞날이 걱정되지 않을 수가 없다.

스크린에 등장하는 도덕적 광기의 예를 들자면 그야말로 한도 끝도 없을 정도다. 무성영화 시대 프리츠 랑 감독의 〈M〉, 무르나우 감독의 〈노스페라투〉를 비롯해 최근 들어 폭발적 인기를 끌었던 토드 필립스 감독의 〈조커〉, 봉준호 감독의 〈기생충〉에 이르기까지 실로 다양한 유형의 도덕적 광기가 대중의 시선을 사로잡는다. 물론 그중에는 파솔리니 감독의 사도마조히즘적 광기가 전면에 흘러넘치는 〈살로 소돔의 120일〉과 같은 작품도 있다.

이처럼 도착적 성과 살인, 폭력으로 점철된 도덕적 광기의 모습은 특히 20세기 후반에 이르러 더욱 극성을 떨기 시작했는데, 그런 점에서 히치콕의 공포 스릴러물 〈열차 안의 낯선 자들〉에서 교환살인을 제안하는 브루노 안토니나 조지 큐커의 〈가스등〉에서 한 여성의 심리를 교묘하게 조종하는 보석강도 그레고리는 오히려 애교에 가깝다고 할 수 있다. 더 나아가 프랜시스 코폴라 감독의 걸작 마피아 영화 〈대부〉는 반사회적 집단 마피아를 의리와 충성, 가족애로 똘똘 뭉친 마치 정의로운 인간들의 결집체인 듯이 묘사함으로써 빈축을 사기도 했다. 하지만 밀로스 포먼의 〈뻐꾸기 둥지 위로 날아간 새〉나 스튜어트 로젠버그의 〈찬 손의 루크〉 등에서도 보듯이 반사회적 성향을 부당한 권위주의를 상대로 투쟁하는 반항적 인간의 모습으로 승화시킨 작품들도 있다.

사 이 코 패 스 의   미 친   존 재 감

도덕적 광기를 대표하는 사이코패스의 문제를 가장 시니컬하게 묘사한 작품으로는 스탠리 큐브릭 감독의 영화 〈시계태엽 오렌지〉를 들 수 있다. 말콤 맥도웰이 연기한 주인공 알렉스는 온갖 비행을 저지르는

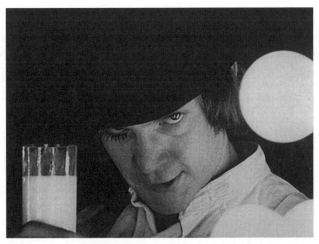

〈시계태엽 오렌지〉에서 알렉스 드 라지로 분한 말콤 맥도웰

갱단의 카리스마적 지도자로 강간, 폭력 등도 서슴지 않는 냉혹한 반사회적 인간이지만, 베토벤의 음악을 즐기는 이율배반적인 특성도 보인다. 특히 반사회적 인간인 알렉스를 선량한 인간으로 바꾸기 위한 정신과적 치료에 대해 매우 냉소적인 시각을 드러낸 작품으로 유명하다. 그러나 이 작품은 개봉 당시 사회적으로 엄청난 물의를 일으켰는데, 악마적인 폭력을 일삼는 주인공 알렉스에 대한 모방범죄가 청소년들 사이에서 급증했기 때문이다. 심지어 알렉스를 영웅시하고 그를 모방한 강간 범죄가 발생하기도 했다. 결국 예기치 못한 청소년 모방범죄의 급증으로 인해 이 영화는 영국에서 상영이 중단되는 사태까지 벌어졌으며, 큐브릭 감독이 죽을 때까지 영국에서 상영될 수 없었다.

조나단 드미 감독의 〈양들의 침묵〉도 정신과 의사인 동시에 엽기적인 연쇄살인범 한니발 렉터에 초점을 맞추고 있다. 천재적인 두뇌를 지닌 렉터는 냉혹하고도 잔인무도한 반사회성 인격의 소유자로, 사건 해결을 위해 자신에게 접근하는 FBI 수습요원 클라리스 스탈링마저 혼란에 빠트릴 정도로 사악한 카리스마를 발휘한다. 마침내 정신병원을 탈출한 렉터 박사는 사람들이 붐비는 거리의 군중 사이로 유유히 사라진다. 어디서 또 무슨 짓을 저지를지 알 수 없는 두려움을 관객들에게 안기면서 말이다. 그러나 인육까지 먹는 렉터의 모습은 단지 영화에서나 가능한 상상의 산물이 결코 아니다. 그처럼 인육을 먹었다는 연쇄살인범 유영철이나 토막살해범 오원철을 상기해 보라. 피도 눈물도 없는 그야말로 살아 있는 괴물이 아닐 수 없다. 그런 괴물들의 도덕적 광기는 데이비드 핀처 감독의 스릴러 영화 〈세븐〉에 나오는 연쇄살인범 존 도우를 통해서도 확인할 수 있다.

마틴 스코세이지 감독의 〈케이프 피어〉는 감옥에서 출소한 악당 맥스가 과거에 자신에게 불리한 증언을 했던 변호사 샘 보우든의 가족을 상대로 복수극을 꾸미다가 스스로 파멸하고 만다는 이야기지만, 반사회적 인간의 사악한 흉계와 음모에 대한 실감나는 묘사로 관객들을 몸서리치게 만드는 영화다. 특히 샘의 어린 딸에게 접근해 악의 길로 빠지도록 유혹하며 세뇌시키는 맥스의 간교함은 악마적인 속성을 실감케 한다. 더욱이 마지막 장면에서 맥스로 분한 로버트 드 니로가 서서히 물에 잠기며 최후를 맞이하는 순간에도 전혀 흐트러짐이 없이 두 눈을 부릅뜨고 죽어 가는 지독함을 보여 줄 때 엄청난 전율을 불러일으킨다.

반 사 회 적   폭 력   집 단

반사회적 집단인 갱단이나 마피아에 관한 이야기는 할리우드 영화의 단골 메뉴이기도 하다. 그중에서도 특히 프랜시스 코폴라 감독의

〈대부〉에서 마피아로 분한 알 파치노

〈대부〉는 말론 브랜도와 알 파치노라는 두 거물급 배우의 탁월한 연기에 힘입어 큰 인기를 끌었지만, 단지 범죄 조직에 불과한 마피아를 비현실적으로 미화시켰다는 비난도 들어야 했다. 특히 영세 상인들을 다른 폭력배들로부터 보호해 주는 의리 있는 협객으로 다룬다거나, 늙어서 은퇴한 대부가 정원에서 어린 손자를 데리고 놀다가 쓰러지는 마지막 장면 등은 매우 감상적인 묘사일 수 있지만, 그래도 상당히 냉정한 시각으로 마피아 세계를 그렸다고 볼 수 있다.

물론 세르지오 레오네 감독의 〈원스 어폰 어 타임 인 아메리카〉 역시 갱단의 우정과 배신을 다룬 작품이긴 하지만, 〈대부〉에 비하면 훨씬 더 감상적인 차원에서 범죄 조직을 바라보고 있는 듯이 보인다. 이 영화의 마지막 장면은 아편굴에서 환각 상태에 빠진 누들스의 몽롱한 얼굴 표정이 정지된 화면으로 처리되며 끝나는데, 온갖 악행에 물든 자신의 과거를 맨정신으로는 감당하기 어려운 이미 늙은 인생 실패자의 허망한 삶을 의미하는 장면이 아닐 수 없다.

이에 비하면 마틴 스코세이지 감독의 〈좋은 친구들〉은 마피아 세계의 허구성을 은유적으로 드러낸 작품이라 할 수 있다. 여기에 등장하는 갱들은 다소 덜떨어진 미성숙한 인간들이다. 이 영화는 조폭 세계의 의리고 낭만이고 다 허상일 뿐임을 깨달은 헨리가 동료들의 범죄사실을 법정에서 모두 증언한 뒤 신변 보호를 받으며 은둔생활로 접어든다는 결말로 마무리된다. 특히 반사회적 인간을 묘사하는 데 일가견이 있는 스코세이지 감독은 〈뉴욕의 갱〉을 통해서도 잔혹하기 그지없는 인간 백정을 다루고 있는데, 영화 〈세븐〉에 나오는 소름끼치도록 냉혹한 악당에 비하면 오히려 무지해 보이기까지 한다.

반면에 기타노 다케시 감독의 일본 영화 〈소나티네〉는 야쿠자 깡패의 삶과 최후를 그린 작품으로, 여기서는 죽음에 초연한 조폭의 모습을 보여 주는데, 비명조차 지르지 않고 아무런 표정 없이 죽어 가는 야쿠자의 모습이 마치 초탈한 선사의 모습을 연상시키기도 한다. 그러나 전혀 예기치 못한 자살로 생을 마감해 버리는 주인공 무라카와의 모습은 죽음을 아무렇지 않게 여기는 일본 야쿠자의 특성을 잘 보여 주는 대목이다. 그는 타인의 목숨을 가볍게 여기듯 자신의 목숨 또한 소중하게 여기지 않는다.

세 상 을   상 대 로   복 수 하 다

한편 조직에 몸담지 않고 개별적으로 범죄행각을 벌이는 반사회적 인간의 진면목을 보여 주는 작품으로는 올리버 스톤 감독의 〈내추럴 본 킬러〉를 들 수 있다. 이 영화는 가는 곳마다 살인을 일삼는 미키와 말로리 부부의 막가는 인생을 다룬 작품인데, 이들 남녀는 모두 어린 시절 상처를 받은 인물들로 세상 전체에 대한 증오심으로 가득 차 있다. 대중 매체는 이들 부부의 행적을 좇으며 상업적으로 이용하고, 이에 열광한 십 대들은 이들을 영웅처럼 떠받는다. 미키와 말로리는 결국 감옥에 갇히지만, 간수들을 무참히 살해하고 탈출한다. 그 후 아이까지 낳은 그들은 트럭을 몰고 어디론가 떠나는데, 과연 그 자식들이 커서 무엇이 될지 궁금하다.

이들과 비슷한 커플이 또 있다. 아서 펜 감독의 영화 〈우리에게 내일은 없다〉의 주인공 보니와 클라이드가 그렇다. 그들은 경제 대공황 시기에 악명을 떨친 실존 인물로, 미국 전역을 돌며 은행 강도와 살인 행각을 벌이고 다녔는데, 비록 수많은 경찰관과 민간인을 살해한 강도

범이었지만, 당시 일부 주민은 그들을 영웅시해 은닉처를 제공해 주기까지 했다고 한다. 하지만 영화 라스트 신에서 보듯이 경찰의 집요한 추적 끝에 그들은 어느 한적한 시골 도로에서 미리 잠복해 있던 경찰이 쏜 150발의 총탄 세례를 받고 무참히 사살되고 말았다. 물론 영화에서는 그들이 당한 끔찍스러운 최후 장면을 슬로 모션으로 보여 줌으로써 경찰이 보여 준 도덕적 광기를 극대화하기도 했지만, 보니와 클라이드 역시 세상을 무법천지로 만든 장본인들이라는 점에서는 진정한 도덕적 광기의 표본이 아닐 수 없다.

버디 갱 영화의 고전으로 꼽히는 조지 로이 힐 감독의 이색 서부극 〈내일을 향해 쏴라〉에 등장하는 부치 캐시디와 선댄스 키드는 서부 개척시대에 활동한 무법자들로, 영화에서는 다소 코믹하고 낭만적인 터치로 두 사람의 우정과 의리를 다루고 있지만, 실제로는 온갖 강도 행각을 벌이다 남미 볼리비아로 도주했으나 그곳에서 현지 군인들에 의해 사살당한 무법자들이었다. 이 영화에서 콤비를 이룬 폴 뉴먼과 로버트 레드포드는 그 후 조지 로이 힐 감독의 1973년 영화 〈스팅〉에서도 도박 전문 사기꾼 콤비로 나와 암흑가의 거물 로버트 쇼를 골탕 먹이는데, 경마 도박으로 이들에게 엄청난 사기를 당하는 로버트 쇼의 멍청한 모습이 오히려 실소를 자아내게 만든다.

사 이 코 패 스 의   말 로

반사회성 인격을 흔히들 사이코패스라고도 부른다. 이들의 특징은 한마디로 양심불량이고 무책임하며 세상의 법과 규칙을 지키지 못한다. 비양심적인 냉혹한, 사기성이 농후한 불량배, 충동적인 무법자, 거짓말을 밥 먹듯 하는 건달패, 무책임한 날라리, 제멋대로 사는 떠돌이, 잔머리 굴리는 악당 등 이들에게 붙는 닉네임은 끝도 한도 없이 많다. 이들은 워낙 냉담하고 잔인해서 웬만한 폭력에도 눈 하나 깜짝하지 않는다. 머리는 좋지만 나쁜 곳으로만 굴린다. 겉으로는 매우 남성적이고 야성미를 풍기기 때문에 여성들에게 매력적으로 비칠 수도 있다. 그러나 한번 잘못 걸려들면 빼도 박도 못하고 평생을 고생하기 십상이다.

〈인정사정 볼 것 없다〉라는 제목의 영화도 있지만, 이런 말은 이들에게 아주 딱 들어맞는 표현이다. 그래서 반사회성 인격장애를 지닌 사람들은 정상적인 사회생활이 어려울 수밖에 없으며, 그 어떤 조직사회에 들어가도 제대로 적응하지 못한다. 그나마 범죄조직 사회에서나 겨우 몸담고 살아간다. 그런 사회에서는 규칙을 위반할 경우 잔인한 보복이 돌아온다는 사실을 너무도 잘 알고 있기에 어쩔 수 없이 보스에 기대어 살아가는 것이다. 그러나 그런 조직에도 적응할 수 없는 사람은 혼자 떠돌아다니며 남의 등이나 치고 살아간다. 어떻게 보면 참으로 딱하고 불행한 사람들이지만 본인들은 절대로 그렇게 생각하지 않는다.

단적인 예로, 장 뤽 고다르 감독의 영화 〈네 멋대로 해라〉의 주인공 미셸은 어설픈 좀도둑으로 훔친 차를 타고 도주하다가 얼떨결에 경관을 총으로 쏴 죽이고 경찰에 쫓기는 신세가 된다. 그는 미국 유학생 패트리샤의 아파트에서 빈둥거리며 삶과 죽음에 대해 쓸데없는 잡담을 즐기다가 함께 도망갈 것을 제의한다. 하지만 사랑하지도 않으면서 그의 아이를 임신까지 한 그녀는 더 이상 그의 곁에 머무를 수 없다고 여겨 경찰에 신고하고, 도주하던 미셸은 결국 경찰이 쏜 총에 맞고 쓰러진다. 그는 죽어 가면서도 대수롭지 않다는 태도로 중얼거리듯 욕을 내

〈미치광이 피에로〉 포스터

뱉는다.

　세상에 대한 불만과 환멸을 쉬지도 않고 끝없이 쏟아 내던 미셸의 어처구니없고 무의미한 죽음은 고다르 감독의 다른 영화 〈미치광이 피에로〉에서 절정을 이룬다. 이 영화에서는 지겹도록 무미건조한 도시의 삶에서 탈출을 꿈꾸는 주인공 페르디낭이 처자식을 버리고 애인과 함께 지중해 연안으로 일탈적인 도피행각을 벌이지만, 결국에는 자신을 배신하고 도망가려는 마리안느와 그녀의 애인을 총으로 쏴 죽인 후 자신의 얼굴에 푸른 페인트칠을 하고 머리에는 다이너마이트를 두른 채 자폭해 버리고 마는데, 이처럼 어처구니없는 죽음을 맞이한 미셸과 페르디낭은 한마디로 반사회적 성격의 소유자다.

　우리는 반사회적 인간에 대해 흔히 극악무도하고 잔인한 살인범을 연상하기 쉽지만, 오히려 미셸과 페르디낭이야말로 가장 전형적인 반사회적 성격장애에 속한다고 할 수 있다. 무모함과 무책임성, 무계획성, 충동적인 공격성, 착취적인 경향, 양심 불량과 죄의식의 결여, 상식 파괴, 정서적 교류의 둔감성, 기존의 사회 규범에 대한 냉소적인 태도와 비순응성, 뻔뻔스러움, 무질서한 언행 불일치, 사기성과 병적인 거짓말, 교묘한 합리화, 지속적인 애정 관계 유지의 어려움 등 반사회적 성격의 특성을 고루 갖추고 있기 때문이다.

　물론 반사회적 인간의 가장 두드러진 특성은 세상과 타협을 이루며 그 안으로 들어가지 못하고 오로지 세상을 거부하면서 폭력적인 방법으로 그 세계를 파괴하려고만 든다는 점이다. 그리고 이들은 반드시 빈민층이나 지하세계에만 존재하는 게 아니라 우리의 가까운 이웃 어디에나 존재할 수 있다는 점에서, 그리고 심지어는 상류층이나 지식사회에도 엄연히 존재한다는 점에서 경계의 대상이 아닐 수 없다. 더욱이 이들은 겉으로는 선량한 시민을 가장할 뿐만 아니라 화술도 뛰어나고 머리도 좋기 때문에 식별이 어려울 수밖에 없다.

예를 들어, 메리 해론 감독의 〈아메리칸 사이코〉의 주인공 패트릭 베이트먼은 명문대 출신에 월 스트리트의 부유한 사업가로, 외모와 지성, 사회적 지위 등 모든 면에서 무엇 하나 부족함이 없는 완벽한 인물처럼 보이지만, 실은 자신의 최고급 식사에 초대한 파트너들을 차례로 토막 내어 죽이는 연쇄살인범이다. 그것도 자신이 즐기는 음악을 들으면서 말이다. 그는 피에 굶주린 악마인 동시에 양의 탈을 쓴 늑대다. 끔찍스러운 살인을 저지르고 나서도 태연하게 섹스를 즐기는 그에게는 사이코라는 명칭보다도 괴물이라는 표현이 더욱 어울릴 것이다. 물론 영화에서는 패트릭이 자신의 행동에 괴로워하면서 살인을 통해 얻은 건 아무것도 없음을 깨닫고 후회하는 모습을 비춰 주기도 하지만, 그것은 입에 발린 말일 뿐이다.

조 폭 영 화   전 성 시 대

이처럼 영화 속에 등장하는 여러 반사회적 인간상을 통해 관객들은 남모를 위협을 은근히 느낄 수도 있지만, 대부분의 경우에는 그들이 보이는 인간적인 약점을 통해 오히려 동정심이나 매력을 느끼고 마치 이

윗집 아저씨 같은 친밀감을 지닐 수도 있다. 그런 친근미는 코믹 요소를 가미한 우리의 조폭영화들에서 더욱 두드러진다. 〈가문의 영광〉 〈가문의 위기〉 〈두사부일체〉 〈조폭 마누라〉 〈달마야 놀자〉 〈킬러들의 수다〉 〈신라의 달밤〉 〈넘버 3〉 등이 바로 그렇다.

한때 우리 사회는 수없이 많은 조폭영화로 홍수를 이룬 적이 있는데, 폭발적인 인기를 끈 〈친구〉를 비롯해서 〈장군의 아들〉 〈비열한 거리〉 〈우아한 세계〉 〈거룩한 계보〉 〈초록물고기〉 〈인정사정 볼 것 없다〉 〈범죄와의 전쟁〉 〈신세계〉 〈황제를 위하여〉 등이 앞을 다투어 쏟아져 나왔다. 그 덕분에 조폭도 당당하게 인기직업 순위에 오르는 기현상도 벌어졌지만, 세상에 대한 불만을 가진 관객들은 이런 조폭영화들을 통해 대리만족을 구하는 것일지도 모른다. 그런 분위기는 조폭 세계가 아닌 학교를 무대로 삼고 있으면서도 조폭들 뺨치게 폭력적인 〈말죽거리 잔혹사〉 〈방과후 옥상〉 〈잠복근무〉 〈써니〉 등을 통해 얼마든지 만끽할 수 있다.

그런 인기를 등에 업고 〈우아한 세계〉에 이르면 조폭도 어엿한 직업으로 등장한다. 배우 송강호가 연기한 조폭 들개파 중간 보스 강인구는 한 밑천 마련하면 조직 일을 그만두고 청과물 도매업이나 하면서 가족들과 단란한 삶을 누리며 살고자 하지만, 가족은 깡패로 살아가는 그를 수치스럽게 여겨 그의 곁을 떠난다. 물도 제대로 나오지 않는 낡은 아파트에 혼자 살면서 라면을 끓여 먹는 강인구의 고달픈 모습은 나이가 들어 힘도 제대로 쓰지 못하는 조폭의 초라한 말로를 보는 듯해 관객들로 하여금 측은지심을 불러일으킨다. 그러나 이 또한 비현실적인 왜곡이다. 조폭을 미화하는 것도 문제지만 동정심을 불러일으키는 것도 문제다. 폭력과 갈취를 일삼으며 타인을 무자비하게 짓밟는 자가 애틋한

〈신세계〉에서 조폭 두목 정청 역의 황정민(좌)과 조직에 잠입한 형사 이자성 역의 이정재(우)

가족 사랑 운운하는 것 자체가 모순이기 때문이다.

그런 점에서는 차라리 박훈정 감독의 조폭영화 〈신세계〉가 비록 끔찍스럽기는 하지만 조폭 세계의 실상을 더욱 정확하게 보여 준다고 할 수 있다. 황정민의 신들린 듯한 조폭 두목 연기와 지독한 욕지거리가 야릇한 쾌감을 던져 주는 이 영화는 매우 잔혹하고 가학적인 장면을 연출하고 있지만, 피도 눈물도 없는 조폭 세계의 생리를 가감 없이 드러내 보여 준다. 물론 조폭영화에서 빠질 수 없는 돈독한 의리가 양념처럼 가미되기도 한다.

비록 조폭영화는 아니지만 송해성 감독의 〈파이란〉은 막장 인생을 살아가는 어느 거칠고 비정한 사내가 뒤늦게 사랑에 눈을 뜨고 회한의 눈물을 흘리는 이야기다. 소중한 존재의 고마움을 모르고 살던 비정한 사내 강재의 가슴에 순수한 사랑의 고귀함을 일깨워 준 한 가녀린 조선족 출신 여인의 고운 마음씨가 잔잔한 감동을 선사하는 이 영화는 비록 세상에서 버림받고 자포자기 상태로 밑바닥 인생을 살아가던 한 인간 말종의 가슴에도 사랑의 감정이 완전히 메말라 버린 것은 아니라는 점을 암시하고 있다. 그렇다. 아무리 패덕한 반사회성 인격의 소유자라 하더라도 세월이 지나면 한때의 패기와 오기도 기가 죽기 마련이며, 더구나 진정한 사랑을 깨닫고 나면 자신의 질척거리는 삶에도 회의를 느낄 수 있다. 그러나 불행히도 그런 경우는 사실 매우 드물다.

우 리 의 주 변 을 맴 도 는 사 이 코 패 스

우리가 몸담고 살아가는 세상이 결코 안전하지 못하다는 경각심을 일깨워 준다는 점에서는 영화만큼 강한 호소력을 지닌 매체도 드물 것이다. 특히 겉으로만 봐서는 아주 멀쩡해 보이는 사이코패스일 경우 더욱 그렇다. 우리는 그런 경우를 이창동 감독의 〈밀양〉이나 김지운 감독의 〈악마를 보았다〉, 박찬욱 감독의 〈친절한 금자씨〉〈올드보이〉, 봉준호 감독의 〈살인의 추억〉 등에서 얼마든지 만날 수 있다.

칸 영화제에서 배우 전도연에게 여우주연상의 영예를 안겨 준 영화 〈밀양〉에서 젊은 과부 신애는 낯선 도시 밀양에 정착했다가 한 유괴범의 손에 어린 아들을 잃고 실성 상태에 빠지게 되는데, 아들을 죽인 범인은 겉으로는 매우 평범해 보이는 웅변학원 원장이었다. 기독교 신앙의 힘으로 가까스로 기운을 차린 신애는 교도소에 갇힌 살해범을 찾아가 용서를 해 주기로 마음먹지만, 오히려 그는 이미 하나님의 용서를 받고 구원을 받아 기쁘기 한량없다고 말한다. 이에 큰 충격을 받고 쓰러진 신애는 교회를 향해 불경스러운 행동을 벌이다가 정신병원에 입원까지 하게 된다. 도덕적 광기를 보인 가해자는 구원을 받고 가련한 피해자가 오히려 정신병원에 입원하는 부조리한 현실을 극명하게 보여 준 수작이 아닐 수 없다.

이와 유사한 모습은 〈악마를 보았다〉에서 배우 최민식이 연기한 학원 운전기사 장경철이 실은 온갖 악행을 저지르고 다니는 사이코패스라는 점, 그리고 〈친절한 금자씨〉에서 역시 최민식이 연기한 살인마 백선생도 겉으로는 멀쩡해 보이는 영어 유치원 교사라는 점에서 더욱 전율이 일게 한다. 〈살인의 추억〉에서는 여성만을 상대로 벌인 연쇄살인의 가장 강력한 용의자 박현규가 겉으로만 봐서는 아주 섬세하고 연약해 보이기까지 한 젊은 청년일 뿐이다. 그러니 일반인들로서는 도저히 그 정체를 파악하기가 용이하지 않다.

하지만 이처럼 온갖 화면을 장식하는 도덕적 광기의 모습도 관객들에게는 전혀 위협적인 존재가 될 수 없다. 왜냐하면 그가 화면에서 뛰쳐나올 수 없다는 사실을 관객들은 너무도 잘 알고 있기 때문이다. 그러나 옆 좌석에 앉은 사람이 당신의 지갑을 노리고 있음을 안다면 사정은 달라진다. 그것은 영화 속의 허구가 곧바로 당신의 현실이 되기 때문이다. 그런 점에서 영화 속의 허구는 단순한 허구로 끝나는 게 아니다. 그런 인간은 물론 정도의 차이는 있겠지만 우리의 현실 속에서 얼마든지 찾아볼 수 있다. 그래서 영화는 우리와 상관없는 남의 이야기가 결코 아니다. 어두운 극장 안에는 폐결핵 환자나 무증상 코로나 환자도 있듯이 치한이나 건달들도 분명히 있다. 불량배나 조폭도 영화는 보지 않겠는가.

반사회적 인간은 화면 속에서나 볼 수 있는 그런 인간이 아니라 우리 주변을 맴도는 보이지 않는 이웃이다. 물론 그들에게도 삶의 애환은 있겠지만, 그들은 자신들의 성격 변화를 원하지도 않을뿐더러 오히려 일말의 자부심마저 지니고 살기 때문에 더욱 골치 아픈 일이 아닐 수 없다. 치료가 제대로 이루어질 수 없는 이유도 바로 그런 점에 있다. 더군다나 그들은 결코 치료를 원하지도 않는다. 그리고 그들을 고칠 수 있는 약이 따로 있는 것도 아니니 결국 법으로 다스리는 수밖에 없다.

성 과 폭 력 의   미 학

우리는 이처럼 살인과 폭력으로 얼룩진 도덕적 광기뿐 아니라 성적인 부분에서도 광적인 집착에 빠진 인간들의 모습을 스크린을 통해 얼마든지 엿볼 수 있다. 성은 곧 사랑의 표현이다. 적어도 우리는 그렇게 믿고 싶어 한다. 그래서 평범한 일상을 영위해 나가는 우리에게 섹스 없는 삶을 상상하기란 매우 어렵다. 사랑이 만병통치약이라 굳게 믿는 우리로서는 더욱 그렇다. 섹스에 목숨을 내걸고 살아가는 사람들도 있다. 섹스 중독자들이 바로 그런 사람들이다. 물론 세상에는 사랑이 결여된 섹스도 존재하기 마련이지만, 진정한 사랑의 교류가 아니라 단지 육체적인 접촉에 의한 섹스에 집착하는 사람들은 오히려 사랑을 두려워하기 때문일지도 모른다. 그렇게 해서라도 자신들은 사랑을 주고받고 있다고 믿고 싶어 하는 것이다.

섹스를 통해 서로가 사랑을 주고받고 있다는 착각에 빠진 사람들은 사랑의 반대말인 미움의 감정을 인정하지 못한다. 그러나 모든 사랑에는 항상 미움이 뒤따르기 마련이다. 그런 점에서 사랑과 미움은 서로를 거부하는 반대의 감정이 아니라 서로 뒤섞인 혼합물이기 쉽다. 단지 우리가 그 정확한 실상을 이해하지 못하고 있을 뿐이다. 성은 그래서 아직까지 풀리지 않은 수수께끼요, 온갖 두려운 비밀로 가득한 마법의 상자라 할 수 있다.

그런데 그 비밀의 상자를 연 사람들 가운데 그 안에서 온갖 폭력과 죽음의 어두운 그림자만을 보고 파멸의 구렁텅이로 빠져드는 경우도 있다. 데이비드 크로넨버그 감독의 영화 〈크래쉬〉는 바로 그런 사람들에 대한 충격적인 보고서다. 제임스와 캐서린은 불륜적 관계를 통해 오히려 더욱 큰 자극과 흥분을 느끼는 기묘한 성생활을 즐기는 부부다. 그러던 어느 날 운전 중에 우연히 헬렌 레밍턴의 차와 충돌사고를 일으킨 제임스는 충돌사고의 이면에 숨어 있는 섹스와 죽음이 혼재된 기묘한 매력 속으로 빨려 들어간 나머지 이상야릇한 성적 충동에 사로잡힌다. 결국 이들 세 남녀는 사람과 기계의 충돌 과정에서 발생하는 에로틱한 힘의 실체를 연구하는 한 과학자의 실험에 동참하면서 걷잡을 수 없는 파국으로 치닫는다. 강렬한 성적 체험을 위해 계속해서 충돌사고를 일으키며 죽음마저 불사하는 이들 남녀의 위태로운 도박과 도덕적 광기는 날이 갈수록 그 강도가 커진다.

세상에는 성과 폭력의 미학적 추구라는 미명하에 인간들이 저지르는 온갖 잔혹한 모습을 보여 주는 영화들이 난무하지만, 그중에서도 특히 스웨덴의 잉마르 베리만 감독이 1980년에 발표한 〈마리오네트의 생〉은 환상과 현실 사이를 구분하지 못하고 도덕적 광기로 치닫는 한 사내의 파행적인 삶을 조명한다. 성공한 사업가의 애정 실패와 억압된 분노의 표출을 통해 성의 어두운 측면을 다루고 있는 이 작품에서 주인공 페터는 아내 카타리나에 대한 사랑이 식은 상태에서 아내를 죽이는 꿈을 꾸곤 하는데, 어느 날 우연히 소개받은 매춘부의 이름이 아내의 이름과 똑같은 카타리나임을 알고 그녀를 강간하고 살해한다.

폴 버호벤 감독의 〈원초적 본능〉은 샤론 스톤의 살인적인 관능미 하나만으로도 오래도록 기억에 남는 작품으로, 성과 폭력, 죽음의 요소가 적절히 배합된 내용을 담고 있는 범죄 스릴러다. 정사 도중에 무참하게 얼음 깨는 송곳에 찔려 죽은 한 남자의 살인 사건을 조사하던 형사 닉은 유력한 살인 용의자로 지목된 추리소설가 캐서린의 관능미에 빠져들어 정사를 나눈다. 그러나 남자를 유혹하고 침대 위에서 절정에 도달한 순간 살해 욕구를 느끼는 위험한 팜므 파탈 캐서린. 그녀의 도덕적 광기의 이면에는 동성애와 모든 남성에 대한 증오심이 숨어 있다.

성과 폭력을 주제로 한 작품은 우리 영화에서도 자주 다루어지는 단골 메뉴인데, 엽기적인 차원으로 치자면 김기덕 감독의 영화 〈섬〉을 빼놓을 수 없겠다. 저수지 낚시터에서 낚시꾼들에게 안주 등을 팔고 때로는 자신의 몸을 안주거리로 제공하며 살아가는 여성 희진 앞에 뜨내기 청년 현식이 나타난다. 두 사람은 곧 서로의 처지에 공감을 느끼고 오로지 섹스를 통해 고통과 불안에서 벗어나고자 몸부림친다. 퍼붓는 비를 맞으며 섹스를 하고 소주를 병째 나발 부는 이들의 모습은 더 이상 숨을 곳이 없는 밑바닥 인생의 처참한 말로를 보는 듯하다. 그러나 낚시 바늘을 목구멍으로 삼켜 자해를 시도하는 장면이나 여성의 음부에 낚시 바늘을 쑤셔 넣고 뽑아내며 신음하는 모습 등은 너무도 끔찍스러운 자학의 극치다. 그것은 실로 기괴하고도 엽기적인 도덕적 광기의 악취미로 보인다.

변태성욕 차원에서 사도마조히즘을 다룬 영화로는 루이스 브뉘엘 감독의 프랑스 영화 〈세브린느〉를 들 수 있다. 일상의 권태에서 벗어나고픈 아름답고 지적인 가정주부 세브린느는 누군가 자신을 창녀 취급하며 모욕을 주고 산으로 끌고 가 묶인 상태에서 채찍으로 때리는 장면을 상상하는 도착적인 환상에 빠져든다. 그러다가 실제로 그녀는 남편이 일하는 시간을 이용해 고급 유곽에서 다른 남성들과 관계를 맺는 이중생활에 탐닉한다. 부도덕한 환상을 현실에서 실제로 행동에 옮긴 것이다.

월리엄 와일러 감독의 영화 〈콜렉터〉는 복권 당첨금으로 대저택을 구입해 은둔생활을 하는 소심한 성격의 나비 수집가 프레디의 엽기적인 납치 행각을 그린 작품이다. 대인관계에 극도로 회피적인 그는 어느 날 자신의 밴을 이용해서 미모의 처녀 미란다를 납치해 지하실에 가두고 사랑을 구걸한다. 그러나 그녀는 감히 시선을 마주치지도 못하는 프레디의 구애를 거절하며 계속 탈출할 기회만을 엿본다. 결국 폭우를 틈타 탈출을 시도하다 실패한 후 폐렴에 걸린 그녀는 지하 골방에서 외롭게 죽어 간다. 그는 미란다의 죽음이 자기 탓이 아니라 자신을 이해하지 못한 그녀의 잘못 때문이라 믿으며 또 다른 납치 계획에 들어간다. 성격적인 결함 때문에 세상에 다가서지 못하는 이상심리의 소유자가 사랑의 단절로 인한 좌절감을 도덕적인 광기를 통해 해소하려는 병적인 집착이 돋보이는 작품이다.

사 도 마 조 히 즘 과   도 덕 적   광 기

하지만 가장 잔혹한 도덕적 광기의 모습은 역시 이탈리아의 파솔리니(Pier Paolo Pasolini, 1922~1975) 감독을 따라갈 수 없다. 그가 1975년에 남긴 유작 〈살로 소돔의 120일〉은 변태적인 귀족들과 나치 파시스트들이 어린 십 대 소년소녀들을 고성에 가두어 놓고 온갖 가학적인 게임을 즐기는 도덕적 광기의 향연을 그리고 있는데, 여기서 벌어지는 매우 도착적이고도 참혹한 사건들은 인간의 상상력이 과연 어디까지 도

피에르 파올로 파솔리니

달할 수 있는지 실험하는 듯한 가장 끔찍스러운 지옥도를 묘사하고 있다.

사드 후작의 원작소설을 파시스트 통치하의 북부 이탈리아 살로 지방으로 무대를 옮겨 영화로 만든 이 작품은 고위직 관리들이 미소년·소녀들을 고성에 감금하고, 잔혹하고 도착적인 성의 향연 및 고문, 강간 등의 비인간적 행각을 벌이다가 결국에는 무참하게 살해한다는 내용으로 가학증과 피학증, 오물기호증과 항문애, 동성애 등의 온갖 변태적 행위와 잔혹한 장면들로 악명이 자자했던 작품이다. 특히 파시스트들이 소년들에게 강제로 대변을 먹이는 장면과 무참하게 소년들을 살해하는 마지막 장면 등은 영화사상 가장 가학적이고도 도착적인 영화로 꼽힐 만하다. 그런데 아이러니하게도 동성애자였던 파솔리니 감독은 이 영화에 출연했던 17세 소년 펠로시를 자신의 스포츠카에 태우고 드라이브를 즐기던 중 펠로시의 손에 의해 살해당하고 말았다.

그런데 사도마조히즘과 관련한 병적인 관계는 우리 방화에서도 얼마든지 찾아볼 수 있다. 장선우 감독의 1999년도 영화 〈거짓말〉에서 중년의 유부남 제이는 주말 오후가 되면 여고생 와이와 여관방에서 만나 섹스를 나눈다. 흥분을 고조시키기 위해 그는 와이의 엉덩이를 때리는데, 시간이 지날수록 그의 매질은 강도가 높아져 간다. 그리고 그런 관계는 점차 역전되어 이번에는 와이가 제이를 때리는 행동으로 뒤바뀐다.

그러나 이 정도는 약과다. 김기덕 감독의 〈나쁜 남자〉는 요즈음 많은 여성에게 인기를 얻고 있는 그런 나쁜 남자와는 질적으로 전혀 다른 차원에 속하는 정말 악랄하고도 나쁜 놈에 관한 이야기다. 그리고 이처럼 나쁜 놈에 대해 각별한 애정으로 싸고도는 감독의 의도를 잘 이해하지는 못하겠지만, 어쨌든 조재현이 연기한 주인공 한기는 사창가를 주름잡는 깡패 두목으로 어쩌다 만난 여대생 선화에게 반한 나머지 그녀를 유혹하지만, 자신을 거들떠보지도 않고 모욕을 주는 태도에 화가 치밀어 그녀를 강제로 납치해 창녀로 만들어 버린다. 그리고 우여곡절 끝에 이들은 마침내 트럭을 타고 새로운 삶을 위해 길을 떠난다. 황당한 결말이 아닐 수 없다.

이와 유사한 관계는 김기덕 감독의 1996년 데뷔작 〈악어〉를 통해서도 엿볼 수 있는데, 여기서도 조재현이 악어 역을 맡아 연기했다. 한강변을 돌아다니며 자살한 사람들의 시체를 빼돌리고 그 유족들에게 돈을 뜯어내는 용패는 그래서 별명이 악어다. 다리에서 떨어지는 사람을 잡아먹고 사니 악어일 수밖에. 어느 날 자살을 시도한 현정을 살려준 그는 그녀를 폭행하고 겁탈한다. 그의 곁에 있던 앵벌이 소년과 우 노인이 그녀를 도망가게 해 주지만, 이상하게도 그녀는 집으로 가지 않고 용패의 주위를 맴돌며 그의 곁을 떠나지 않는다. 오로지 동물적 욕망밖에 남아 있지 않은 용패와 그에게 당하고도 그 곁을 떠나지 못하는 현정의 관계 역시 도덕적 광기에 속하는 사도마조히즘에 가깝다.

그런 점에서 박철수 감독의 엽기적인 카니발리즘 영화 〈삼공일 삼공이〉에 등장하는 두 여성 역시 도덕적 사도마조히즘 관계로 볼 수 있겠다. 아파트 301호에 사는 대식증 환자 송희는 맞은편 302호에 사는 거식증 환자 윤희에게 수시로 자신이 만든 음식을 가져다주지만, 윤희는 그때마다 모조리 토해 낸다. 결국 송희는 자신의 정성을 무시하는 윤희에게 분노를 느끼고 폭행까지 가하게 되지만, 이혼의 아픈 상처를 안고 있는 송희는 윤희의 고백을 통해 그녀의 고통스러운 과거를 알고 부터 서로에게 공감을 느끼며 이해하게 된다. 그리고 마침내 윤희는 송희에게 자신의 신체 일부로 요리해 줄 것을 부탁한다. 그렇게 하는 것이 거식증을 벗어날 수 있는 유일한 해결책이라고 믿은 것이다. 송희는 그런 부탁을 받아들여 윤희의 몸으로 요리해 먹는다. 물론 평자에 따라서는 실존적 차원의 고독과 소외 문제를 거창하게 논할 수도 있겠지만, 인육을 먹는다는 설정 자체부터가 관객들로 하여금 역겨움을 느끼게 하기 십상인 이 영화는 그래도 제16회 청룡영화상에서 각본상과 여우주연상을 획득하기도 했다.

사도마조히즘은 물론 처음에는 성도착의 일종으로 알려지기 시작했지만, 오늘날 정신분석에서 말하는 사도마조히즘은 단순한 성적인 차원이 아니라 도덕적 차원에서 이루어지는 심리적 현상을 가리키는 말이다. 다시 말해서 가학적인 인간은 상대를 심리적으로 학대함으로써 만족을 느끼는 반면에 피학적인 사람은 상대로부터 정신적인 학대를 당함으로써 오히려 만족을 느끼는 매우 이율배반적인 모순에 빠진 경우를 도덕적 사도마조히즘이라고 부른다. 이들의 특징은 서로가 원하는 상대를 필요로 한다는 점이다. 따라서 사디즘과 마조히즘은 따로 떼어 독립시킬 수 없는 불가분의 관계에 있다.

인간의 욕망은 참으로 수수께끼 같다. 우리의 상식으로는 도저히 이해하기 어려운 세계이기 때문이다. 물론 인간의 삶 자체가 수수께끼에 속하는 것이기는 하지만 서로 고통을 주고받는 관계를 통해 맺어지는 이상야릇한 현상은 그 자체가 미적분보다 더 풀기 어려운 오묘한 수수께끼다. 물론 동물의 세계에는 그런 사도마조히즘이 존재하지 않는다. 인간만이 지닌 아주 특이한 현상이다. 그런 점에서 인간은 매우 특별한 존재다. 이 세상에는 아내를 때리고 학대하는 남성들이 적지 않다. 상대적으로 매 맞고 사는 여성들도 많다. 굳이 신체적인 행동이 아니더라도 정신적으로 학대하고 괴롭히는 경우도 많다. 이 모든 관계는 넓게 보면 사도마조히즘에 입각한 도덕적 광기의 현상으로 볼 수 있다.

다 중 인 격 과   도 덕 적   광 기

도덕적 광기를 묘사한 영화들 가운데 가장 드라마틱한 주제는 해리와 빙의 현상을 다룬 작품들에서 찾아볼 수 있다. 그중에서도 해리(dissociation)는 의식과 성격의 변화를 동반하는데, 가장 극적인 형태는 다중인격(multiple personality)이다. 어느 코미디 프로그램에서는 '다중이'로 희화화시키기도 했지만, 서로 다른 성격이 교대로 나타나는 현상을 말한다. 보통 이중인격의 형태로 출현하지만, 여러 개의 성격이 번갈아 나타날 수도 있다. 루이스 스티븐슨의 소설 《지킬박사와 하이드 씨》는 이중인격의 비극을 묘사한 대표적인 예라 할 수 있다.

반면에 빙의(possession) 현상은 초자연적인 힘에 지배되어 시달리는 현상을 말하는데, 악령에 씌거나 죽은 혼령, 동물 등이 자신의 의지와 상관없이 자기 몸에 들어가 제멋대로 지배한다고 믿는다. 우리가 흔히 말하는 신내림도 일종의 해리를 동반한 빙의 현상이라 할 수 있다. 해리와 빙의 현상은 주로 히스테리 환자에서 보이는 증세들이다. 빙의 상태를 극적으로 과장되게 묘사한 영화로는 단연 윌리엄 프리드킨 감독의 공포영화 〈엑소시스트〉를 꼽을 수 있다. 악령에 씐 어린 소녀 리

건의 기괴하고도 끔찍스러운 모습을 보여 주는 이 영화에서 의사들은 끝내 병명을 알아내지 못하고 마지막 수단으로 신부가 행하는 악마추방 의식을 치르게 되지만, 결국 신부는 소녀의 영혼을 구하는 대신 악마의 희생양이 되고 만다.

자신의 분신인 도플갱어와 관련한 심리적 혼란 상태를 보여 주는 작품이 또 있다. 대런 아로노프스키 감독의 영화 〈블랙 스완〉이다. 이 작품에서 나탈리 포트만이 일생일대의 명연기를 펼친 니나 역은 백조와 흑조라는 상반된 성격의 1인 2역에 대한 압박감으로 인해 광기로 치닫는 한 발레리나의 강한 집착과 편집증적 불안, 질투심, 그리고 매우 위험하기까지 한 환각 경험을 보여 준다. 뉴욕 발레단 소속의 니나는 꿈에 그리던 '백조의 호수'에 주역으로 발탁된다. 하지만 그녀는 선과 악의 완벽한 조합을 요구하는 감독의 지시에 따라 흑조가 되고자 몰입하면 할수록 내면에서 솟구치는 어두운 욕망으로 인해 정체성의 혼란을 겪으며 자신과 타인을 구분 짓는 경계가 허물어짐을 느끼고, 자신의 또 다른 분신들을 여기저기서 목격하게 되면서 더욱 더 사악하고 파괴적인 모습으로 바뀌어 간다. 마침내 니나는 자신의 뱃속에 든 또 다른 분신을 죽이기 위해 깨진 유리조각으로 자해를 한다. 무대 뒤에서 펼쳐지는 잔인한 예술 세계의 현실을 반영한 걸작이다.

이와는 좀 달리 히치콕 감독의 고전적 공포영화 〈사이코〉는 해리 상태에서 살인을 저지르고도 자신의 행동을 기억하지 못하는 모텔 주인 노먼 베이츠의 이상심리를 다룬 공포 스릴러물이다. 죽은 어머니의 가발과 옷을 걸치고 젊은 여성 투숙객만을 상대로 살인을 저지르는 노먼의 행동은 어머니에게 빙의된 해리 상태에서 이루어진 현상으로 볼 수 있지만, 그 이면에는 다른 남자를 사귀던 어머니에 대한 질투심 때문에

〈블랙 스완〉에서 광기에 젖어 가는 발레리나 니나 역을 소화한 나탈리 포트만

그녀를 살해한 노만 자신의 죄의식을 떨쳐 버리기 위한 심리적 동기가 놓여 있었음이 밝혀진다. 샤워 중에 살해당한 여성 마리온의 클로즈업된 시선과 라스트 신에서 죽은 어머니의 목소리를 내며 기묘한 미소를 띠고 관객을 응시하는 노만의 시선이 압권인 작품이다.

이처럼 병적인 정신 상태가 아니면서도 사회적으로 소외되고 열등한 자가 우월한 위치에 있는 자를 상대로 충동적인 복수를 가하는 영화도 있다. 가장 고전적인 작품으로는 르네 클레망 감독의 영화 〈태양은 가득히〉를 들 수 있다. 가난한 청년 톰 리플리가 갑부의 아들인 친구 필립의 처지를 질투한 나머지 그를 죽인 후 자신이 필립 행세를 하며 호사를 누리고, 심지어는 필립의 아름다운 애인 마르주까지 차지하지만, 결국에는 필립의 시체가 발견되면서 모든 꿈이 수포로 돌아가고 만다는 내용이다. 물론 패트리샤 하이스미스의 원작 소설《재능 있는 리플리 씨》로 인해서 거짓말을 일삼는 사람을 가리켜 '리플리 증후군'이라는 용어로 부르기도 하는데, 이는 공식적인 의학용어가 아니다.

봉준호의 <기생충>

하지만 가진 자와 갖지 못한 자, 또는 갑과 을의 갈등과 대립을 그린 작품으로는 단연 봉준호 감독의 <기생충>이 압권이라 할 수 있다. 칸 영화제에서 황금종려상의 영예를, 그리고 아카데미 영화제에서 작품상과 감독상, 각본상을 휩쓸며 국제적으로도 가장 큰 돌풍을 일으킨 이 영화는 한국 영화의 위상을 널리 드높였을 뿐만 아니라 특히 금수저와 흙수저 등 자조적인 용어로 빈부 격차와 평등 문제에 강한 집착을 보이는 우리 사회에서 가히 폭발적인 흥행을 기록했다.

이 영화는 반지하에 사는 가난한 백수 가족이 부자인 박 사장 일가의 고급 저택에서 벌이는 해프닝을 다루고 있다. 배우 송강호는 백수 가장 기택 역을 맡아 가족을 이끌고 있는데, 기택의 아들 기우는 여동생 기정의 도움으로 명문대 출신인 것처럼 학력을 위조하고 박 사장의 딸 다혜의 영어 과외선생으로 위장 취업하고, 더 나아가 동생 기정도 박 사장의 아들 다송의 미술 과외선생으로 소개한다.

다만 학력을 위조한 아들 기우가 당당한 태도로 아버지에게 자신의 행동이 잘못되었다고 여기지 않는다고 말하는 장면과 그런 아들을 자랑스러워하며 칭찬하는 아버지 기택의 모습은 도덕성 문제를 여실히 드러낸다. 한술 더 떠서 기택이 서울대 문서위조학과를 언급하는 대목에 가서는 최근 사문서를 위조하여 딸을 부정 입학시켜 온 나라를 뒤집어 놓은 사건이 떠오르면서 코믹하면서도 매우 냉소적인 기운마저 감돌아 씁쓸한 여운을 남긴다. 그런 점에서 목적이 수단을 정당화한다는 매우 골치 아픈 주제가 등장할 수밖에 없다. 기택은 아버지 입장에서 아들의 그런 행동이 양심에 어긋나는 잘못된 일임을 지적하는 것이 아니라 "너는 다 계획이 있구나."라면서 오히려 아들의 기발한 계획에 감탄을 자아내고 있는데, 이는 곧 이들 부자의 양심 체계에 이상 징후가 드러났음을 가리킨다.

온갖 술수를 동원해 박 사장 집에 취업한 기택 일가는 박 사장 가족이 집을 비운 사이 마치 제 집처럼 저택을 차지하고 제멋대로 양주를 꺼내 마시며 즐기는데, 이들 가족의 모습은 가난이 무슨 특권이라도 된 듯이 아무런 양심의 가책도 느끼지 않고 부잣집의 재물에 함부로 손대는 행동을 보인다. 이는 마치 부자의 몸에 달라붙어 피를 빼는 기생충의 모습처럼 보이기도 하지만, 사실 그들은 오랜 세월 박 사장 집에 빌붙어 살던 가정부 문광과 그녀의 남편 근세에 비하면 아마추어 수준에 불과하다. 특히 문광이 기택 일가를 가족사기단이라 지칭하고 북한 방

〈기생충〉 포스터

송의 아나운서를 흉내 내어 세상을 조롱하듯 절규하는 모습은 그야말로 소름 돋게 만든다.

어쨌든 부잣집에 빌붙어 살던 두 기생 가족의 충돌로 영화는 예기치 못한 비극으로 치닫게 되는데, 마치 요즘 돌아가는 우리 사회의 일면을 엿보는 듯해 씁쓸한 기분이 든다. 요즘 세간에 떠도는 말 가운데 '보수 우파는 부패로 망하고, 진보 좌파는 분열로 망한다.'는 말도 있지만, 결국 기생과 상생의 문제는 우리나라뿐 아니라 전 세계 모두가 해결하지 못한 미완의 과제가 아닐 수 없다. 다만 우리가 놓치지 말아야 할 중요한 사실 한 가지는 의과대학 기생충학 과목에서 전하는 과학적 진실, '숙주가 죽으면 기생충도 죽는다'는 핵심적인 메시지가 아니겠는가.

비록 영화에서는 착하고 어리숙한 부자의 이미지와 영악하고 욕을 입에 달고 사는 천박한 빈자의 이미지를 대비시키고 있지만, 문제는 부자나 빈자 모두 도덕성에 결함을 드러내고 있다는 점이다. 결국 기택은 근세가 휘두른 칼에 찔려 자신의 딸 기정이 죽어 가는 모습을 속수무책으로 바라만 보다가 아수라장 속에서 엉겁결에 칼을 맞고 쓰러진 근세의 몸에서 풍기는 고약한 냄새를 견디지 못하고 구역질까지 하는 박 사장의 태도에 분격한 나머지 이성을 잃고 그를 살해하고 마는데, 평소에도 박 사장 부부는 유달리 냄새에 민감한 반응을 보였던 터라 부자에 대한 잠재적인 적의와 분노, 질투심, 열등감 등이 가난한 자를 멸시하는 듯한 박 사장의 언행으로 인해 한꺼번에 분출된 것이다. 그리고 문광의 남편 근세의 광란적 살인이나 기택 부부의 우발적인 살인이 그와 비슷한 감정을 잠재적으로 공유한 관객들에게는 묘한 대리만족을 제공할 수도 있을 것이다.

비록 아들 기우가 언젠가는 돈을 벌어 박 사장의 집을 사고 말겠다는 다짐을 지하에 갇힌 아버지에게 보냄으로써 일말의 희망을 내비치기도 하지만, 기우 역시 물질적 가치에만 집착하고 있다는 점에서 아쉬움이 남는다. 중요한 것은 집 자체가 아니라 집주인의 마음 상태이기 때문이다. 더군다나 그토록 충격적인 비극을 겪고도 삶에 대한 기우의 태도가 바뀐 점이 보이지 않아 더욱 아쉬움이 크다. 주인이 바뀐다고 해서 그 집이 더욱 좋아지는 것도 아니고 주인에 따라서는 집을 더 망쳐 놓을 수도 있기 때문이다. 그런 점에서 영화가 어딘가 개운치 못한 뒤끝을 남기는 것은 어쩔 도리가 없어 보인다.

< 조 커 > 의 도 덕 적 광 기

2019년 〈기생충〉과 같은 해에 미국에서 개봉된 토드 필립스 감독의 〈조커〉는 호아킨 피닉스의 광적인 연기가 압권이지만, 영화 배트맨 시리즈에 나오는 악당 조커와 마틴 스콜세지 감독의 〈코미디의 왕〉에 나오는 루퍼트 펍킨의 이미지가 오버랩된 느낌을 주기도 한다. 홀어머니와 함께 살면서 광대 알바 노릇을 하는 아서 플렉은 거리에서 가게 홍보를 하다가 불량배들에게 뭇매를 맞고 사장에게 혼난다. 그런 아서에게 동료 랜달은 호신용 권총을 선물하지만, 아동병원 행사에 가서 춤을 추며 환우들을 웃기다가 그만 권총을 떨어트리는 실수를 하는 바람에 직장에서도 해고를 당하고 만다.

평소 정신과에서 정기적으로 사회복지 상담을 받으며 약을 타 먹고 있던 그는 예산 삭감으로 그런 지원마저 끊기게 되자 어찌할 바를 모른다. 원래 아무런 이유 없이 터져 나오는 웃음을 참지 못하는 아서는 버스 안에서도 미친 듯이 웃어대는데, 사실 그것은 웃음이라기보다 차라리 분노에 가득 찬 울음처럼 보인다. 분장도 지우지 못한 채 해고 통보를 받은 그는 실의에 잠겨 지하철을 타고 가던 중에 양복을 걸친 세 명의 청년들에게 조롱과 함께 발길질을 당하게 되고, 급기야 그들을 총으로 살해하고 만다. 하지만 아서는 자신의 행동에 대해 전혀 죄의식을 느끼지 못한다.

한편 어머니가 뇌졸중으로 쓰러져 병원에 입원하게 되면서 과거 진료기록부를 통해 자신과 어머니에 관한 모든 비밀을 알게 된 아서는 곧바로 병실을 찾아가 어머니의 얼굴을 베개로 눌러 질식사시키고 만다. 그녀가 생모가 아니라 버림받은 자신을 입양해 키운 양모였으며, 게다가 끔찍스러운 아동학대를 가했던 장본인이었다는 사실을 알게 되었기 때문이다. 더 나아가 조문 인사차 방문한 랜달마저 가위로 찔러 죽이고 만다.

원래 무대 위에서 스탠딩 코미디를 하는 게 꿈이었던 아서는 어느 날 작은 술집 무대에 올라 처음으로 공연을 하게 되지만, 너무 긴장한 나머지 목이 잠기고 설상가상으로 발작적인 웃음까지 터져 나오는 바람에 공연을 망치게 된다. 하지만 그 장면이 인기 TV 프로그램인 '머레이 쇼'에 소개되어 시청자들의 좋은 반응을 얻게 되자 아서는 운 좋게 그 프로그램에 초대되기에 이른다. 하지만 자신을 초대한 이유가 관객을 전혀 웃기지 않는 점에 있었다는 사실을 알게 된 아서는 생방송으로 진행되는 쇼에서 자신의 살인 행위를 고백하고, 순식간에 총을 꺼내 자신을 모욕한 머레이를 살해한다. 그리고 세상에서 격리된 후에도 자성의 빛을 보이지 않고 코믹한 몸짓을 멈추지 않는다. 도덕적 광기의 극치를 다룬 영화가 아닐 수 없다.

영 화 와   사 회 적   변 화

지금까지 영화를 통해 살펴본 도덕적 광기의 모습은 수많은 작품 가운데 극히 일부에 지나지 않는다. 비록 여기서는 고대사회나 중세 암흑시대를 거쳐 식민제국주의 시대에 관한 영화들이 모두 제외되어 있지만, 도덕적 광기로 치자면 오히려 그 시대가 더욱 참혹했다고 할 수 있다. 이처럼 영화는 인간이 발휘할 수 있는 상상력의 한계를 무한대로 확장시킨 종합 예술 장르라 할 수 있다. 다만 상업적 흥행을 목적으로 하고 있기 때문에 대중의 관심과 인기를 끌기 위해서는 수단과 방법을 가리지 않고 보다 자극적인 내용을 동원하기 쉽다는 허점을 안고 있다. 더 나아가 다른 예술 장르에 비해 대중적 취향에 부합하는 내용이 주를 이루기 때문에 사회적 파급효과나 영향력 면에서 더욱 강력한 위력을 발휘한다고 볼 수 있다. 어찌 보면 대중음악이나 TV 뉴스보다 영화가 지닌 호소력이 더욱 막강해 보이기도 한다. 그것은 과거 전체주의 독재국가들에서 얼마나 영화 매체에 공을 들이고 지원과 육성을 아끼지 않았는지 돌이켜 보면 곧바로 이해가 될 것이다.

그런 점에서 우리는 도덕적 광기의 문제가 앞으로도 계속해서 모든 사회적 변화의 흐름에 지대한 영향력을 행사할 것으로 보기 때문에 그런 문제를 영화 장르가 어떻게 다루어 나갈지 예의주시하게 되는 것이다. 물론 성과 죽음, 살인과 폭력의 주제가 대중적 관심을 이끄는 데 불가피하다는 점을 인정할 수밖에 없다 하더라도 삶에 대한 성찰이나 반성의 여지 없이 처음부터 끝까지 시종일관 도덕적 광기의 모습만을 보여 주는 영화라면 아예 안 보느니만 못한 결과를 낳을 수도 있다. 실제로 우리는 그런 영화들을 수시로 접하기 때문에 노파심에서 하는 얘기다. 따라서 남들이 본다고 무분별하게 덩달아 극장으로 달려가 표를 끊을 일이 아니다. 오늘날에 와서 영화처럼 인간의 의식을 지배하고 초자아를 마비시키는 예술 장르도 드물기 때문이다. 하지만 요즘 세상은 인터넷이나 스마트폰을 통해서도 언제 어디서나 영화를 감상할 수 있으니 결국 영화를 관람하는 대중의 도덕성과 비판의식이 문제 해결의 열쇠를 쥐고 있다고 할 수 있겠다.

드라마 속의 도덕적 광기

───────── 요즘은 한국 드라마가 한류 붐을 타고 지구촌을 매료시키고 있지만, 사실 우리나라 안방극장의 위력이 최초로 발휘된 것은 지금으로부터 반세기 전 흑백 TV 시절인 1970년대 초에 폭발적인 시청률을 보이며 장안에 화제가 되었던 〈아씨〉와 〈여로〉였다. 특히 〈여로〉에서 주인공 영구 역을 맡은 장욱제의 바보 연기는 당시 얼어붙은 유신정국을 맞이해 숨죽이고 바보처럼 살아야만 했던 숱한 서민들의 심경을 대변했다고 볼 수도 있다. 따라서 바보 영구는 연이은 장기 독재 시대의 도덕적 광기에 무기력하기만 했던 모든 남성의 상징인 셈이다. 그런 바보 영구의 모습은 그 후 1980년대 코미디언 심형래의 바보 영구로 거듭 태어나 수많은 어린이의 사랑을 독차지하기도 했다.

한때 우리는 TV를 '바보상자'라고 부르며 냉대한 적이 있다. 특히 9시 땡전 뉴스로 악명이 자자했던 5공화국 시절에는 아예 TV를 꺼 버리기도 했으며, 그래서 TV 안 보기 운동이 벌어진 적도 있을 만큼 TV는 푸대접을 받기도 했다. 하지만 하루도 TV를 보지 않고는 살아갈 수 없을 정도로 TV는 오늘날 우리 삶의 일부로 자리 잡은 지 오래다. 그리고 역설적인 현상이긴 하나 우리는 오히려 그토록 중독성이 강한 바보상자 덕분에 궁핍하고 암울한 시대를 그나마 그런대로 견디고 산 셈이다. 물론 그 일등공신은 바보상자가 펼쳐 보이는 안방극장과 코미디 프로그램이었으며, 역설적으로 그런 바보상자가 아니었으면 우리나라 국민들의 정신건강은 그야말로 화병으로 몸져누웠을 게 분명하다.

더욱이 우리나라 TV 드라마의 제작 솜씨는 그동안 눈부신 발전을 거듭한 결과 오늘날에 와서는 한류 열풍의 주역으로 떠오를 만큼 그 인기가 대단하다. 비록 오늘날의 현대문화를 지탱하는 3대 요소로 꼽히는 스크린, 스포츠, 섹스를 일컬어 3S 시대라고 부르며 부정적인 시각에서 보기도 하지만, 그런 점에서는 안방극장이 정치적 무관심으로 유도하는 권력층의 전략에 이용당했다기보다는 오히려 시대적 모순과 우리 자신들의 자화상을 부각시키는 효과를 통해 시청자들의 의식을 더욱 강화시킨 결과를 가져왔다고 볼 수도 있지 않을까.

안 방 극 장 에 서   마 주 친   도 덕 적   광 기

안방극장 초기에는 MBC의 〈신부일기〉〈전원일기〉 등 가족 드라마와 〈수사반장〉과 같은 수사물이 주를 이루었지만, 그 후 민주화 시대를 맞이하면서 그동안 사회적 금기의 대상이었던 주제들이 드라마에서 다루어지기 시작했다. 가장 대표적인 예는 일본군 위안부 문제와 731부대의 만행, 지리산 빨치산의 활동을 다룬 SBS 드라마 〈여명의 눈동자〉 그리고 5월 광주 및 삼청교육대의 참상을 다룬 〈모래시계〉라 할 수 있다. 그리고 이들 작품을 통해서 도덕적 광기에 빠진 인간의 모습이 적나라하게 묘사되기 시작한 것이다. 마치 그것은 건전가요의 사슬에서 풀려나 거침없는 무대 매너를 보이기 시작한 십 대 아이돌 그룹의 출현처럼 새로운 시대의 도래를 알리는 예고탄이기도 했다.

SBS 드라마 〈모래시계〉의 주인공 박태수가 카리스마적인 조폭 두목이었다면, 〈야인시대〉는 광복 후 정치판에 뛰어든 깡패 두목 김두한을 중심으로 조폭 세계의 비화를 다룬 드라마다. 비정하고도 도덕적 광기로 가득 찬 지하 암흑세계의 어두운 측면을 낱낱이 보여 주었다는 점에서 섬뜩한 느낌을 주기도 했지만, 다른 한편으로는 조폭 세계나 정치판이나 크게 다를 게 없다는 자괴감을 심어 주기도 했다. 그런 느낌은 전두환을 중심으로 전개되는 MBC 드라마 〈제5공화국〉을 통해서 더욱 분명해진다.

충격적인 라스트 신으로 유명한 SBS 드라마 〈발리에서 생긴 일〉이나 세상에서 버림받고 시한부 인생을 살아가는 해외입양아의 운명적인 복수극을 다룬 KBS2 이색 드라마 〈미안하다 사랑한다〉처럼 애정 문제와 뒤엉킨 도덕적 광기의 모습도 있지만, 돈에 미친 인간들의 추악한 도덕적 광기를 파헤친 SBS 드라마 〈쩐의 전쟁〉과 〈돈의 화신〉은 황금만능주의에 물든 현대사회의 이면을 고발한다. 어디 돈뿐인가. 대학병원을 무대로 벌어지는 의사들의 출세에 대한 야망과 음모, 암투를 다룬 MBC 드라마 〈하얀 거탑〉이나 KBS2 드라마 〈브레인〉 역시 정치판을 능가하는 의료계의 치열한 권력 다툼과 도덕적 광기의 모습을 집중적으로 보여 준다. 특히 〈브레인〉에서 보여 준 신하균의 신들린 듯한 광적인 연기가 일품이다.

MBC 드라마 〈반짝반짝 빛나는〉은 병원 분만실의 실수로 인생이 뒤바뀐 두 여성 한정원과 황금란의 기구한 운명을 다룬 드라마로, 고지식하고 멋대가리 없는 출판사 편집장 송승준을 사이에 두고 두 여성은 치열한 각축전을 벌인다. 그 과정에서 벌이는 금란 역의 이유리가 보여 주는 광기 어린 연기가 단연 돋보인다. 자신의 목적을 위해서는 수단과 방법을 가리지 않는 금란의 모습이 도덕적 광기에 물든 현대인의 전형을 보는 듯해 모골이 송연해진다.

SBS 드라마 〈샐러리맨 초한지〉는 힘없는 월급쟁이들의 애환을 다소 코믹하게, 때로는 처절하게 다룬 드라마로, 살아남기 위해 몸부림치는 샐러리맨들과 부와 권력에 집착해 온갖 음모와 비리를 자행하다 파멸에 이르는 인간군상의 모습들을 적나라하게 보여 준다. 여기에 등장하는 유방, 항우, 진시황 등은 모두 중국 고대사를 다룬 소설 〈초한지〉에서 따온 인물들이지만, 드라마의 전개와는 아무런 상관이 없다. 능청스러운 충청도 사투리를 구사하는 유방과 출세욕에 불타는 약삭빠른 최항우 사이에 벌어지는 코믹한 두뇌게임도 흥미진진하지만, 천하그룹 진시황 회장의 외손녀 백여치와 진 회장의 수석비서로 그를 살해하고 회장 자리에 오른 모가비 사이에 벌어지는 목숨을 건 필사적인 대결이 극의 긴장도를 더욱 높인다. 걸핏하면 내뱉는 욕설과 천방지축 제멋대로인 행실로 아무도 못 말리는 공주병 환자 백여치 역을 맡은 정려원에 못지않게 탐욕에 눈이 멀어 온갖 음모와 비행을 일삼는 모가비 역의 김서형이 보여 준 지독한 악녀 연기는 그야말로 가슴이 서늘할 정도다.

SBS 드라마 〈추적자〉는 백 형사 역을 맡은 손현주의 열연이 단연 돋보이는 긴장감 넘치는 드라마로, 무참하게 어린 딸을 잃은 형사 백홍석이 막강한 권력자이자 대통령 후보로 나선 강동윤을 상대로 혈투를 벌이는 스릴러물이다. 마치 그것은 계란으로 바위를 깨는 싸움으로 보이기도 하지만, 결코 포기를 모르는 집념의 형사 백홍석은 정치적 거물 강동윤을 무너뜨리고 감옥으로 보낸다. 힘없는 소수의 희생을 수레바퀴에 밟혀 죽는 몇 마리 벌레에 비유하는 강동윤의 대사가 우리의 정치적 현실을 대변하는 도덕적 광기의 전형처럼 보이기도 한다.

MBC 드라마 〈왔다! 장보리〉는 뒤바뀐 운명의 두 여인 장보리와 연민정을 중심으로 그녀들의 친어머니 김인화, 도혜옥이 이끄는 두 가족 사이에 벌어지는 암투와 음모, 갈등을 다룬 이야기다. 결국 장보리는 우여곡절 끝에 자신의 친부모를 되찾고 어릴 때 소꿉친구였던 이재화와 다시 만나 해피엔딩을 이루지만, 세속적인 야망에 불타 온갖 나쁜 짓을 다 했던 연민정은 결국 파멸을 맞이하고 만다는 권선징악 드라마다. 민정 역을 맡은 이유리의 광기 어린 연기가 여기서도 단연 돋보이는 드라마다.

KBS2 드라마 〈동네변호사 조들호〉는 한때 잘 나가던 검사 조들호가 검찰 내부 고발 사건에 휘말려 자포자기적인 삶에 빠져 지내다가 다시 재기해서 힘없는 소시민을 위해 발로 뛰는 동네 변호사로 변신하는 이야기다. 세속적인 성공과는 거리가 먼 인권 변호사의 길을 걸으며 제2의 인생을 펼치는 조들호 역에는 박력 있는 연기자 박신양이, 그리고 그를 곁에서 돕는 조수 이은조 역은 강소라가 맡았다. 하지만 그중에서도 가장 압권은 도덕적 광기로 온갖 비리를 저지르는 유치원 원장 역의 김정영이 보여 준 신들린 듯한 연기에 있다고 할 수 있다. 그녀의 미친 존재감은 그야말로 타의 추종을 불허한다.

MBC 드라마 〈몬스터〉는 도도그룹이라는 거대한 권력 집단의 음모로 가족과 인생 모든 것을 빼앗긴 강기탄이 도덕적 광기에 빠진 특권층을 상대로 통쾌한 복수극을 펼치는 이야기다. 비록 강기탄은 첫사랑 오수연을 원수 집안의 아들 도건우에게 빼앗기는 아픔을 겪기도 하지만, 결국에는 자신의 부모를 죽게 만든 것도 모자라 자신에게 누명까지 씌워 감옥에 보낸 이모부 변일재를 형장의 이슬로 사라지게 만들고 도도그룹도 몰락시킴으로써 복수에 성공한다. 하지만 이 드라마의 백미는 역시 악의 화신 변일재 역의 정보석이 보여 준 광기 어린 연기에 있다고 할 수 있다. 제목 몬스터가 뜻하는 괴물이야말로 이 세상을 오염시키는 도덕적 광기의 상징적 표현이 아니겠는가.

JTBC 드라마 〈품위 있는 그녀〉는 상류사회의 속물근성과 도덕적 문란에 더해서 그들을 농락하고 모든 것을 빼앗으려다가 파멸로 끝나는 사회 밑바닥 출신 간병인 박복자의 도덕적 광기를 드러낸 드라마다. 대성펄프 회장 안태동은 항상 사고뭉치인 2남 1녀를 두었지만, 그래도 믿고 의지할 만한 가족으로 모든 면에 일 처리가 능하고 항상 품위를 잃지 않는 둘째 며느리 우아진이 있어 마음 든든하다. 그런 안 회장의 건강을 돌보기 위해 집안에 들어온 간병인 박복자는 어리숙한 안 회장을 유혹해 결국 부인의 자리를 차지했을 뿐만 아니라 회사까지 팔아먹을 욕심을 부린다. 하지만 과유불급이라고 신분 상승에 도취된 나머지 온갖 전횡을 일삼던 그녀는 결국 누군가에 의해 살해되고 만다.

< 오 징 어   게 임 > 과   < 지 옥 >

〈오징어게임〉 포스터

최근 넷플릭스에서 공개되면서 전 세계 팬들을 열광시킨 〈오징어 게임〉과 〈지옥〉도 도덕적 광기라는 측면에서 볼 때 매우 흥미로운 시사점을 제공한다. 우선 황동혁 감독이 연출을 맡은 〈오징어 게임〉을 살펴보면, 돈 때문에 빚더미에 올라 인생 파멸의 위기에 처한 사람들을 모아놓고 거액의 상금과 목숨을 담보로 게임을 벌인다는 설정이 몹시 충격적이다. 그것도 우리가 어린 시절에 누구나 즐기던 추억의 게임을 통해서 목숨을 거는 일이니 그런 아이러니도 달리 없을 것이다. 물론 이 드라마의 핵심적인 메시지는 돈에 미친 도덕적 광기와 더불어 물질만능주의에 물든 자본주의사회의 고질적인 병폐를 희화적으로 꼬집는 것이기도 하겠지만, 그런 가운데서도 인간적인 유대관계와 상호 신뢰의 중요성을 은근히 강조함으로써 한 가닥 희망의 끈을 놓지 않는다.

연상호 감독이 연출한 〈지옥〉은 얼핏 보면 신의 존재와 사후세계를 다룬 듯한 종교적 메시지나 도덕적 광기에 사로잡힌 사이비종교의 폐단을 패러디한 작품으로 보이기도 하지만 사실 그것은 매우 표면적인 인상일 뿐이고, 보다 근원적인 시각에서 볼 때 지옥은 다른 세상에 별도로 있는 게 아니라 우리가 몸담고 살고 있는 이 현실 자체가 지옥이라는 것이다. 다시 말해서 극중에 등장하는 신흥종교 새진리회와 광신적 집단 화살촉처럼 신의 이름을 빙자해 모든 권력을 독차지하고 대중매체를 이용해 모든 사람을 무기력한 정신적 노예나 파블로프의 개로 만들어 버리는 실로 두려운 반사회적 사회야말로 진정한 의미의 살아 있는 지옥이라는 의미다. 따라서 살아남은 아기의 존재를 통해 그들이 전하는 메시지의 허구성을 깨달은 민중의 각성이 얼마나 중요한 일인지 강조하는 듯이 보인다.

드 라 마 중 독 과 해 독

우리는 서로 치열하게 각축전을 벌이는 축구 시합을 보면서 마치 한 편의 각본 없는 드라마를 보는 것 같다고 말한다. 결과를 아무도 예측할 수 없기 때문이다. 그런가 하면 매일처럼 TV 드라마를 보면서도 그것은 허구적인 내용의 각본에 따른 그저 드라마일 뿐이라며 애써 그 의미를 축소하기도 한다. 그러면서도 매일 그 시간이 되면 여지없이 TV를 켜고 드라마를 또 보게 된다. 그것은 왜 그럴까. 드라마에 중독되어서일까. 아니, 꼭 그렇지만도 않다. 우리는 자신도 모르게 드라마 내용과 등장인물에 우리 자신을 대입시키고 그들과 함께 희로애락을 공유하는 가운데 뭔가 카타르시스를 느끼기 때문에 그토록 드라마에 매달리는 것이다.

물론 드라마 속에는 온갖 갈등과 애증이 교차되고 더 나아가서는 상식적으로 용납하기 어려운 사악하고 가증스러운 도덕적 광기의 모습도 등장하기 마련이다. 그럼에도 우리는 그런 장면을 보면서 적어도 내 주변에는 그런 일들이 벌어지지 않는다는 사실에 안도하고 아무 일도 일어나지 않는 현실에 감사함을 느끼며 잠자리에 드는 것이 아니겠는가. 그런 점에서 드라마는 일종의 해독제인 동시에 안정제 노릇도 하는 셈이다. 그렇게 우리는 드라마를 통해서 일시적인 환기와 치유의 효과를 만끽하고 있으니 그저 감사할 따름이다.

대중음악과 도덕적 광기

—————— 오늘날 서양의 대중음악은 과거의 영광을 되찾지 못하고 극심한 슬럼프에 빠져 있는 느낌이다. 물론 그런 현상은 중국이나 일본 역시 마찬가지다. 그런 공백을 틈타 한류열풍이 전 세계를 강타하고 있는 가운데 특히 방탄소년단을 비롯한 K-팝의 위세가 지구촌을 뒤흔드는 기이한 현상까지 일어나고 있다. 물론 국위를 널리 선양한다는 점에서 나쁠 것은 없다. 다만 그토록 돌풍을 일으키고 있는 인기의 배경으로 들 수 있는 것은 그만큼 지구촌의 젊은이들이 고루한 가치관과 이념에 식상해하고 있으며, 이상기후 변화 못지않게 도덕적으로 황폐해진 서구 대중음악의 매너리즘에 지겨워하고 있음을 반증한다고 볼 수 있다.

그런 점에서 한국 아이돌 그룹이 보여 주는 매우 거침이 없고 당돌하며 자유자재로 일사분란하게 움직이는 몸동작과 순수하고 귀여운 모습을 통해 규율 속에 분출되는 자유로움의 기묘한 조화뿐 아니라 도덕적으로 매우 건전하고 감성적인 메시지가 비록 문화적 풍토가 다른 젊은이들이라 하더라도 나름대로의 분출구를 찾고자 하는 지구촌의 다른 청소년층에 더욱 어필할 수 있었던 것으로 보인다. 특히 정치적·경제적으로 불안정한 동남아시아나 중남미의 젊은이들, 이슬람 교리에 묶여 성차별에 시달리는 젊은 무슬림 여성들, 고루한 가치관이나 이념에 얽매어 세상의 눈치를 보고 살 수밖에 없는 중국과 일본의 젊은이들, 또한 도덕적 해이로 인해 온갖 위험에 노출되어 살 수밖에 없는 유럽 및 미국의 젊은 여성들 사이에서 K-팝 열기가 뜨거운 것은 그만큼 그들이 몸담고 사는 사회가 정서적 안전감을 제공해 주지 못한다는 사실을 반증하는 것이 아닐까 한다. 따라서 K-팝은 그들에게 일종의 항불안제나 항우울제 역할을 한다고 볼 수도 있다.

그렇다고 해서 한국의 아이돌 그룹이 도덕적으로 완벽하다는 뜻은 물론 아니다. 다만 그들의 눈에 그렇게 비치는 것이기 쉽다. 마치 굶주린 사람의 눈에는 길거리 표지판도 먹음직스러운 음식처럼 보이듯이 말이다. 단적인 예로 미국사회의 대중음악을 들자면, 비록 다양한 장르의 음악이 대중적 사랑을 받고 있지만, 그중에는 두터운 인종차별과 사회적 계층의 벽을 뚫지 못하고 밑바닥 생활을 전전해야만 하는 흑인들의 불만을 심한 욕지거리로 대변한 랩 음악이 주종을 이루고 있으며, 다른 한편에는 고루한 청교도적 가치관에 바탕을 둔 기득권 세계를 향한 불만과 조롱을 강렬한 리듬과 반사회적 메시지에 담아 퍼뜨리는 펑크 음악 및 사탄 록이 있다.

사 탄 록 과 악 마 주 의

특히 미국사회의 소외계층에서 비롯된 사탄 록과 악마주의는 주로 반사회적 메시지를 노래에 담아 젊은 청소년층을 대상으로 전파하는 것이 특징이다. 물론 신과 악마, 천사와 마귀 등의 용어는 종교적 관점에서 나온 것이다. 그러나 인간의 무의식 내면에는 악마적 요소가 다분히 내포되어 있다. 모든 욕망의 충족을 위해 무의식은 쉴 새 없이 인간의 자아를 위협하고 충동질한다. 그런 관점에서 본다면 무의식적 욕망을 적절히 통제하고 조절할 수 있는 건강한 자아의 기능이 필수불가결하다.

악마주의란 기독교적 관점에서 볼 때 신의 메시지를 거부하고 악마

의 메시지에 따르는 행위를 말한다. 온갖
부도덕한 근친상간, 난교, 가학적 잔혹 행
위, 도착적 성행위, 마약과 혼음, 살인과 폭
력 등에 대한 공공연한 찬미는 윤리도덕적
인 구태의연한 메시지보다 더욱 인간 무의
식을 자극하고 미혹되게 이끈다. 특히 건
전한 인성의 확립이 완성되지 못한 청소년
들에게 이러한 메시지는 물리치기 어려운
유혹으로 다가오기 마련이다.

2007년 상파울루에서 공연하는
마릴린 맨슨

　수년 전 공연차 한국을 다녀간 마릴린
맨슨에 열광하는 젊은이들을 보면 도덕적 판단의 마비 수준이 어느 정
도에까지 이르렀는지 알 수 있다. 마릴린 맨슨의 그룹명은 여배우 마릴
린 먼로와 살인마 찰스 맨슨에서 따온 이름이다. 마릴린 먼로는 섹스
심벌이었으며, 찰스 맨슨은 로만 폴란스키 감독의 아내 샤론 테이트를
무참하게 집단살해한 주범이었다. 즉, 마릴린 맨슨이라는 그룹명이 상
징하는 것은 섹스와 살인이다. 실제로 마릴린 맨슨은 찰스 맨슨을 존경
한다고 공언했다. 그들의 공연 의상이나 화장술도 악마의식을 연상시
키는 매우 음산한 모습을 보여 준다.

　더욱 심한 것은 그룹 KISS다. 그들이 발표한 앨범들을 보면 온통 사
악한 내용들 투성이니 악마숭배자들이라는 오해를 사기에 충분하다.
예를 들어, 'Hotter Than Hell' 'Destroyer' 'Love Gun' 'Lick It Up' 'Ani-
malize' 'Asylum' 'Crazy Nights' 'Revenge' 'Psycho Circus' 'Killers' 등이
다. 이들과 비슷하게 음산한 메시지를 주는 그룹 블랙 사바스는 영국의
하드 록 밴드다.

소위 사탄을 숭배하는 악마주의 냄새를 물씬 풍기는 사탄 록은 답답한 교리만을 강요하는 기독교 사회의 어쩔 수 없는 부산물이기도 하겠지만, 그것은 기독교에 대한 종교적 이유에서 비롯된 저항이 아니며 결손가정 출신의 성격장애자들이 자신들의 반사회적 성향들을 합리화시키는 수단에 불과한 것이기 쉽다. 실제로 그들은 흑마술, 사탄숭배, 마녀숭배, 신성모독, 반그리스도 등의 반종교적 모토를 내걸고 기득권 세계에서 소외당한 체제 불만층을 규합하고 선동하기 위한 수단으로 활동하는 것이다.

그들이 즐겨 사용하는 악마의 상징으로는 주로 고대 이방종교에서 숭배하던 바알 신의 상징인 동물의 뿔을 들 수 있는데, 뿔이 하나인 일각수(一角獸) 역시 동일한 의미를 지닌다고 할 수 있다. 해골과 악마의 형상으로 치장한 그들은 무대 위에서 노골적인 성행위 묘사로 청중을 자극하는가 하면, 노래 부를 때마다 사탄의 상징인 뿔 모양의 손짓을 보이기 마련이다. 둘째와 새끼손가락을 치켜세운 모습이 사탄의 뿔과 닮았기 때문이다. 청중 역시 그들과 똑같은 손짓으로 답하며 열광한다. 어디 그뿐인가. 그들은 무대 위에서 살아 있는 닭의 목을 비틀고 자르는 잔혹 행위를 보여 주고 그 흘린 피를 청중 앞에 뿌리기도 하면서 흥분시킨다. 문제의 심각성은 이러한 반사회적인 메시지에 현혹되어 우리의 청소년들이 문화적 차이에 따른 사회적 배경을 고려함이 없이 무조건적으로 그와 같은 메시지에 열광하고 모방하려 든다는 점에 있는 것이다.

공연하는 W.A.S.P.

성 과 폭 력

이처럼 교묘히 위장된 형태로 활동하며 청소년들의 건전한 심성 발달을 저해하는 반사회적·비윤리적 메시지의 은밀한 전파에 종사하는 그룹들이 서구사회에 널리 퍼져 있다는 점이 문제다. 예를 들어, 그룹 W.A.S.P.는 마치 White Anglo-Saxon Protestant의 약자처럼 보이도록 위장되었지만, 실제로는 'We Are Sexually Perverted'의 줄임말이다. 직역하자면 '우리는 성도착자라'는 뜻이다. 록밴드 이름 AC/DC는 얼핏 보면 전기의 직류와 교류를 의미하는 것처럼 보이지만, 동성애와 이성애를 가리지 않고 전천후 섹스가 가능한 관계를 뜻한다.

섹스 피스톨즈나 건즈 앤 로지스 등의 그룹은 노골적으로 남근의 상징을 드러내며 청중을 자극한다. 그룹 KISS는 입맞춤의 뜻이 아니라 'Knights In Service Satan'의 줄임말로 악마에 봉사하는 기사단을 의미한다. 영국의 록밴드 10cc는 정액의 사출량이 10cc나 될 정도의 강력한 섹스 파워를 과시한다는 의미에서 붙인 그룹명이다. 빌리지 피플의 노래 'Y.M.C.A'도 기독청년회(YMCA)와는 아무런 상관도 없는 내용으로 실제로는 게이 남성들을 찬미한 내용이며, 더군다나 롤링 스톤즈의 앨범 제목 '네크로필리아(Necrophilia)'는 시체를 상대로 섹스 행위를 하는 시간(屍姦)을 뜻하는 말이니 듣기만 해도 모골이 송연해진다.

하지만 이 정도는 약과다. 성적인 도발뿐 아니라 노골적인 폭력 찬미도 문제다. 영국 출신의 그룹 섹스 피스톨즈는 아예 대놓고 "나는 적그리스도이자 무정부주의자이며, 파괴를 원한다."라고 외친다. 그룹 폴리스도 살인을 권장하는 노래를 부르고, 심지어 앨리스 쿠퍼는 살아 있는 병아리를 죽여서 그 내장을 청중에게 던지는가 하면, 살아 있는 사람처럼 보이는 인형을 들고 나와 온몸을 조각내고 잘라 내는 퍼포먼스를 벌이기도 한다. 오지 오즈본 역시 동물의 머리를 물어뜯거나 악마에게 죽은 염소를 바치는 의식을 거행하기도 했다.

이뿐만이 아니다. 히틀러와 파시즘을 찬양하는 블루 오이스터 컬트는 '죽음의 신을 두려워 말라(Don't Fear the Reaper)'라는 노래에서 자살을 권장하고 있으며, 가수 블론디 역시 늙어 추해지기 전에 아름다운 젊음을 간직한 채 자살하라고 부추긴다. 실제로 블랙 사바스의 멤버였던 오지 오즈본의 노래 '자살 해결법(Suicide Solution)'을 듣고 한 청년이 권총 자살하는 사건까지 일어날 정도였다. 상황이 이 정도니 마약을 권장하는 노래들은 일일이 소개할 필요조차 없을 것이다.

Rock and Roll은 본래 흑인들의 은어로 성행위를 의미한다. 흔들고 구른다는 뜻에서 사용한 듯하다. 로큰롤의 제왕 엘비스 프레슬리는 노

텔아비브에 있는 27클럽의 그래피티

래 부를 때 숨찰 정도로 빠르고 자극적인 하체 율동과 몸짓을 최초로 보여 준 가수인데, 그 후로 미국의 대중가요 무대에서는 노골적인 성의 묘사나 자극이 더욱 박차를 가하게 되었다. 우리나라 어르신들이 보기에는 복을 터는 저급한 행위가 아닐 수 없겠지만, 실제로 마약에 찌들어 살던 숱한 가수가 불행한 말로를 맞이해야 했으니 미국의 대중 매체에서 지칭한 가공의 명칭 '27클럽'에 속한 가수들이 이에 속한다고 할 수 있다. 27세라는 한창 나이로 요절했기 때문에 이런 명칭이 붙은 이 그룹에는 지미 헨드릭스, 재니스 조플린, 도어스의 짐 모리슨, 롤링 스톤스의 리더였던 브라이언 존스, 너바나의 커트 코베인 등이 대표적인 인물로 꼽힌다.

기독교 사회에서 가장 성스러운 이름으로 불리는 성모의 이름을 과감하게 빌린 마돈나는 'Like a Virgin'을 부를 때, 그녀의 무대 위에 침대를 설치하고 속옷 바람으로 그 위를 뒹굴며 노래를 부르는가 하면 두 사람의 남자 보조들과 애무를 나누는 장면을 거침없이 보여 주기도 한다. 노래 내용 자체도 어떤 누구와도 성관계를 자유로이 갖더라도 마음만은 처녀와 같다는 메시지를 전하는 내용이다. 애니타 워드의 'Ring My Bell'에서 벨은 현관문의 벨이 아니라 여성의 클리토리스를 의미한다. 주다스 프리스트의 'Eat Me Alive' 또는 시나 이스턴이 부른 'Sugar Walls' 역시 노골적인 성적 묘사로 일관한다. 신디 로퍼가 부른 'She Bop'은 자위 행위를 하는 여성을 노래하고 있는데, 여기서 Bop은 성기를 때리거나 두들기는 의미로 쓰이는 미국의 속어다. 우리나라의 왁스는 이 노래를 다시 리메이크해서 '오빠'라는 곡으로 발표하여 큰 인기를 끌기도 했다.

한때 전 세계적으로 대히트했던 마이클 잭슨의 'Beat It'은 동성애자들의 자위행위를 묘사한 것으로, 실제로 노래를 부를 때의 제스처도 성기 부위를 특별히 강조하고 있다. 프린스는 한술 더 떠 'Sister, Sister'에서 근친상간을 노래한다. W.A.S.P의 'Fuck Like a Beast', 딥 퍼플의 'Knockin' at Your Back Door' 등은 성행위시 체위를 나타내며, 행크 톰슨의 'Swing Wide Your Gates of Love' 또는 화이트 스네이크의 'Slide It In' 등의 노래 역시 노골적인 성행위를 드러낸다. 건즈 앤 로지스는 그룹 이름부터 '총과 장미'로 남녀의 성기를 상징하는데 그들이 부른

건즈 앤 로지스의 로고

'Welcome to the Jungle'을 살펴보자. "넌 모든 이의 섹시 걸이야. 만족시키기 어렵지. 밝은 빛을 맛볼 수 있겠지만, 정글에서 공짜로 그렇게는 안 될 거야. 정글로 와요. 나의 뱀을 만져요. 난 네 외치는 소리를 듣고 싶어." 물론 여기서 뱀은 남근을 상징한다.

대 중 음 악 의 두 얼 굴

오늘날 대중음악계의 총아로 등장한 랩 문화 탄생의 배경을 보면 미국 대도시의 뒷골목이나 빈민가를 배회하던 소외당한 흑인 래퍼들이 자신들의 현실적인 절망감과 좌절 그리고 욕구불만을 온갖 욕설과 증오심으로 중얼대던 노래에서 비롯된 것으로, 당연히 그중에는 반사회적 메시지를 담은 내용들이 많을 수밖에 없다. 실제로 미국의 래퍼들 중에는 갱 조직의 일원이면서 가수 활동을 겸하는 인물들도 적지 않다고 한다. 심지어 갱스터 음악 가운데 어떤 그룹은 진정한 성혁명의 완수를 위해서는 이 세상의 모든 어머니가 아들에게 직접 성경험을 가르치고 솔선수범하여 근친상간을 실천해야 한다고 외치기도 한다. 이런 메시지야말로 도덕적 광기가 아니고 무엇이겠는가. 상황이 그토록 심각하니 그나마 도덕적으로 건전한 메시지를 전하는 K-팝이 전 세계의 젊은이들과 부모 세대를 사로잡는 게 아니겠는가.

물론 노래 없이 살아간다는 일은 음악이 없는 세상처럼 상상조차 할 수 없다. 그만큼 우리는 대중가요에 익숙하고 노래에 흠뻑 젖어 살아간다. 노래 반주는 항상 흥겹고 때로는 우리를 진정시키기도 한다. 물론 노래에 살고 노래에 죽는 것처럼 오로지 노래에만 매달려 사는 것은 아니지만, 우리가 말로 할 수 없는 정서를 대중가요가 대신 실어 주고 더욱 손쉽게 공유할 수 있는 길을 터주는 것도 사실이다. 그런 점에서 대중가요는 부정적인 효과보다 긍정적인 측면이 더욱 강하다고 할 수 있다.

다만 우리가 경계할 부분은 사악하고 부도덕한 메시지를 전하는 일부 대중가요에 있으며, 적절한 사회적 여과장치와 자정 능력이 요구되

는 것도 순진무구한 청소년들을 보호하기 위함이다. 앞으로 이 나라를
짊어지고 갈 주체는 바로 그들이기 때문에 더욱 그렇다.

3부

반사회적
인간과
사회

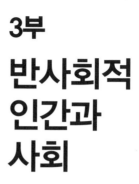

3부

**반사회적
인간과
사회**

도덕적 광기와 사이코패스

초자아 기능에 가장 심각한 이상 현상을 보이는 도덕적 광기의 예로는 단연 사이코패스를 들 수 있다. 사이코패스(psychopath)는 심리학적 용어로 대중적 차원에서 널리 사용되고 있지만, 정신의학에서는 반사회성 인격장애라 부른다. 한때는 도덕 정신병으로 불린 적도 있을 만큼 반사회성 인격은 신경증보다 심각하고 정신병보다는 덜한 중간 상태로 간주되기도 했다. 따라서 집단적 차원에서 보이는 윤리·도덕적 차원의 붕괴 현상은 곧 집단적 도덕 정신병 단계에 있다고 판단해도 무리는 아닐 것이다. 물론 심리학자에 따라서는 사회 적응 능력에 따라 선천적 사이코패스와 후천적 소시오패스로 세분하기도 하지만, 사실 그런 인위적인 구분은 도덕적 광기 차원에서 볼 때 큰 의미는 없다고 할 수 있다.

그런 점에서 사이코패스는 결코 정신병보다 덜한 상태로 보기 어려울 뿐만 아니라 경우에 따라서는 정신병보다 더욱 심각한 광기로 볼 수도 있다. 왜냐하면 겉으로만 봐서는 너무도 멀쩡해 보이는 데다 더 나아가 강력한 매력과 카리스마를 발산하며 집단의 우두머리가 되어 추종세력을 이끌기도 하기 때문이다. 어디 그뿐인가. 거기에 머리까지 좋으면 남다른 화술과 설득력으로 대중적 인기를 독차지하기도 한다. 다만 도덕적 기능의 마비로 인해 자신의 목적을 이루기 위해서는 수단과 방법을 가리지 않고 무자비하게 자신의 적수를 제거하는 냉혹함을 보이는 데다 거짓말과 은폐로 상대의 공격을 맞받아치는 데는 천재적인 능력을 발휘한다.

이처럼 놀라운 능력을 지닌 사이코패스, 반사회적 인간의 발생 원인에 대해서는 아직까지 명확히 밝혀진 사실이 없다. 유전적 요인, 뇌 기능 이상, 환경적 요인, 발달상의 문제 등 여러 이설만 난무할 뿐이다. 다만 지극히 비정상적으로 도덕적 기능이 마비된 수준으로 볼 때, 정신분석에서 말하는 초자아 발달 과정에 상당한 결함이 있었을 것으로 추측할 뿐이다. 단지 추측일 뿐이라고 할 수밖에 없는 이유는 철저한 정신분석을 받은 사이코패스의 사례가 존재하지도 않을 뿐만 아니라 정신분석은 고사하고 정신과적 치료에 순응하는 사이코패스도 존재하지 않기 때문이다. 한마디로 그들은 변화의 필요성을 느끼지 않기 때문에 치료에 대한 동기 또한 없다.

반 사 회 적   인 격 의   뿌 리

정신분석이론에서는 인격 발달의 관점에서 반사회적 행동의 근원을 해석한다. 특히 초점이 맞춰지는 부분은 초자아의 발달로, 아동기 시절에 겪는 건전한 동일시 대상의 부재를 중요하게 다룬다. 여기에서는 부모의 역할이 가장 중요한 핵심이 된다. 이상적인 부모상을 제공함으로써 건전한 동일시의 대상이 되어 주었는가 아닌가에 따라 건전한 자아의 발달뿐 아니라 적절한 초자아의 형성에도 영향을 주기 때문이다. 부모의 가치관과 윤리관 및 인생관은 자연스레 아동의 초자아 일부로 흡수되어 기능하기 마련이다.

그런 과정이 여의치 못할 때 아동은 정도의 차이는 있겠지만 다양한 형태의 초자아 기능상의 결함을 보이기 시작한다. 따라서 그런 아동들은 불완전한 초자아 형성의 결과로 자기중심성, 공감 능력의 결여, 충동 조절의 실패 등의 문제로 대인관계에 어려움을 겪기 마련이며, 더나아가 매우 충동적이고도 공격적인 행동 양상이 두드러지면서 폭력, 절도, 갈취, 가출, 무단결석, 음주 및 환각제 사용, 성추행 등 온갖 청소년 비행으로 나아가게 되는 것이다.

이들은 성인이 되어서도 동일한 행동 방식으로 일관한다. 이들의 쾌락원리 중심은 현실원리에 대한 철저한 무시와 병행하게 됨으로써 성적 일탈, 물질 남용, 가정 폭력 및 가족 유기뿐 아니라 사기, 절도, 폭행 등의 범죄 행위로 무위도식하며 주위 사람들을 괴롭히는 수가 많다. 심지어는 존속 상해나 살인을 저지르는 경우도 있다. 과거에 저자가 치료했던 사이코패스 환자 S 역시 결국에는 할머니를 살해하고 교수형에 처해진 경우도 있을 만큼 그들에 대한 치료는 참으로 난감한 게 사실이다.

인 간 적   관 계 의   단 절

그런데 문제는 오늘날 우리 사회에 만연한 도덕 불감증으로 인한 그러한 현상은 그만큼 초자아 기능에 이상이 생긴 사람들이 기하급수적으로 증가했다는 불길한 징조이기도 하다. 이성과 윤리, 감성과 쾌락, 관계와 신뢰라는 측면에서 본다면 윤리의 이성적인 판단은 초자아의 기능과 밀접한 관련이 있는 것이며, 감성과 쾌락은 이드와, 그리고 관계와 신뢰는 자아의 기능과 관련이 깊다고 할 수 있는데, 초자아 기능에 결함이 생기게 되면 자아와 이드, 초자아 간의 적절한 심리적 균형에 금이 가기 시작한다. 따라서 자연히 초자아의 견제력 약화를 틈타 충동적 경향의 분출이 강화되고 자아의 방어력과 조절 능력에도 한계가 생김으로써 대인관계 형성에도 말썽이 생기기 마련이다.

앞서 소개한 대로 유대 철학자 마르틴 부버는 '나와 너', '나와 그것'의 관계에 주목했다. 진정한 나와 너의 관계가 아니라 단순한 사물과의 관계, 다시 말해서 나와 그것의 관계로 전락하게 되면 인간 심성은 이미 타락한 것이 된다는 말이다. 단적인 예로, 어린 아동이 자신이 키우던 병아리를 장난 삼아 아파트 베란다에서 아래로 집어던져 죽게 만들었다면 이미 그것은 나와 그것의 관계로 전락한 것이다.

자신과 생각이 다르고 마음에 들지 않는 상대라고 해서 칼로 거침없이 그의 배를 찔렀다는 것은 상대를 자신과 같은 인간으로 인식한 것이 아니라 일개 사물로 간주했다는 뜻이다. 아우슈비츠나 소련의 강제수용소에서 벌어진 끔찍스러운 만행들도 결국 상대를 자신과 같은 인간으로 본 것이 아니라 상부로부터 지시받은 문서상의 일개 사물에 불과한 것으로 인식했기 때문에 아무런 양심의 가책 없이 벌어질 수 있었던 것이다. 고문을 가하는 행위도 마찬가지다. 인간 대 인간으로 서로를 상대하는 입장에서는 도저히 시행할 수 없는 행위이기 때문이다. 초자아 기능이 제대로 작동하지 않는 도덕적 광기가 아니고서는 감히 그런 행동을 태연스레 자행할 수 있겠는가.

미국의 여성 사회학자 린 챈서는 권력의 메커니즘과 관련지어 사도마조히즘을 이해하는 가운데 권위에 대한 복종이라는 차원에서 미국 사회의 문제를 다루었는데, 특히 조직범죄 집단 및 갱 조직의 극단적인 잔혹성과 공포에 매혹된 미국 문화의 특성이 관료제도와 자본주의 체제의 유지에 은밀한 방식으로 연결되어 있다고 보았다. 그러나 지배와 복종의 차원에서 본다면 이러한 사도마조히즘적 특성들은 자본주의사회뿐 아니라 노동력의 착취를 일차적인 목적으로 하는 공산주의 체제에도 동일하게 적용될 수 있는 메커니즘이기도 하다.

반면에 미국의 신학자 라인홀드 니버는 도덕적 개인과 비도덕적 사회에 대해 언급했다. 인간은 개인적으로 도덕적일 수 있지만, 사회는 여전히 비도덕적이라는 것이다. 물론 그는 사회악에 도전할 수 있는 도덕적 개인의 힘을 강조한 것이겠지만, 문제는 비도덕적인 개인들이 엄연히 존재하며, 더 나아가 날이 갈수록 도덕적 광기의 메시지들이 전 사회적으로 확산되어 갈 것이라는 점일 것이다.

그런 점에서 에리히 프롬은 건전한 사회의 모델을 주로 이상적 사회주의에서 찾기도 했지만, 그가 말한 건전한 사회의 조건이라는 것도 개개인의 건전한 정신과 인격에 기초한 것으로, 사랑과 창조의 능력, 독립된 주체로서의 자기 경험에 입각한 정체감의 확립, 내적 환경과 외적 현실의 구분, 객관성과 이성의 발달, 역설적인 모순을 수용할 수 있는 능력 등이라는 점에서 볼 때 실제 공산주의 사회의 모습과는 전혀 다른 차원의 것임을 알 수 있다.

따라서 그가 추구한 사회주의 모델은 단지 이상적인 몽상에 불과했을 뿐이다. 오히려 현실은 그가 원했던 방향과는 정반대의 길로 나아감으로써 인도주의 정신은 실종되고 비이성적인 인간성 파괴와 잔혹한 폭력이 난무한 도덕적 광기의 사회로 전락하고 말았다. 결국 사회주의는 사랑의 실천보다 편집증적인 증오심의 확산에 더욱 기여한 셈이 되고 말았으니, 만약 그가 좀 더 살아서 소비에트 사회의 붕괴를 목격했더라면 과연 무슨 말을 했을까 궁금하기도 하다.

성 공 한 사 이 코 패 스 와 숨 은 사 이 코 패 스

인간은 유사 이래로 오랜 기간에 걸쳐 노예해방, 기아해방, 성해방, 여성해방, 의식해방 등을 통하여 자신들의 불합리한 조건들을 개선시키려는 노력들을 줄기차게 시도해 왔다. 그럼에도 불구하고 인성의 개발에는 별다른 진전이 없었기 때문에 온갖 체제 변화라는 사회적 실험들도 실패를 거듭하고 말았다. 또한 물질적 풍요에 뒤따르는 도덕성의 붕괴와 사회적 아노미 현상은 건전한 사회라는 이상적 목표와 더욱 거리가 멀어지고 말았다.

더욱이 그런 사회적 혼란의 틈을 비집고 도덕적 양심이 불량한 사이코패스들이 힘을 얻고 활개 치는 세상이 된다면 그 사회가 갈 길은 불 보듯 뻔하다고 할 수 있다. 지옥이 따로 없을 것이다. 실제로 우리는 역사를 통해 수많은 지옥문을 통과해 왔다. 그리고 숱한 죽음과 파멸로 이끄는 마법의 피리 소리에 미혹된 나머지 두 차례나 세계대전을 맞이했으며, 지금까지도 인류의 종말을 초래할 수도 있는 핵전쟁의 위협 아래 놓여 있지 않은가.

그런 점에서 그 어떤 명분에도 불구하고 숱한 피의 대가로 정복자의 반열에 오른 역사적 인물들은 영웅이 아니라 오히려 도덕적 광기에 사로잡힌 반사회적 인간으로 봐야 마땅하다. 알렉산더 대왕, 진시황제,

칭기즈칸과 티무르, 도요토미 히데요시, 코르테스와 피사로, 나폴레옹, 히틀러와 무솔리니, 도조 히데키 등이 바로 그런 인물들이다. 물론 이런 주장에 대해 일고의 가치도 없는 헛소리로 치부하는 사람들도 있겠지만, 도덕적 광기에 물든 사이코패스 무리에는 무법자나 범죄자만 속한 것이 아니라 사회 지도층에도 의외로 폭넓게 포진해 있는 것이 현실이다. 그런 사람들을 우리는 성공한 사이코패스 또는 창조적 사이코패스(creative psychopath)라 부른다.

문제는 사회 각 계층에 광범위하게 스며 있는 숨은 사이코패스(hidden psychopath)라 할 수 있다. 도덕적 양심의 마비와 파괴적 욕구, 사랑과 공존이 아니라 증오와 폭력에 기초한 전도된 가치관에 바탕을 둔 이들 무리는 알게 모르게 독버섯과도 같은 사악한 의도와 반사회적 메시지를 은밀하게 주위에 퍼뜨린다. 그것은 코로나19 바이러스보다 더욱 강력하고 무서운 파괴력과 전파력을 지녀 세상을 오염시킨다. 그리고 카리스마적인 지도력을 발휘하는 사이코패스가 나타나게 되면 꿀물에 달려드는 초파리 떼처럼 몰려들어 순식간에 악의 집단을 형성하고 온 세상을 뒤집어 놓는다. 과거 전체주의 국가들에서 팔에 완장을 두르고 당원임을 내세워 권세를 부리던 인간들이 바로 그런 부류에 속한다.

이제는 더 이상 그런 가증스러운 꼴을 보지 않았으면 한다. 과거의 오류에서 교훈을 배우지 못하고 과거를 잊은 인간이나 사회는 결코 발전하지 못하고 도태되고 만다. 그런 사회는 비록 일시적으로 물질적인 번영을 누릴지는 몰라도 결국 건전한 상식과 도덕적 기능의 붕괴로 인해 파멸할 수밖에 없을 것이다. 따라서 우리의 생존을 유지하고 지속적인 발전을 이루어 나가기 위해서는 혼란과 파괴를 부추기는 사이코패스 집단의 사악한 메시지에 결코 현혹되어서는 안 될 것이다.

반사회적 인간이란 누구인가

──────────── 정신의학에서 '반사회적(antisocial)'이라는 용어는 주로 인격장애의 유형을 지칭하는 데 사용되고 있다. 그러나 대중적 의미에서의 반사회적 행동이란 그 사회의 도덕률이나 법을 위반함으로써 사회질서를 어지럽히는 행동을 말한다. 그러한 행동은 마땅히 사회적 지탄을 받는 동시에 적법한 절차를 거쳐 그에 상응하는 처벌을 받게끔 법적 제재 조치가 주어지게 된다. 사안에 따라서는 영구적으로 사회에서 격리시키는 극단적 방법도 가해진다.

정신의학적 견지에서 관찰된 반사회적 인간의 특성은 사회적 규범에 대한 비순응성, 타인에 대한 기만성, 충동성, 공격성, 잔혹성, 냉담성, 무모성, 무책임성, 무계획성, 몰염치성 등으로 대충 요약할 수 있다. 정확한 통계는 없지만, 대략 전체 인구의 1% 정도는 반사회적 인격장애자들로 추정되고 있다. 우리나라 인구 5천만으로 따지면 50만 명 정도가 반사회적 인격의 소유자로 추정된다는 것인데, 그 비율은 투옥 중인 죄수 집단의 경우 월등히 높아져서 남자 죄수의 50%, 여자 죄수의 20%가 반사회적 인격장애의 소유자로 밝혀졌다.

현재 개정된 미국정신의학회가 정해 놓은 진단분류 체계에 의하면, 반사회적 인격의 진단은 그가 보인 반사회적 행동들을 토대로 이루어지는바 15세 이전의 아동기 시절에 이미 그에 준하는 행동장애를 보였던 사람들로, 만 18세 이상의 연령에 적용되는 진단명이다. 그러나 이러한 진단 기준은 어디까지나 외부에 비쳐진 행동적 측면과 현상들에 기초한 것으로 그 원인적 토대를 밝히는 체계는 분명 아니다.

한마디로 반사회적이란 기존의 도덕적 가치와 규범의 정당성을 떠나 무조건적으로 그것에 따르기를 거부하고 위반하는 초자아 기능의 결함과 충동 조절의 실패를 현저히 드러내는 왜곡된 자아의 병적 성향을 의미한다. 따라서 나름대로의 건전한 비판정신과 도덕적 기준을 무기로 부당한 기존 체제에 대하여 반항하고 전복시키고자 시도하는 모든 노력까지 반사회적인 것으로 간주하는 것은 결코 아니다.

역사적으로 보면 오히려 부도덕한 광기의 세력들에 의해서 모든 정당한 분노와 반항 및 불복종 등의 시도들이 반사회적인 것으로 매도당하고 억압되어 왔다는 점에서 이에 대한 분명한 개념 정립이 요구된다고 본다. 파시즘, 구소련 등 전체주의 국가에서 보인 무자비한 권력의 행태가 전형적인 예라고 할 수 있다. 특히 소련에서는 반체제 인사들에 대해 무조건 정신병 환자나 반사회적 인간으로 취급해 정신병원에 감금시키는 경우가 많았는데, 체제에 순응하지 않는 반동분자와 반사회적 인간을 동급으로 간주한 셈이다.

그런 점에서 인류 최초의 살인자로 꼽히는 카인은 엄밀히 말해 반사회적 인간이 아니다. 왜냐하면 그는 단지 질투심에 사로잡혀 동생 아벨을 죽였을 뿐이기 때문이다. 비록 그는 한순간의 탐욕과 분노에 사로잡혀 친족살인까지 저질렀으나, 곧 자신의 죄악을 뉘우치고 여호와의 보살핌을 받아 나중에 결혼해 자식까지 낳고 잘 살았다고 하니 반사회적 인간이라 할 수 없는 것이다. 적어도 카인에게는 사랑의 능력과 양심이 살아 있었다.

반 사 회 적   인 간 의   특 성

반사회적 인격의 소유자가 지닌 가장 큰 결함은 사랑할 수 있는 능력의 결핍과 양심의 마비, 사회 규범 및 질서를 무조건 파괴하는 행동에 있다. 따라서 이들은 지속적인 위법 행위를 반복하며 감옥을 안방처럼 드나들기 일쑤다. 물론 모든 죄수가 반사회적 인간이라는 뜻은 결코 아니다. 왜냐하면 그중에는 정치적·종교적 신념에 따른 양심수도 있기 때문이다. 하지만 반사회적 인간은 자신의 이익이나 쾌락을 위해 거짓말을 밥 먹듯 하고, 가명을 사용해 사기 행각을 벌이기도 하며, 더 나아가 살인도 마다하지 않는다.

어디 그뿐인가. 책임감도 없어서 처자식을 돌보지도 않으며 일정한 직업조차 갖지 못한다. 따라서 남의 돈을 갈취하기 일쑤인 데다 갚을 생각조차 없다. 매우 공격적이고 충동 조절이 안 되기 때문에 사소한 일에도 흥분을 이기지 못하고, 수시로 폭력을 휘두르거나 빈번하게 싸움질을 한다. 또한 자신의 미래에 대한 설계나 향후 계획을 수립하는 일 따위에는 아무런 관심조차 없다.

그들은 타인의 감정이나 입장 따위에는 아무런 관심이 없을 정도로 냉담하며, 양심도 없기 때문에 자신의 무모한 행동에 대해 그 어떤 죄책감도 느끼지 못한다. 자신의 개인적 이익을 위해서는 배신 행위도 마다하지 않으며, 심지어는 살인을 저지르고도 감정적으로 동요하지 않을 정도로 냉혹하기 그지없다. 더군다나 지능지수가 높을 경우에는 자신을 합리화하는 데 온갖 핑계를 둘러대며 위기를 모면하기도 한다.

이처럼 반사회적 인간은 냉혹하고 충동적이며 매우 공격적인 특성을 지닌다. 이들의 성격 특징은 한마디로 무책임과 무질서, 무관계, 무반성, 양심불량, 후안무치라 할 수 있는데, 그런 경향은 일찍부터 나타나기 시작해서 학창 시절에 이미 가출과 결석, 폭행, 금전갈취, 절도, 성적인 무절제, 마약이나 환각제 복용 문제를 일으켜 문제아로 주목받기 쉽다.

또한 이들은 속임수나 기만 행위에 일찌감치 두각을 드러냄으로써 남다른 자만심과 우월감에 빠지기 쉬우며, 여기에 폭력을 통한 쾌감까지 맛을 들이면 그야말로 비행의 늪에서 벗어나지 못한다. 그런 삶의 패턴을 통해 병적인 거짓말과 자기합리화에 통달하게 되며, 그 어떤 규칙도 무시하고 자기 멋대로 행동하기 시작한다. 그런 점에서 이들에게는 상식에 기초한 설득이나 회유가 불가능하다.

따라서 거짓과 사기, 폭력의 달인으로 알려진 반사회적 인간의 특징 가운데 하나는 머리가 매우 영악하고 간교하다는 점을 들 수 있다. 그런 재능을 발판으로 그들은 거짓말에 능통하고, 상대를 잘 농락하며, 치고 빠지는 전술에 능숙하다. 만약 주변에 낯빛 하나 변하지 않고 수시로 거짓을 둘러대는 자가 있다면 일단은 반사회적 인간이 아닌지 의심해 볼 일이다. 거짓말과 동시에 사기술 또한 탁월하다. 사기는 한마디로 남을 등쳐먹는 일이다. 세상에는 사기를 치는 자가 있으면 사기를 당하는 사람도 있기 마련이다. 마치 사디스트 곁엔 항상 마조히스트가 있듯이 말이다.

하지만 사기도 아무나 칠 수 있는 게 아니다. 사기를 당하기 쉬운 상대를 고르는 일도 재주에 들어간다. 또한 사기를 치려면 머리도 좋아야 하고 상대의 심리도 꿰뚫고 있어야 한다. 그런 점에서 사기꾼은 고도의 심리학자이기도 하다. 그들의 사기술은 세계적인 마술사의 재능도 못 따라갈 정도다. 우리는 스필버그의 영화 〈캐치 미 이프 유 캔〉의 주인공 프랭크나 조지 로이 힐의 〈스팅〉에 등장하는 곤돌프와 후커 콤비가 벌이는 기발한 사기 행각을 보면서 그야말로 상상을 초월한 경지에 아낌없이 박수를 보내고 쾌재를 부르기도 하지만, 솔직히 그런 반사회적 행동에 박수를 보내고 있다는 사실 자체가 이미 최면에 걸린 현상이기도 하다.

물론 반사회적 인간도 이성의 매력에 빠지기도 하지만 진정한 사랑의 감정을 느끼거나 베풀지는 못하며, 성적인 측면에서도 애정의 표현이라기보다는 가학적이고도 착취적인 모습을 보이기 쉽다. 따라서 결혼을 하더라도 가족 유기, 가족 착취, 가족 학대, 가정폭력, 근친상간, 주거 부정 등으로 인해 한 가정에 안주하지 못한다. 결국 그 어떤 조직이나 단체에도 속하지 못한 채 뜨내기 생활을 전전하기 십상이며, 제멋대로인 삶을 누린다.

그런 점에서 나폴레옹은 감히 "내 사전에 불가능이란 단어가 없다."라고 큰소리쳤다고 하지만, 반사회적 인간의 사전에는 사랑과 양심이란 단어가 없다고 할 수 있다. 따라서 그들은 올바로 살라고 훈계하는 사람을 만났을 때 오히려 '사랑과 양심이 밥 먹여 주냐'고 콧방귀를 날리기 쉽다. 그들에게는 목적만 존재하지 수단과 방법은 전혀 중요하지 않기 때문이다. 실로 무서운 도덕적 광기가 아닐 수 없다.

정신의학적 진단과 특성

물론 일찍부터 정신의학 진단분류 기준에는 반사회적 인격장애에 해당되는 임상적 특성에 관한 항목들이 마련되어 있긴 하나, 매우 간단하고 포괄적인 내용들로 이루어져 있기 때문에 다소 모호한 느낌이 드는 것도 사실이다. 그것은 다음과 같은 7개 항목으로 이루어져 있는데, 이들 가운데 3개 이상의 항목에 해당되기만 하면 반사회적 인격장애 진단이 가능해지는 것이다.

1. 법에서 정한 사회적 규범을 준수하지 않으며 구속당할 만한 행동을 반복

2. 개인의 이익이나 쾌락을 위한 반복적인 거짓말, 가명 사용, 타인을 속이는 사기 행동

3. 충동적이거나 미리 계획을 세우지 못함

4. 빈번한 폭력에서 드러나는 호전성과 공격성

5. 자신이나 타인의 안전을 무시하는 무모성

6. 꾸준한 직업 활동 수행 불가 및 채무 불이행으로 드러나는 지속적인 무책임성

7. 타인에 대한 위해나 학대 및 절도 행위를 하고서도 자신을 합리화하는 자책의 결여

그렇다면 이 중에서 별다른 전과 기록 없이 단순히 3, 5, 6 항목에만 해당하는 사람이 있다면 과연 그를 반사회적 인간이라 자신 있게 단정 지을 수 있을까? 예를 들어, 원래 천방지축이고 제멋대로인 성격이라 앞날에 대한 대비도 없이 그냥 되는 대로 살면서 돈이 아쉬울 때만 잠깐 일하다가 싫증이 나면 금방 때려치우고, 갚을 능력도 없으면서 친구들에게 돈을 빌려 마련한 오토바이로 폭주족과 어울려 지내는 친구가 있다면, 반사회적 인격장애로 진단받고 정신과에 입원해 치료를 받아야 하는가? 사실 그런 인간은 우리 주위에서 심심치 않게 볼 수 있다. 다만 가까이 어울려 지내지 않을 뿐이다.

더군다나 반사회적 인격장애를 치료가 요구되는 정신질환의 일부로 봐야 하는지에 대한 사회적 합의도 충분히 이루어진 상태가 아니다. 단지 정신의학적 견지에서 정신질환으로 분류할 따름이다. 그런 점에서

최근에 이르러 동성애가 정신의학적 진단분류에서 빠진 것은 그동안 변화된 사회 분위기와 일종의 묵시적 합의를 이룬 현상으로 보이기도 한다. 의학적 판단이라기보다는 정치적 판단에 가까운 조치가 아닐까 한다. 어쨌든 적어도 반사회적 인간에 대해서는 정신의학적 진단과 치료보다 오히려 법적인 판단과 통제가 우선되는 것이 우리의 현실이기도 하다. 설사 그렇다 쳐도 세상과 주변 사람들을 괴롭히고 막대한 피해를 입히는 반사회적 인간의 심리적 특성을 나름대로 요약해 보면 다음과 같이 정리할 수 있겠다.

1. 양심 불량으로 죄의식이 없다.
2. 폭력적이며 충동 조절이 어렵다.
3. 사랑의 감정을 느끼지 못한다.
4. 냉혹하고 비정하며 잔인무도하다.
5. 수치심을 모른다.
6. 세상을 증오한다.
7. 법과 규칙을 우습게 여긴다.
8. 건전한 대인관계를 맺지 못한다.
9. 책임감과 의무감이 없다.
10. 후회나 반성을 할 줄 모른다.
11. 타인을 존중할 줄 모른다.
12. 공감 능력이 전무하다.
13. 타인을 기만하고 착취한다.
14. 거짓말에 능통하다.
15. 타인을 믿지 못한다.

16. 소속감이 없다.

17. 한곳에 안주하지 못한다.

18. 가식적이며 위장술에 능하다.

19. 지속적인 인간관계를 유지하지 못한다.

20. 아무런 계획 없이 제멋대로 산다.

21. 성적으로 무절제하다.

22. 무모한 행동으로 크고 작은 사고를 많이 친다.

23. 한 가지에 집중해서 노력하는 법이 없다.

24. 충성심과 의리가 있는 척한다.

25. 생명을 가볍게 여긴다.

26. 타인을 조종하고 괴롭힘으로써 쾌감을 느낀다.

27. 근거 없는 자부심과 우월감에 차 있다.

28. 교만과 위선이 몸에 배어 있다.

29. 오로지 힘과 권력만을 믿고 승리에 집착한다.

30. 나태하고 게으르다.

비 행 과 범 죄

우리는 이런 유형의 인간을 실제 생활에서 맞부딪치기가 그리 쉽지는 않을 것이다. 왜냐하면 건전한 상식을 갖고 정상적인 생업에 종사하며 집과 일터만을 오가며 살아가는 사람이라면 반사회적 인간을 접촉할 일이 그리 흔치 않을 것이기 때문이다. 다만 예외적으로 정신과 의사나 경찰, 법조인, 성직자 등은 이런 인간들을 접할 수 있는 기회가 일반 시민보다 많을 것이 분명하다. 물론 그들에게 다가가는 방법은 서로 다르겠지만 말이다.

그럼에도 불구하고 반사회적 인간은 자신에 대한 그 어떤 선의나 호의적인 접근마저 거부한다. 더욱 심각한 문제는 자신에게 문제가 있는 것이 아니라 세상 자체가 잘못되었다는 매우 왜곡된 시각을 지녔다는 점이다. 물론 그런 시각은 부분적으로 일리가 있기도 하다. 왜냐하면 문제가 없는 사회는 없기 때문이다.

다만, 자기를 제외한 모든 사회가 잘못되었다고 믿는 그런 태도는 망상을 지닌 정신병 환자보다 더욱 심각한 문제를 안고 있다. 망상은 누가 들어도 헛소리임을 눈치챌 수 있지만, 반사회적 인간이 퍼뜨리는 간교한 메시지에는 어느 정도 진실도 내포되어 있기 때문이다. 다시 말해서 망상증 환자의 말은 워낙 황당한 거짓말이라 금방 들통이 날 성질의 것인 반면에, 반사회적 메시지는 진실과 거짓이 적절히 배합된 회색 거짓말이기 때문에 웬만큼 숙련된 경험과 분별력을 동원하지 않고서는 그 사악하고 간교한 저의를 파악하기 매우 어렵다. 따라서 정신병 환자의 말을 믿는 사람은 없어도 반사회적 인간이 퍼뜨리는 메시지는 상당히 그럴듯한 진실도 담고 있기 때문에 많은 순진한 사람을 미혹시킬 수 있어 더욱 위험한 것이다.

물론 범죄에 연루된 모든 사람을 반사회적 인간으로 볼 수 없으며, 또한 모든 사이코패스가 범죄를 일으키는 것만도 아니다. 그런 점에서 정서적으로 매우 천박하며 죄의식이나 책임감이 결여된 상태임에도 불구하고 매우 거친 야성미와 뛰어난 입심 등으로 적절한 대인관계를 유지한다는 점에서 보자면, 매우 정상적인 모습을 보이는 수가 많기 때문에 우리의 일상생활 속에서도 그런 유형의 인간을 얼마든지 만날 수 있는 것이다. 따라서 거리의 불량배나 건달들이라고 해서 무조건 반사회적 인간으로 간주하는 것은 무리라고 할 수도 있다. 특히 청소년의 경우 겉으로 드러난 반사회적 비행만으로 속단해서는 결코 안 되며, 기저에 놓인 우울증이나 반항적 심리를 고려해야 할 것임을 주장하는 학자들도 있다.

그런 점에서 영국의 저명한 정신분석가 도널드 위니컷(Donald Woods Winnicott, 1896~1971)은 비행 청소년들이 보이는 기만적이고도 파괴적인 성향의 반사회적 행동들이 실제로는 자신들을 보듬어 줄 안전한 울타리를 찾는 몸짓으로 이해할 수 있으며, 이는 곧 과거에 이미 무너진 모자 관계를 새롭게 복원시키려는 의미로 해석할 수 있다고 하였다. 따라서 그는 치료자들이 그러한 반사회적 행동들에 대해서 희망의 징표로 인식하지 않는 한 그들을 적절히 치료할 수 없다고까지 주장하였다.

더 나아가 그는 서머힐 스쿨과 같은 일부 급진적인 학교 운영에서 보여 주는 자유방임적이며 무비판적인 교육제도가 오히려 이들 청소년의 심리적 성장에 역효과를 초래할 수 있음도 지적한 바 있다. 결국 이런 주장의 핵심은 반사회적 인간을 양산하지 않기 위해서는 무책임한 자유방임적인 양육 태도를 지양하고, 보다 이른 시기부터 어머니의 도덕적 개입이 절대적으로 필요함을 역설한 것으로 볼 수 있다.

물론 반사회적 행동을 보이는 비행

© https://commons.wikimedia.org /w/index.php?curid=96951801.

도널드 위니컷

청소년들에 대한 매우 긍정적인 시각에도 불구하고 위니컷의 주장은 진정한 반사회적 인격장애에 그대로 적용하기 어려운 것도 사실이다. 왜냐하면 비행 청소년 전부를 반사회적 인격장애로 단정 짓기는 어렵기 때문이다. '십 대의 반항'이라는 말도 있듯이 그들 대다수는 인격 형성이 채 완성되기 이전의 단계로, 그들의 비행은 단순히 사춘기적 방황 단계에서 흔히 보일 수 있는 기성세대에 대한 이유 없는 반항심의 발로이기 쉽다. 따라서 반사회적 인격장애의 진단은 성인기에 도달했을 때 가능한 것으로 되어 있으며, 일시적인 반항심의 표출이 아니라 일생을 두고 일관되게 지속적인 성향을 유지하는 성격적 특성을 가리키는 것이다.

다만, 숨은 반사회적 인간에 대한 위니컷의 주장은 매우 설득력 있게 들린다. 그가 주장하기를, 민주주의에 대한 가장 큰 위협은 각자 자신의 내면에 갈등을 담아낼 수 없는 사람들로부터 오는 것으로, 이들은 결국 개인적 통제의 내면화에 실패한 사람들이기 때문에 자신들에게 주어진 현실을 공유하지 못하고, 그 결과 개인적 가치를 존중하지 못한다는 것이다. 따라서 이들은 자기발견에서 비롯된 동일시가 아니라 미성숙한 동일시 기제로 인하여 권위와의 동일시에 의존하며, 개인적 가치를 무시하는 대신에 사회적 가치만을 우선시하는 경향이 높다는 것이다. 그는 이들을 칭하여 '숨은 반사회적 인간'이라고 하였다.

이러한 견해에 따르면, 민주사회의 필수조건은 자신과 다른 입장을 수용하고 견딜 수 있는 능력이라고 할 수 있는데, 이처럼 반사회적 성향이 두드러진 사람들은 그런 능력이 원천적으로 결여되어 있기 때문에 민주사회에 적응하지 못하고 지하세계로 숨어들 수밖에 없으며, 나름대로의 조직력을 형성함으로써 교묘하게 법망을 피해 자신들의 생존을 도모하는 것으로 볼 수 있다. 하지만 그렇지도 못한 인간은 영원한 아웃사이더로 지내며 온갖 탈법적인 비행을 통해 자신의 존재 이유를 입증하려고 들 것이다.

반사회적 인간의 본질은 악이다

반사회적 인간의 가장 핵심적인 특징은 반윤리적 반도덕성에 있다. 폭력과 파괴에 기초한 그들의 반도덕성은 결국 증오심에 바탕을 둔 사악함에서 비롯된다. 우리는 그런 사악함을 도덕적인 차원에서 악이라 부른다. 물론 우리는 모든 인간의 근본이 선함을 믿고 싶어 한다. 엄마 품에 안긴 순진무구한 젖먹이들의 모습에서 누가 악의 뿌리를 찾아볼 수 있을까. 그래서 우리의 마음은 순자의 성악설보다 맹자의 성선설에 더욱 쏠리기 마련 아닌가. 하지만 겉모습만 보고 단정 짓기 어려운 것이 인간의 심성이요 성격이다. 특히 반사회적 인간은 머리도 비상하고 입심까지 좋아서 단순하고 선량한 사람들이 말려들기 아주 좋은 남다른 재주를 겸비하고 있기에 더욱 조심해야 한다.

무릇 악은 무자비하고 잔혹하기만 한 것이 결코 아니다. 악은 자신의 본성을 감추는 데 탁월한 능력을 발휘할 뿐만 아니라 달콤한 유혹으로 꿀을 제공하면서 등 뒤로는 독이 묻은 비수를 꽂는 사악함도 보이기 때문이다. 단적인 예로, 청소년 선도에 앞장선 인물이 어린 소녀를 상대로 성폭행을 가했다거나, 장애인을 돌보던 성직자가 성추행 혐의로 사회적 물의를 일으킨 경우도 있다. 이처럼 악행을 저지르는 인간이 겉으로는 오히려 솔선수범하여 선행을 하는 인간으로 위장하는 수도 많기 때문에 그 식별이 간단치가 않은 것이다.

그런데 문제는 반사회적 인간의 유일한 즐거움 가운데 하나가 그런 악을 행하는 일에서 쾌락과 만족을 얻는다는 것이다. 한마디로 반사회적 인간은 악을 즐긴다. 당연한 일이지만 평범한 사람들은 본의 아니게 타인을 해치고 괴롭힌 일에도 양심의 가책을 느끼고 죄책감에 빠지기도 한다. 하지만 반사회적 인간은 오히려 의도적으로 타인에게 고통을 가하고 해치는 행동을 통해 쾌감을 느낀다. 악을 스스로 즐기는 것이다.

우리는 흔히 온갖 악행을 저지르는 사람을 가리켜 짐승만도 못한 인간이라는 말을 쓸 때가 있는데, 반사회적 인간이야말로 정말 짐승만도 못한 인간들이다. 왜냐하면 짐승은 단지 배가 고파 약한 동물을 잡아먹는 것이지만, 그것은 생존을 위한 방편일 뿐이지 살육 행위를 즐기는 것이 결코 아니기 때문이다. 배가 부른 사자는 자신의 코앞에 토끼가 지나가도 거들떠보지도 않는다. 하지만 반사회적 인간은 그렇지 않다. 그의 도덕적 광기는 아무리 채우고 채워도 결코 채워지는 법이 없다.

너 희 가 악 을 아 느 냐

인류 역사를 통해 오랜 세월 '무엇이 악인가?'에 대한 논쟁은 수많은 종교인과 철학자 사이에서 실로 다양하고 치열하게 끊임없이 이어져 왔다. 그중 순자의 성악설과 맹자의 성선설이 가장 대표적인 예라 할 수 있다. 기독교에서는 악의 근원을 사탄에서 찾고 불교에서는 모든 생명에 불성이 깃들어 있음을 설파한다. 하지만 미국의 저명한 정신과 의사 스캇 펙은 그야말로 간단명료하게 한마디로 악을 정의한다. "타인에게 고통을 주는 것이 악"이라는 것이다. 물론 타인에게 고통을 안겨주는 정도의 차이는 천차만별이겠지만, 적어도 양심이 살아 있는 인간이라면 타인에게 고통을 주고 나서 후회나 죄책감을 느낄지언정 만족이나 쾌감을 얻지는 않을 것이다.

하지만 반사회적 인간은 타인에게 고통을 가하고도 오히려 자부심과 우월감을 만끽하는 도덕적 광기를 보인다는 점에서 악의 달인이요 전문가다. 우리는 악에 대해 이런저런 많은 말을 하며 논쟁을 벌이기도 하지만, 솔직히 말해 악의 실체에 대해서는 잘 모르고 있다. 그런 점에서 악행을 밥 먹듯이 하고 살아가는 반사회적 인간이야말로 악의 본질에 대해 누구보다 잘 이해하고 있으며, 동시에 악을 실천한다는 점에서 남다른 자부심을 느낄 법도 하다. 그들은 어쩌면 자신의 악행을 용서하고 구원을 위해 기도해 주는 성직자 앞에서도 함께 눈물을 흘리면서도 속으로는 조소를 보낼 수도 있다. 물론 그것은 악어의 눈물일 뿐이다.

그런 반사회적 인간의 남다른 자만심과 우월감은 자신이 악에 통달했다는 점에서 비롯되며, 따라서 그들은 순진무구한 일반인들에 대해 '너희가 악을 아느냐'는 비웃음으로 답하고 싶을 것이 분명하다. 그러니까 그들의 모토는 한마디로 이것이다. '악을 행해 보지도 않고 악에 대해 이러니저러니 왈가왈부하지 마라.' 하지만 사실 이것은 부분적으로는 일리가 있는 말이기도 하다. 왜냐하면 우리는 일반적으로 타인의 악행을 보고 악에 대해 논하고 판단하기 때문이다. 따라서 우리는 솔직히 악의 깊은 본질에 대해서는 무지하다고 볼 수 있다. 그러니 악에 무지하면서도 자신들을 심판하고 비난하는 세상에 대해 그들이 얼마나 속으로 비웃겠는가. 참으로 전율할 노릇이 아닌가.

이처럼 타인의 육신을 해칠 뿐 아니라 영혼까지 좀먹고 갉아먹는 사이코패스는 영혼 살해자라고도 할 수 있으며, 역사적으로도 항상 존재해 왔다. 하지만 평범한 삶을 누리는 일반인은 지독한 사이코패스나 반사회적 인간을 접할 기회가 거의 없을 것이다. 왜냐하면 그들은 건전하고 정상적인 사회에 적응하고 살지 못하기 때문에 대부분이 지하세계의 음지에 숨어 살고 있기 때문이다. 물론 그것이 개별적이든 집단적이든 상관없이 말이다. 그들의 존재가 세상에 알려지는 것은 대부분 끔찍스러운 범죄를 통한 경우가 많은데, 문제는 그렇게 알려진 그들의 존재를 영웅시하거나 우상처럼 떠받드는 사람들도 있다는 것이다. 심지어는 그런 범죄자를 동일시해서 모방범죄를 일으키는 경우도 있다. 그것은 반사회적 인간의 도덕적 광기에 공감을 느끼기 때문이라 할 수 있겠지만, 그런 현상 자체가 이미 사이코패스의 씨앗을 품고 있는 것으로 간주해도 무방하다.

역사적으로 볼 때, 세상을 놀라게 한 희대의 살인마는 수없이 많다. 물론 저자는 여기서 그들에 대해 소개한다는 점에 대해서 마음 한편으로는 망설임이 없는 것도 아니었다. 왜냐하면 훌륭한 사람, 좋은 사람도 많은데 굳이 그런 살인마들을 소개해서 얻을 게 무엇이 있을까 하는 점 때문이다. 하지만 마음을 고쳐먹었다. 사람들에게 경각심을 불어넣는 것은 물론이고 앞으로 자라날 세대의 정신건강을 위해서라도 자세히 소개할 필요성을 느꼈기 때문이다. 또한 아무리 그런 살인마들의 부모라 해도 설마 자신이 낳은 자식이 그토록 잔혹한 사이코패스가 되리라고 짐작한 이가 과연 몇이나 될까 생각해 본다면, 자식농사의 중요성이 건강한 사회를 유지하는 데 얼마나 큰 역할을 하는지 실감하게 될 것이기 때문이다.

유송의 황제 유욱

인류 역사에는 도덕적 광기에 물든 반사회적 인간이 항상 존재해 왔지만, 5세기 무렵 중국 남북조 시대 유송의 제8대 황제로 알려진 창오왕 유욱(蒼梧王 劉昱, 463~477)만큼 잔혹한 인물도 찾아보기 어려울 것

창오왕 유욱

이다. 그는 부왕인 명제의 뒤를 이어 9세 어린 나이로 황제에 즉위했으나, 평소 거칠고 난폭한 기질로 인해 살인을 밥 먹듯 해서 하루라도 사람을 죽이지 않으면 불편한 심기를 감추지 못했다고 한다.

그는 자신이 직접 제작한 흉기를 이용해 매일같이 거리로 나가 닥치는 대로 사람을 죽였을 뿐만 아니라 자신의 행동을 제지하는 신하마저 세로로 반 토막 내는 끔찍스러운 형벌을 가하기도 했다. 어디 그뿐인가. 지나가는 임산부가 눈에 거슬린다며 흉기로 배를 찌르고, 승려를 납치해 온몸을 손수 토막 내는가 하면, 한 장수의 입에서 마늘 냄새가 나자 그 이유가 궁금하다며 그의 배를 가르기까지 했다.

그런 악행을 거침없이 저지르고도 아무런 양심의 가책도 느끼지 못하는 황제였으니 전국 각지에서 반란이 잦을 수밖에 없었는데, 소도성 장군이 나서서 난을 진압해 주었다. 하지만 어느 날 소도성이 웃통을 벗고 낮잠을 즐기고 있을 때, 배불뚝이 모습을 보고 갑자기 활을 쏘고 싶은 충동을 느낀 유욱은 장군의 배에 붓으로 과녁을 그린 뒤 그곳에 활을 쏘려 했는데, 곁에 있던 신하가 재미를 즐기시려면 여러 번 쏠 수 있게 화살촉이 없는 화살을 이용하시라고 권유했다. 배에 화살을 맞고 놀라 잠이 깬 장군이 살려 달라고 애걸하자 유욱은 재미없다고 웃으며 그 자리를 떴다고 한다.

결국 참다못한 소도성은 다른 신하들과 함께 반란을 일으키고 유욱이 잠든 사이에 그가 평소 애지중지하며 머리맡에 두고 자던 단검으로 유욱의 목을 찔러 죽인 후 아우인 유준을 황제로 옹립하기에 이르렀다. 하지만 유준 역시 그 후 소도성의 손에 죽임을 당하면서 유송은 멸망하고 말았다. 죽음을 맞이했을 당시 유욱의 나이 15세에 불과했으니 엄밀히 말해 반사회적 인격장애 진단을 내릴 수 없는 나이라 할 수 있겠으나, 그가 죽지 않고 더 살았다 해도 그의 도덕적 광기는 더욱 심해졌을 것이 분명하니 반사회적 인간으로 간주해도 무방할 것으로 보인다.

서 산 군 과   순 화 군

그런데 우리나라에도 왕족의 신분으로 온갖 비행을 저지르고 다닌 못 말리는 패륜아가 있었으니 양녕대군의 아들이자 세종대왕의 조카였던 서산군 이혜(李譓, ?~1451)와 조선의 14대 왕 선조와 후궁 순빈 김씨 사이에서 태어난 순화군(順和君, 1580~1607)을 들 수 있다. 서산군은 평소 술과 여자에 탐닉하고 걸핏하면 사람을 폭행하고 죽이기도 하는 등 숱한 말썽을 피워 조정에 애를 먹이다가 결국에는 세종의 지시로 유배를 가게 되었으나, 세종이 세상을 떠나자 유배지를 몰래 도망쳐 금강산에 오랫동안 숨어 지낸 후 다시 돌아오기도 했다. 하지만 그 후에도 그런 행태가 계속되어 여러 차례 파직과 복직을 반복하다가 결국에는 유배지에서 울분을 이기지 못하고 자결을 시도한 후 그 후유증으로 죽고 말았다.

한편, 순화군은 숱한 악행을 저지르고도 아무런 처벌도 받지 않은 인물로 임해군과 광해군은 순화군의 이복형이며, 인조의 아버지 정원군 역시 또 다른 이복형이었다. 광해군은 이복형 임해군과 이복동생 영창대군을 살해함으로써 결국 패륜아로 낙인찍힌 끝에 인조반정을 통해 강제 폐위되고 말았으나, 순화군은 광해군이 즉위하기 한 해 전에 26세 나이로 병사했다. 순화군은 어릴 때부터 포악한 성미를 드러내 새나 짐승을 잡아 잔인하게 죽이는 행동을 보여 동물 학대의 원조로 불리기에 손색이 없었으며, 성장한 후에도 왕자 신분을 내세워 온갖 악행을 서슴지 않았다. 신분 고하를 막론하고 폭행과 살인, 재물 갈취 행위를 마다하지 않아 백성들로부터 원성이 잦았으나, 선조는 그때마다 순화군을 감싸고돌며 적당히 사태를 무마시켜 버렸다.

물론 임해군과 정원군도 평소 행패가 심했지만, 순화군은 무고한 사람까지 죽이는 악행을 일삼았는데, 해마다 그의 손에 죽어 나가는 사람이 10여 명에 달해 적어도 그에게 억울하게 목숨을 잃은 백성의 수는 40여 명에 이르렀다고 한다. 그야말로 순화군(順和君)이라는 호칭이 무색할 지경이었다. 이처럼 온갖 패악질로 악명이 자자했던 그는 임진왜란 당시 도성이 함락되자 임해군과 함께 함경도 회령에 머물렀으나, 천성을 속일 수는 없었던지 현지 주민을 상대로 숱한 행패를 부리다가 결국 참다못한 백성들에 의해 임해군과 함께 왜군에 포로로 넘겨지는 수모까지 겪어야 했다.

하지만 전란이 끝난 후에도 그의 살인 행각과 약탈 행위가 계속 이어지자 사대부로부터 끊임없이 탄핵이 제기되었으며, 설상가상으로 선조의 중전 의인왕후 박 씨가 사망해 장례를 치르는 상황에서 그녀를 모시던 궁녀를 강제로 끌고 가 의인왕후의 관을 모신 빈전 옆에서 겁탈하는 천인공노할 만행까지 저지르고 말았다. 당시 유교를 숭상하던 사회에서 상상도 할 수 없는 일이 벌어지고 만 것이다. 이에 어쩔 수 없이 선조도 아들 순화군을 수원으로 유배 보냈는데, 사실상 그것은 유배라 할 수도 없는 것이었다. 한성에서 지척 거리에 있는 것이 수원이었기 때문이다.

그럼에도 순화군은 새로 부임한 현지 수장이 자신에게 인사를 하지 않았다는 이유로 난동을 부리기도 했으며, 심지어는 음식이 변변치 않다며 노비의 집에 불을 지르고 여자 노비의 옷을 벗겨 밤새 매질을 하는가 하면, 굿을 하던 민가에 불쑥 들어가 주인과 무녀의 이를 쇠뭉치로 깨 버리고 집게를 사용해 뽑아 버리는 바람에 두 사람이 숨지기까지 했다고 하니 참으로 도덕적 광기의 수준이 하늘도 못 말릴 개망나니 수준에 이르렀다고 할 수 있겠다. 그 후 한성부의 민가에 구금된 상태에 있다가 풍을 맞아 숨을 거두게 되자 선조는 특명을 내려 그의 지위를 회복시켜 주었으니 선조의 도덕성에도 뭔가 문제가 많았던 것으로 보인다. 하기야 국난의 위기를 극복한 영웅 이순신 장군을 투옥하고 백의종군하도록 지시한 왕이었으니 더 이상 무슨 말을 할 수 있으랴.

바 토 리   백 작 부 인

서양에서 가장 잔혹한 살인마로 알려진 인물은 중세 유럽에 실존했던 헝가리의 귀족 바토리 백작부인(Elizabeth Báthory, 1560~1614)으로, 그녀는 인류 역사상 가장 엽기적인 살인과 악행을 저지른 여성이다. 그녀는 자신의 성에 거주하면서 이루 형언하기 어려운 끔찍스러운 악행들을 수없이 저질렀는데, 그녀에게 '피의 백작부인'이라는 별명이 붙은 것은 자신의 젊음과 미모를 유지하기 위해 인근 마을에서 수백 명의 소녀를 납치·살해한 후 그들의 피로 목욕을 했다는 사실에서 비롯된 것이다. 특히 그녀는 매우 가학적인 성향까지 있어서 처녀들이 고통스럽

바토리 백작부인의 초상화

게 비명을 지르며 피를 흘리는 모습을 바라보며 쾌감을 느꼈는데, 일단 그녀의 성으로 불려 간 여자들이 두 번 다시 집으로 돌아오지 않는 일이 계속되자 온갖 흉흉한 소문이 나돌기 시작했다.

그녀는 자신의 하인을 시켜 인근 마을의 처녀들을 성 안으로 유인한 후 지하실로 데리고 가 고문을 했는데, 때로는 그녀가 직접 고문하기도 했으며, 상처에서 흐르는 피를 마시기까지 했다. 더욱 기가 막힌 것은 처녀들을 모아 놓고 죽음의 향연을 베푼 일인데, 연회가 끝나면 그녀들의 옷을 벗겨 알몸으로 만든 뒤 살해하고 그녀들이 흘린 피를 모아 목욕을 하면서 목숨이 채 끊어지지 않은 처녀들의 신음소리를 들으며 즐겼다는 것이다. 심지어는 직접 처녀들의 몸을 물어뜯고 생피를 빨아 마시거나 인육을 먹었다고 전해지기도 하는데, 물론 과장된 이야기일지도 모른다.

그렇게 희생된 여성들의 수는 정확히 밝혀지지 않았지만, 적어도 650명 이상일 것으로 추정된다. 그 후 조사 과정에서 밝혀진 사실에 의하면 그녀는 처녀들의 피를 모으는 특수 장치까지 고안해 냈는데, 도르래를 이용한 새장 안에 쇠꼬챙이를 박아 처녀들의 피를 쏟게 만들거나 톱니바퀴를 이용해 피를 짜내는 기계 등이 성 안에서 발견되었던 것이다. 아무튼 그녀가 제정신이 아닌 상태였던 것만큼은 틀림없는 사실이다. 그녀에 대한 소문의 진상은 한 소녀가 성에서 극적으로 탈출한 후 당국에 신고함으로써 그 실체가 드러나기 시작했으며, 결국 그녀는 종

신금고형의 유죄선고를 받고 겨우 목숨을 건졌지만, 3명의 하수인은 모두 사형언도를 받고 화형에 처해졌다. 예나 지금이나 법은 항상 힘 있는 자의 편임을 입증하는 사건이 아닐 수 없다.

물론 그녀 외에도 서양 역사에서 반인류적 범죄를 저지른 반사회적 인간의 예는 부지기수로 많다. 다만 아까운 지면을 할애해 자세히 소개할 마음은 없다. 굳이 독자들의 마음을 불쾌한 내용으로 괴롭게 만들고 싶지 않아서다.

악은 선보다 더욱 매력적이다

대부분의 반사회적 인간들은 정상적인 교육과 규범을 거부하기 때문에 사회 진출에 실패하고 거리의 무지한 건달 불량배나 시정잡배로 전락하기 일쑤지만, 예외적으로 두뇌가 우수하고 언변이 뛰어날 뿐만 아니라 거기에 카리스마적인 매력까지 겸비할 경우에는 강력한 리더십을 발휘하며 거대 조직의 우두머리로 성공하기도 한다. 다만 그런 인간이 사회 지도층에 진출할 경우에는 극도로 사악한 영향력을 온 세상에 퍼뜨리며 총체적 파국을 초래할 위험이 매우 크기 때문에 우리는 각별한 경계심으로 그런 인물들을 식별해 낼 필요가 있는 것이다. 특히 권력을 추구하는 정치계가 더욱 그렇다.

특히 현대사회에서는 반사회적 인간이나 나르시시즘이 강한 사람이 타인을 유혹하고 자신을 추종하도록 이끄는 매력을 발휘하기 쉽다. 사이비 종교지도자나 정치적 야심을 지닌 지도자들에서 그런 경향이 더욱 농후하다. 이를 적절히 간파하지 못하면 그 집단의 운명은 불 보듯 뻔하다. 이들 지도자는 결코 자신의 이기적인 목적을 여간해서 드러내지 않는다. 오로지 집단을 위해 희생하고 헌신하는 것처럼 스스로를 위장하는 데 아주 능숙하다.

더군다나 이들은 스스로를 계속 기만하기 때문에 그 자신들도 스스로에게 감동하기 쉽다. 결국 그들은 자신을 기만하고 타인을 기만하며 더 나아가 세상을 기만하는 삼중 기만을 통해 일종의 엑스터시에 도달한다. 단적인 예로 히틀러를 보라. 강한 마초 기질을 발휘한 그는 금욕주의, 채식주의자로서 아이들을 사랑하는 구세주의 이미지로 절망에 빠진 독일 국민을 단번에 사로잡았다. 광기에 빠진 몰아의 경지에서 뿜어내는 그의 연설을 보면 히틀러 자신이 스스로에게 도취된 모습이 역력하다. 매우 이성적이고 사변적인 독일인조차 그의 강력한 마성에 이끌려 돌이킬 수 없는 파국으로 치닫고 말았으니 더 이상 무슨 말이 필요할까.

경우에 따라 종종 악은 선보다 더 매혹적이다. 우리가 감동적인 선행보다 살인적인 폭력에 더욱 흥분과 전율을 느끼는 이유는 우리 각자의 내면에 억압하고 있는 무의식적 공격성에 대한 대리적 만족을 제공받기 때문이다. 실제로 모든 인간의 내면에는 부도덕한 악의 일면이 자리 잡고 있기 마련이지만, 그렇다고 해서 그런 속성을 행동으로 옮기지는 않고 살아간다. 도덕적 양심과 윤리의식 때문이다. 그런데 반사회적 인간은 그렇게 숨겨진 악의 속성을 은밀히 자극하고 유혹하는 데 탁월한 능력을 발휘하기 때문에 우리 모두가 경계해야 하는 것이다.

문제는 사회적 불만에 가득 찬 사람들일수록 건전한 상식을 파괴하는 반사회적 행위 자체에 야릇한 쾌감을 얻기 쉽다는 점에 있다. 더 나아가 그런 반사회적 인간들에 대해 오히려 인간적인 매력을 느낄 수도 있다. 그런 점에서 요즘 아이들이 선호하는 장래 희망 가운데 조폭도

버젓이 직업의 한 형태로 자리 잡고 있는 현실은 실로 기가 찰 노릇이 아닐 수 없다. 다만 악을 상상하며 즐기면서도 감히 실행하지 못하는 사람과 악을 거침없이 행하고도 전혀 뉘우침이 없는 사람 사이에는 하늘과 땅만큼의 차이가 있는 것이다. 그 차이는 건전한 시민의식에만 있는 것이 아니라 근본적인 윤리관의 존재 여부에 있는 것이다.

불행히도 오늘날의 지구촌은 인류 역사상 그 유례가 없을 정도로 수많은 반사회적 폭력과 공격성의 범람으로 인해 소박하고 건전한 삶의 영역이 상당 부분 파괴되고 황폐해져 가고 있는 실정이다. 결국 우리 시대가 초래한 일종의 풍토병이자 흑사병이라고도 할 수 있는 반사회적 인간의 도덕적 광기 문제야말로 문명화를 위협하는 가장 심각한 괴질이라고 할 수 있다. 그것은 환경 파괴 문제 못지않게 인간 심성과 도덕성의 파괴를 가져온다는 점에서 지구촌 생존의 문제와 직결된다고 보는 것이다.

누가 양의 탈을 쓴 늑대인가

———————— 양두구육(羊頭狗肉)이라는 말이 있다. 인면수심(人
面獸心)과도 일맥상통하는 말이다. 그러나 인간의 자아는 현실에 적응
하기 위해서라도 항상 자신의 은밀한 욕망을 적절히 억압해야만 한다는
점에서 어느 정도는 본의 아니게 양의 탈을 쓸 수밖에 없다. 달리 말해
서 적정 수준의 자기기만적인 방어기제를 구사할 수밖에 없는 것이다.

문제는 자신의 이기적인 목적을 이루기 위해 의도적으로 양(羊)으로
위장했느냐의 여부에 달렸다. 실제로 많은 사람이 스스로를 방어하기
위해 무의식적인 자기기만적 전략을 동원할 뿐 아니라 상대를 기만하
는 위선적인 태도로 처신하는 경우도 많다. 반면에 적지 않은 인간들이
타인을 해치고 악용하기 위한 의도에서 양으로 위장한 후, 이들을 믿고
무방비 상태에서 안심하는 대다수의 사람을 착취하고 공격하는 일도
벌어지기 마련이다.

하지만 이런 일들이 그대로 방치되는 한, 이 세상은 매우 원시적이
고도 동물적인 약육강식의 악순환에 빠져 구제받기 힘들 것이 분명하
다. 물론 이 세상을 선악의 이분법적 구도로만 보는 것은 매우 유아적
인 시각임에 틀림없다. 그렇다고 해서 선악의 실체는 따로 없는 것이기
에 선악의 인위적인 구분은 아무런 의미도 없는 것이라는 사뭇 현학적
이고도 무책임한 주장은 생존의 위협을 느끼는 양의 입장이 아니라 위
협을 가하는 늑대의 입장을 대변하는 논리에 더욱 가깝다.

그것은 악의 실체를 더욱 모호하게 만들고 악에 대한 경계심을 늦춘
다는 점에서 순진무구한 사람들의 판단 및 분별력에 혼란을 일으킨다.
양의 탈을 쓴 늑대란 바로 그러한 혼란을 의도적으로 불러일으키는 사

람들이며, 이와 같은 궤변적 논리에 고무되어 악을 주도하는 자들은 항상 교묘한 논리를 동원하여 자신들의 행위를 합리화시킨다. 그러면서 그들은 속으로 쾌재를 부르며 이렇게 외칠 것이다. "어리석은 자여, 그대의 이름은 인간이니라."

이 세상에 악은 분명히 존재한다. 이처럼 악의 존재를 믿는다는 것은 악을 따르고 신뢰한다는 의미가 아니라, 오히려 모든 것이 선하다는 착각과 미망에서 벗어나 악이 존재함을 분명히 깨닫고 그것에 철저히 대비해야 한다는 뜻에서 하는 말이다. 또한 악의 존재를 믿는다는 것이 악마의 존재를 믿는다는 의미로 오해되어서도 안 되겠다. 악마의 존재 여부는 누구에게나 손쉽게 알 수 없는 문제이기 때문이다. 다만 행위의 결과로 나타난 악의 실체를 인정한다는 뜻일 뿐이다.

그러나 그 뿌리가 어디에 있든지 간에 악을 행하는 자들로 인해 고통받는 사람들은 그야말로 밤하늘에 떠 있는 별들의 수만큼이나 많을 것이다. 만약 그렇지 않다고 말하는 사람이 있다면 그는 지금까지 운이 엄청나게 좋았거나 아니면 그 스스로가 사악한 의도를 숨겨 온 것인지도 모른다. 우리는 항상 선을 추구하고 악을 멀리한다고 주장하지만, 그런 태도는 너무도 안이한 발상이다. 선은 추구할 대상이 아니며, 악도 물리친다고 순순히 물러갈 대상이 아니기 때문이다.

선은 국물이 우러나듯이 안에서 자연스레 솟구치는 것이며, 악도 단순히 외부에서 문을 따고 들어오는 불청객이 아니라 내부에 감추어진 탐욕에서 비롯되는 것이기 쉽다. 그런 점에서 인간의 양심은 내부 고발자인 셈이며, 양심의 질도 사람에 따라 천차만별이기 때문에 악을 결코 만만히 봐서는 안 된다. 악이 선을 압도하고 선이 악에게 무릎을 꿇는 경우도 이 세상에는 무수히 많다. 권선징악이라는 고전적인 구도는 하나의 희망사항일 뿐이지 우리의 현실과는 거리가 멀다.

야 생 늑 대 와 반 사 회 적 인 간

대다수의 사람은 현실을 똑바로 직시하고 인정하기를 두려워한다. 따라서 자신들이 원하는 자장가만을 계속 들려주기를 바란다. 그러나 환상적으로 달콤한 주장만을 선택적으로 받아들이다 보면 무엇이 악이고 선인지 구분하기 어려워지기 십상이다. 그리고 세상에는 그런 달콤한 자장가로 비판적 의식을 마비시키고 분별력을 흐리게 만드는 사악한 인간들이 분명히 존재한다. 마치 끊임없이 마약을 제공하는 악덕 업주들처럼 말이다. 우리는 그런 인간을 양의 탈을 쓴 늑대라고 부르는 것이다.

동물의 세계에서 양의 수는 늑대의 수를 압도한다. 이처럼 수적으로는 절대 다수를 차지하는 양이지만, 항상 늑대의 공격에서 안전하지 못하다. 그것은 인간 세계도 마찬가지다. 양처럼 온순한 사람들이 절대 다수를 차지한다고 해도 항상 이들을 노리는 늑대들이 주위를 배회하기 마련이며, 일단 공격이 시작되면 양떼는 흩어지고 그 표적은 여지없이 먹잇감이 되고 만다. 그리고 늑대는 결코 모든 양을 공격하지는 않는다. 나중에 약탈할 잔여분은 항상 남겨 두어야 하기 때문이다.

그러나 우리가 생각하는 실제의 야생 늑대와 늑대 같은 사람은 여러 가지 면에서 그 질이 다르다. 야생 늑대는 비록 짐승이지만 의리와 책임감이 매우 깊고 가족애도 남다르다. 반면에 사악한 심성의 인간들은 최소한의 의리나 책임감도, 가족애도 보이지 않는다. 양심은 물론 동정심도 없다. 야생 늑대가 잔인할 때는 오로지 먹이를 사냥할 때뿐이다.

굶주림을 해결하고 나면 그 어떤 공격성도 드러내지 않는다. 하지만 늑대 같은 인간은 배고픔 때문이 아니라 즐기기 위해 먹잇감을 찾는다. 먹이를 갖고 논다는 점에서 야생 늑대와 본질적으로 다르다는 말이다.

양 의 탈 을 쓴 늑 대 의 위 장 술

그런데 더욱 이들이 위험한 것은 자신들을 늑대로 보이지 않게 철저히 위장한다는 점에 있다. 우리 주변을 어슬렁거리며 호시탐탐 기회만을 엿보는 이들 늑대는 우리가 가는 곳 어디에나 가까이 있다. 이들은 이마에 '나는 늑대다.'라는 표식을 써 붙이고 다니지 않는다. 오히려 달콤한 미소를 머금고 우리에게 접근한다. 그림 형제의 동화《늑대와 일곱 마리 아기 염소》에서 엄마로 위장한 늑대나 샤를 페로의 동화《빨간 모자》에서 할머니로 위장한 늑대처럼 말이다.

J. W. 스미스에 의해 17세기에 그려진
《빨간 모자》 삽화

우리 속담에 '호랑이 굴에 들어가도 정신만 차리면 산다.'라는 말이 있다. 맞는 말이다. 우리가 살면서 본의 아니게 전혀 예상치 못한 곤경을 당하는 수가 있다. 적절한 이유를 댈 수가 없는 사고도 많다. 그러나 자세히 보면 항상 그럴 만한 이유가 있는 법이다. 사람을 잘못 보았거나 상황 판단에 실수가 있었음이 드러나기 때문이다. 그 배경이 복잡하게 얽혀 있을수록 그 원인 규명에 애를 먹는다. 문제는 우리 스스로가 너무 방심했다는 점이다.

노골적으로 악행을 저지르는 인간은 그 험상궂고 살기 어린 표정 때문에 멀리서도 알아보고 미리 피할 수 있다. 악인이 완장을 찼거나 검은 선글라스를 끼고 나타났다면 자신의 신분을 감추려는 의도가 아니라 오히려 자신의 신분을 드러냄으로써 미리 겁을 주기 위한 경고이기 때문에 우리가 거기에 대비할 수 있는 여유를 준다. 그러나 양처럼 온순한 사람으로 위장하여 접근하는 인간은 그 정체를 미리 파악하기가 결코 용이하지 않다. 그런 점에서 산타(santa)의 얼굴로 위장한 사탄(satan)은 있어도 사탄의 얼굴로 위장한 산타는 존재하지 않는다. 문제는 양자의 차이를 식별할 수 있는 능력이 요구되는 것이다. 철자 n의 위치 변동에 따라 santa도 되고 satan도 되는 그런 문제는 식별이 간단하지만, 본심을 감추고 접근하는 사람의 마음은 그 식별이 간단치가 않다는 점이 문제다.

따라서 적어도 다음과 같은 사람들은 일단 경계할 필요가 있다. 말을 지나치게 잘하고 화려한 수식어를 구사하는 사람, 강력한 카리스마를 발휘하여 많은 추종자를 거느리는 사람, 훌륭한 매너와 자애로운 동정심을 지나치게 발휘하는 사람, 뛰어난 재능과 박학다식한 지식으로 상대를 압도하는 사람, 강한 성적 매력과 뛰어난 외모로 가슴을 설레게 만드는 사람, 상대의 약점을 잘 알고 그 약점을 끄집어내어 상대를 꼼짝 못하게 만드는 사람, 자신은 전면에 나서지 않고 뒤에서 항상 조종하는 사람, 상황에 따라 수시로 말을 바꾸고 둘러대기를 잘하는 사람, 상대의 말을 듣지 않고 자기 주장만을 내세우는 사람, 시선을 압도하며 신음소리 비슷하게 비음을 많이 내는 사람, 몸짓이 과장되고 은밀히 스킨십을 해 오는 사람, 자신의 학벌과 집안 배경을 속이고 거짓말을 능숙하게 늘어놓는 사람, 틈만 나면 돈을 빌리면서 제때 갚지 않는 사람, 큰소리치며 지키지 못할 약속을 하는 사람 등……. 이쯤 되면 믿을 사람이 하나도 없을지 모른다. 그래서 일단은 경계할 필요가 있다고 한 것이다.

그렇다고 해서 마치 피해망상증 환자처럼 무조건 의심만 할 것은 아니다. 충분한 시간과 여유를 갖고 상대를 탐색할 필요가 있다는 뜻이다. 물론 착하고 고지식한 사람은 매력도 없고 인기도 없다. 그러나 신뢰라는 측면에서 볼 때, 오히려 인간적인 허점을 보이는 사람이 더욱 믿을 만하다. 실수를 연발하는 사람은 얼핏 보기에 어리숙하고 바보처럼 보이지만, 약삭빠르고 완벽해 보이는 사람보다 한결 믿음이 간다.

양의 탈을 쓴 늑대들은 온갖 형태로 자신을 위장한다. 이처럼 교묘하게 위장한 상태로 우리 주변에 숨어 있는 반사회적 인간들은 실로 다양한 모습으로 존재하지만, 자세히 보면 그 정체를 알 수 있다. 문제는 사람 됨됨이를 식별할 수 있는 능력에 달려 있다. 다양한 사람을 접할 수 있는 직업에 종사하는 사람은 그런 식별에 남다른 이점을 지니기 마련이다. 척 보면 아는 것이다. 물론 그 정도까지는 아니더라도 적어도 상대에게 5분 정도 자유로이 말할 기회를 주고 면밀히 그 사람을 관찰해 보라. 그러면 어떤 단서를 찾아낼지도 모른다. 아무리 철저한 인간도 자신을 완벽하게 위장할 수는 없기 때문이다.

그런데 늑대는 수컷만 있는 것이 아니다. 암컷도 있다. 우리는 흔히 비하적인 차원에서 남자는 늑대요, 여자는 여우라는 말을 많이 들어 왔다. 하지만 양의 탈을 쓴 늑대 무리 중에 반사회적 여성들도 숨어 있는 수가 있다. 역사적 인물 가운데 가장 잔혹하고도 엽기적인 범죄를 저지른 바토리 백작부인, 비정하기로 악명이 자자한 중국의 고황후나 측천

무후, 도덕적으로 문란하기 그지없던 신라의 진성여왕, 러시아의 여제 안나 이바노브나와 예카테리나, 현대에 와서는 아우슈비츠의 마녀로 온갖 잔혹한 만행을 저지른 나치 요원 헤르타 오베르호이저와 마리아 만들, 이르마 그레제, 일제 코흐 등이 바로 그런 여성들이다. 그러니 여성이라고 해서 만만히 보면 큰 낭패를 당하기 쉽다.

물론 아무리 양의 탈을 썼어도 늑대들은 자기들끼리 본능적으로 서로를 알아보기 마련이다. 단지 몇 마디 대화만 나누고 잠시 눈빛만 마주쳐도 서로의 냄새를 즉각적으로 알아차린다. 동물적 감각으로 서로의 정체를 알아보는 것이다. 그것은 동성애자들이 서로를 알아채는 수준과 거의 엇비슷하다. 그런 점에서 반사회적 인간들은 본능에 충실한 동물에 더욱 근접한 존재라 할 수 있다. 좀 더 심하게 말하자면 인간의 탈을 쓴 짐승이라 할 수 있다. 요즘 들어 유행하는 좀비 영화들은 모든 것을 물어뜯고 파괴하는 괴물 집단의 광란적인 모습을 통해 엄청난 공포심을 유발하기도 하지만, 사실 반사회적 인간들이야말로 이 시대가 낳은 정신적 괴물이 아닐 수 없다. 다만, 좀비는 솔직하게 괴물 티를 내지만 반사회적 인간은 온순한 양으로 위장하기 때문에 더욱 위험한 것이다.

반사회적 인간의 치료는 가능한가

————————— 정신의학적으로 반사회적 인격은 가장 고질적인 난치성 인격장애로 간주된다. 비록 인도주의적 관점에서 그동안 반사회적 인간을 상대로 한 정신치료에 노력을 기울인 의사나 심리학자들이 없는 건 아니었지만, 대체로 그 결과는 참담한 실패로 돌아가고 말았다. 따라서 반사회적 인격은 일찌감치 정신분석의 대상에서 제외되었으며, 심지어 정신과 의사들도 그들의 치료를 기피하는 실정에 있다. 과연 그렇다면 도대체 그 이유는 무엇일까.

오늘날 눈부시게 발전한 정신약물학에도 불구하고 아직까지 성격을 고칠 수 있는 약은 존재하지 않는다. 어쩌면 앞으로도 그런 약은 영원히 존재하지 않을지도 모른다. 따라서 현재까지 유일한 치료수단은 정신분석이나 정신치료적 도움뿐이다. 하지만 문제는 모든 치료가 환자와 의사 사이에 굳건히 맺어진 신뢰와 치료동맹(therapeutic alliance)을 바탕으로 이루어지는 과정이기 때문에, 그리고 다른 무엇보다 환자 자신의 치료적 동기가 강력해야만 그 효과를 기대할 수 있기 때문에 성숙한 인격으로의 변화란 말처럼 그렇게 간단한 일이 아니다. 더군다나 치료동맹이란 환자와 치료자의 건강한 자아가 서로 협력하여 치료를 진행시켜 나간다는 점에서 볼 때, 어차피 병든 자아의 소유자인 반사회적 인간이 치료자의 충고나 해석을 순수한 마음으로 받아들이지 못할 것이 분명하다.

따라서 대부분의 반사회적 인간은 자신이 변화되어야 할 필요성을 전혀 느끼지 않기 때문에 그 어떤 치료에도 응하지 않을 뿐만 아니라 불가피하게 강요된 치료 현장에서도 냉소적이고도 비협조적인 태도로 일관하기 일쑤다. 그런 마음가짐을 지닌 사람들이니 치료 효과가 있을 리 만무하다. 오히려 치료자에게 부정적인 역전이 감정이나 반대로 무관심한 태도를 유발하기 십상이다. 어떤 경우에는 치료자의 머리 꼭대기에 올라앉아 치료자를 농락하고 골탕먹이는 수도 있다.

예를 들어, 밀로스 포먼의 영화 〈뻐꾸기 둥지 위로 날아간 새〉에서 모든 권위에 반항하는 반골 기질의 사나이 맥머피를 연기한 잭 니콜슨과 정신병원의 권위주의를 대표하는 매우 가학적인 간호사 밀드레드 역의 루이스 플레처 사이에 펼쳐지는 매우 치열한 대결이 볼 만하지만, 반사회적 성향이 농후한 환자가 제대로 순종하지 않고 말썽만 부린다고 그에 대한 보복으로 전기치료를 가해 바보로 만들어 버린다는 설정은 의학적 현실을 지나치게 왜곡한 장면이 아닐 수 없다. 전기치료란 약물에 전혀 반응하지 않는 극심한 망상이나 환청 증세가 있을 경우에만 예외적으로 사용할 수 있는 특수치료이기 때문이다.

더군다나 전기치료를 통해 판단력을 상실할 정도로 바보 상태가 되는 경우란 있을 수가 없다. 환자를 그 정도 상태로 만들려면 환자의 생명이 위협받을 정도의 치명적인 상황까지 각오해야 하는데, 적어도 민주국가에서는 불가능한 일이다. 인권이 철저히 무시되는 전체주의 국가라면 몰라도 말이다. 하기야 밀로스 포먼 감독은 공산 치하의 체코에서 살다 미국으로 망명한 사람이니 정신과에 대해 그릇된 인식을 지녔을 가능성도 없지 않아 있을 것이다.

하지만 만약 영화에서 보듯이 보복 차원에서 환자에게 전기치료를 가한다면 그것은 처벌받을 심각한 위법 행위이며, 의료 윤리에도 어긋난 것이다. 그런데 문제는 영화가 던지는 비현실적인 메시지로 인해 그 후부터 전기치료에 반대하는 시민운동이 벌어졌다는 점이다. 물론 정

〈뻐꾸기 둥지 위로 날아간 새〉에서 간호사 밀드레드로 분한 루이스 플레처(좌)와
맥머피 역의 잭 니콜슨(우)

신과에서도 전기치료는 점차 자취를 감추게 되었는데, 그것은 시민들의 반대 여론 때문이 아니라 치료약물의 눈부신 발전으로 인해 전기치료의 필요성이 저절로 없어졌기 때문이다.

반사회적 인간의 치료라는 차원에서 영화 〈뻐꾸기 둥지 위로 날아간 새〉가 지나치게 과장되고 비현실적인 모습으로 다루었다면, 스탠리 큐브릭 감독의 영화 〈시계태엽 오렌지〉는 사회에 더욱 큰 충격을 주었다. 말콤 맥도웰이 연기한 주인공 알렉스는 온갖 비행을 저지르는 갱단의 카리스마적 지도자로 강간, 폭력 등을 서슴지 않는 냉혹한 반사회적 인간이지만, 이 작품에서는 그런 알렉스를 선량한 인간으로 바꾸려는 의사들의 행동치료 작업 자체에 냉소적인 시선을 보내고 있다. 정신과 치료에 대한 혐오감을 극대화시킨 영화로는 가장 첫 손가락에 꼽히는 작품이다.

특히 알렉스에게 가해진 행동치료의 일종인 루도비코 기법은 관객들에게 끔찍한 공포감을 자아낸다. 폭력적인 장면을 피하지 못하게 강제로 눈을 뜨게 고정시킨 후 구토를 일으키는 주사를 놓는 일종의 혐오기법을 표현한 것으로 보이지만, 실제로 존재하는 치료 방법은 아니고 가공적으로 창작해 낸 픽션일 뿐이다. 다만 과거 정신과에서는 알코올 중독자를 상대로 혐오기법을 이용한 적도 있기는 하나 현재는 사용하지 않고 있다.

토 니 소 프 라 노 의 정 신 치 료

한때 미국에서 대중적 인기를 끌었던 TV 드라마 〈소프라노스〉는 마피아 두목 토니 소프라노를 치료하는 정신과 여의사 멜피의 혼란된 모습을 다루고 있어 매우 흥미롭다. 하지만 주인공 토니 소프라노는 성격 문제로 치료받은 것이 아니라 심한 공황장애 증세에 시달린 나머지 닥터 멜피를 찾은 것이다. 비록 현실성이 매우 떨어지는 가상적 상황이긴 하나 마피아 두목과 그를 치료하는 정신과 의사 두 사람 모두 인간적 매력과 약점을 동시에 드러내 보인다는 점에서 대중적 관심을 이끌기에 충분하다고 본다.

물론 닥터 멜피는 반사회성 인격의 소유자인 토니의 치료에 대해 처음부터 나름대로 갈등을 겪는다. 주위 동료들도 그런 환자의 치료에 대해서는 회의적인 태도를 보였기 때문인데, 그런 점은 토니의 측근들 역시 마찬가지다. 왜냐하면 치료를 받을 정도로 정신에 문제가 있다는 사실은 마피아 보스로서는 치명적일 수 있기 때문이다. 조직의 통솔도 그렇고 그런 사실이 외부에 자칫 누설될 경우 위험에 처할 수도 있다. 그런 점에서는 주치의도 믿기 어렵다. 그녀가 경찰에 신고하면 끝이기 때문이다. 결국 신변 안전의 문제는 토니와 닥터 멜피 두 사람 모두에게 가장 골치 아픈 일로 등장하고, 결론부터 얘기하자면 그런 장애 요인으로 인해 마침내 토니의 정신치료는 싱겁게 중단되고 만다.

법은 멀고 주먹이 더 가깝다는 말도 있듯이 우리가 살아가는 세상은 항상 이상과 현실 사이에 가로놓인 괴리를 실감하게 만든다. 오늘날 자본주의 시장경제를 추구하는 자유민주사회에서 가장 암적인 존재는 지하에서 활동하는 조직폭력 집단이라 할 수 있다. 특히 자본주의사회를 대표하는 미국은 마피아 조직의 메카로서 이미 그 존재를 더 이상 부인할 수 없을 뿐만 아니라 거기서 한 걸음 더 나아가 사회적으로 용인하는 분위기에까지 이르고 있는 실정이다.

그러한 사회적 분위기는 특히 대중 매체의 역할에 힘입은 바 크다고 할 수 있다. 심지어는 범죄 조직에 대한 지나친 미화 작업으로 인해 오히려 부러움이나 신비의 대상이 되고 있는 경향마저 보인다. 그것은 사회악과의 전쟁도 불사한다는 정치적 공약을 무색하게 만드는 미국사회 특유의 이율배반성을 여지없이 드러내는 부분이기도 하다. 자본주의사회에서 돈과 권력의 쟁취는 모든 사회정의에 우선한다는 것이 상식처럼 된 지 이미 오래다. 그리고 적어도 미국사회에서 조직범죄는 더 이상 지하세계에만 암약하는 존재가 아니라 표면상으로는 합법적인 대기업의 형태를 띠고 있기 때문에 사회적 근절이 더욱 어렵게 되고 말았다.

그런 점에서 〈소프라노스〉는 영화 〈대부〉〈좋은 친구들〉〈원스 어 폰 어 타임 인 아메리카〉 등을 통하여 대중에게 이미 친숙해진 마피아 세계를 그린 것이지만, 굳이 다른 점을 지적한다면 단순히 잔인하고 폭력적인 범죄 행태 및 어두운 지하세계의 비극적인 측면만을 부각시킨 것이 아니라 범죄인의 내면적인 심리세계를 다루면서도 결코 어둡지 않고 오히려 유머러스한 분위기를 풍기도록 함으로써 수많은 시청자를 사로잡았다는 것이다.

그것은 소위 '소프라노 효과'로도 불리는 사회적 현상까지 낳았다. 〈소프라노스〉가 방영되는 그 시간대에는 거리가 한산해질 정도로 수많은 미국인의 시선을 TV 앞에 붙들어 매 둔 것이다. 마치 우리나라에서 TV 드라마 〈모래시계〉 방영 당시 거리가 한산해질 정도로 일찍 귀가하는 바람에 모래시계가 아니라 귀가시계로 불린 현상과 비슷하다. 그만큼 대중의 높은 관심뿐 아니라 미국사회 특유의 문화적 코드와 맞물려 지대한 사회적 관심의 대상이 되었던 것이다.

특히 마피아와 FBI의 대결 구도는 미국 문화의 한 일부로 인식될 정도에까지 이르렀지만, 실제로는 대결이 아닌 상호 공존을 받아들이는 단계에 이른 것이 아닐까 한다. 그런 점에서 소프라노 일가의 성공이 마치 아메리칸 드림의 상징이기라도 하다는 듯이 인식하는 현상뿐 아니라 또한 자유방임주의가 미국사회의 전매특허라도 되는 듯이 생각하는 것은 조직범죄의 근절에 역행하는 일이라고 할 수도 있겠지만, 말처럼 그리 간단치 않은 이유는 악의 근절이라는 문제가 지옥을 정복하는 일만큼이나 결코 손쉬운 일이 아니기 때문이다.

토니 소프라노는 미국 뉴저지의 악명 높은 범죄 조직 디메오 패밀리를 이끄는 최고 보스로, 40대 중반의 남자이며, 수많은 범죄 사업체를 운영하고 있지만 공식적으로는 폐기물 처리 컨설턴트로 행세한다. 그런데 공황 증세와 우울증에 시달린 그는 보스로서의 위신과 신변상의 위험 부담에도 불구하고 정신과적 치료를 받기에 이른 것이다. 그렇게

<소프라노스 시즌 2> 포스터

해서 시작된 치료 과정을 통해 토니 소프라노는 자신의 치부를 드러낼 수밖에 없었으며, 그 장면이 수많은 대중이 지켜보는 안방극장을 통하여 여지없이 노출됨으로써 그는 단순한 범죄 조직의 보스로서가 아니라 바로 이웃에 살지도 모르는 친근한 아저씨요, 또한 우리 자신들과 동일한 인간적 약점을 지닌 보통 사람으로 다가오는 것이다. 따라서 적어도 미국사회에서는 토니 소프라노를 모르는 사람이 없을 정도가 되었으니, 그는 더 이상 가상의 인물이 아니라 마치 실존하는 인물처럼 미국인들의 뇌리 안에 자리 잡은 셈이다.

따라서 마피아 보스가 정신치료를 받는다는 사실 자체가 매우 비현실적인 설정이지만, 이미 그런 설정 자체가 던지는 희화적인 요인 때문에 드라마의 매력은 더욱 빛을 발한다. 물론 토니 소프라노는 인격의 변화 및 삶에 대한 통찰을 얻기 위한 다소 거창한 목표하에 진행되는 정신분석을 받는 것이 아니라 단지 공황 증세 및 우울증 때문에 정신과적 치료의 한 부분으로서 약물치료와 더불어 정신치료를 받기에 이른 것이다.

처음에 토니 소프라노가 병원을 찾은 것은 혹시 뇌에 이상이 있지나 않을까 하는 염려 때문이었지만, 신경과 의사는 정밀검진 결과 뇌 기능에는 이상이 없다고 판단하여 정신과 의사인 멜피에게 치료를 의뢰한 것이다. 닥터 멜피가 비록 매력적인 여성이긴 했지만, 토니 소프라노는 정신치료에 대해 처음에는 거부감을 표시하며 몹시 망설였다. 왜냐하면 조직의 보스로서 정신과 치료를 받는다는 사실이 주위에 알려지게 되면 조직에 치명적일 수도 있다고 보았기 때문이다. 그러나 일단 치료가 시작되자 그는 닥터 멜피와 독특한 치료적 관계에 놓이게 된다.

두 사람의 치료 작업은 비밀이 철저히 보장된 가운데 고립된 밀실 안에서 이루어진다는 특징을 지닌다. 따라서 대중은 평소에 접근하기 어려울 것으로만 믿어지는 두 직업인 사이에 벌어지는 매우 특이한 치료적 관계를 엿보는 즐거움도 만끽할 수 있다. 토니의 인간적인 결함과 약점은 치료 과정을 통해 어쩔 수 없이 드러나는 부분이지만, 그러한 점이 오히려 대중을 안도하게 만든다. 그리고 바로 이런 점이 드라마의 장점인 동시에 약점이기도 하다. 비록 흥행을 보장하긴 하지만, 범죄인이 생각처럼 그렇게 위험한 인물이 아닐 수도 있다는 그릇된 환상을 심어 줄 수도 있기 때문이다.

또한 정신과 의사의 역할에 대한 오해도 생길 수 있다. 환자의 도덕적인 문제를 다루지 않는 치료가 과연 온당한 것이냐에 대한 논란이 생길 수도 있기 때문이다. 그러나 정신분석적 치료에서는 환자의 도덕성에 대한 심판은 금기 사항에 속한다. 왜냐하면 인간의 무의식은 부도덕한 욕망과 환상으로 가득 찬 세계이기 때문이다. 이러한 특성은 환자뿐 아니라 치료자 역시 예외가 아니다. 이런 이유로 치료자에게는 적절한 중립성의 유지가 요구되는 것이며 철저한 자기검증이 필요한 것이다.

더 나아가 토니의 경우처럼 범죄인의 정신치료가 과연 합당한 일인지 여부는 논란의 대상이 되고도 남음이 있을 것이다. 고해성사의 경우, 살인 및 범행에 대한 신도의 고백을 듣고 신부가 그 문제를 과연 어떻게 처리할 것이냐 하는 주제는 이미 고전이 되어 버린 지 오래다. 히치콕 감독의 영화 〈나는 고백한다〉에서 신부는 자신의 죄와 신도의 죄 가운데서 고뇌를 겪지만, 정신과 의사인 닥터 멜피는 그런 문제로 고민하지 않는다. 정신치료 중에 알게 된 토니의 살인 경력에 대해서도 그녀는 일체 관여하지 않는다.

다만 그녀는 만약 그가 다른 사람을 해칠 의도를 보인다면 당국에 그 사실을 알릴 수밖에 없다고 말하는데, 과연 그것이 현실성 있는 말인지에 대해서는 논란의 여지가 많을 수 있다. 또한 살인을 일삼는 범죄자에 대한 역전이적 반응도 문제가 될 수 있다. 가장 큰 문제는 환자에 대한 두려움일 것이다. 그러나 의외로 닥터 멜피는 그러한 두려움을 보이지 않는다. 그녀는 매우 용기 있는 인물이거나 아니면 무모한 만용을 지닌 여성이거나 둘 중의 하나일 것이다. 하지만 현실적으로 보복을 감수하면서까지 목숨을 내걸고 FBI에 신고할 수도 없을 것이다.

처음부터 토니의 신분을 알고 정신치료를 시작하기로 결정했던 닥터 멜피의 판단력에도 문제를 제기할 수는 있다. 적어도 협박에 의해 강요된 치료가 아니라면 말이다. 그런 점에서 그녀의 동료인 닥터 쿠퍼버그가 해 준 충고는 매우 합리적이다. 그는 최근 연구에 의하면 사이코패스에 대한 정신치료는 그의 정신 상태를 더욱 병적으로 만들 뿐이라고 하면서 결국 그 치료가 실패로 돌아갈 것임을 암시하고, 토니를 치료하는 일은 그녀에게 단지 대리적인 만족을 제공하는 스릴에 불과하다고 말한다. 그의 말은 닥터 멜피를 더욱 화나게 만들었을 뿐이며, 그녀의 자존심에 큰 상처를 입히고 말았다.

그러나 나중에 그녀는 문제의 논문을 검토해 본 결과, 그의 말대로 정신치료가 범죄자의 행동을 정당화시킬 수 있음도 알게 되면서 토니를 치료하는 일이 소용없는 일이며, 그의 범죄생활 스타일을 더욱 돕는 결과만을 낳게 된다는 사실을 깨닫게 된다. 다음 면담에서 그녀는 곧바로 토니를 비난하고 공격하면서 자신이 더 이상 그를 도울 수 없음을 말하고 대신 다른 치료자를 소개해 주겠다고 제의한다. 토니는 혼란스러운 표정으로 일어나 방을 나간다. 토니의 정신치료는 그렇게 싱거운 결말로 중단되고 만다.

통 찰 과 변 화 를 거 부 하 는 반 사 회 적 인 간

다양한 견해 차이를 보이고 있음에도 불구하고 현재까지 반사회적 인격장애에 대한 정신치료는 그 결과가 회의적이라는데 의견이 모아진다. 물론 이들에 대한 보다 많은 관심을 호소하며, 치료적인 도움의 필요성을 강조한 사람들도 없는 것은 아니지만, 실제로 대다수의 정신과 의사는 이들에 대한 치료를 기피하는 것이 사실이다. 노력한 만큼의 효과를 기대하기 어렵기 때문이다. 반면에 이들은 유전적으로 타고난 결함이 있기 때문에 치료해 봐야 소용이 없다는 극단론도 제기된다.

그러나 적어도 정통 분석가들은 환자에게 기본적으로 요구되는 진지한 내성 능력의 부족과 변화에 대한 동기의 결여 및 충동적인 성향

등을 이유로 들어 분석의 대상에서 제외시키고 있다. 자신의 행동을 돌아보고 반성할 수 있는 내성 능력이야말로 변화의 첫걸음이기 때문이다. 그럼에도 불구하고 일부 정신과 의사는 일종의 치료적 야심을 지니고 반사회적 성향의 환자를 치료하기도 한다. 하지만 그 치료는 매우 힘든 고난의 과정일 수밖에 없다. 토니 소프라노의 정신치료는 그런 점에서 차라리 순탄한 과정을 밟은 것으로 볼 수 있다. 물론 정서적으로 매우 천박하고 깊이가 없다는 점에서, 그리고 반성과 내성 능력의 결여로 인해 상당한 어려움을 겪을 수밖에 없다. 따라서 토니처럼 범죄 조직에 깊이 연루된 사람일 경우에는 처음부터 치료적 목표에 나름대로 한계를 두어야 할 것이다. 그렇지 않다면 치료자 스스로가 겪을 수밖에 없는 좌절과 무력감을 감당하기 어려울지도 모르기 때문이다.

토니 소프라노의 개인적 고충을 좀 더 다른 시각에서 보자면 인간이면 누구나 보편적으로 간직하고 있을 수도 있는 심리적 약점을 새롭게 부각시키고 있다는 점에서 사람들의 관심을 끄는 것으로 보인다. 그러나 간과할 수 없는 차이점은 그는 살인을 밥 먹듯 하는 범죄인이며 일반인들은 그렇지 않다는 점이다. 악을 상상하면서도 실행하지 못하는 사람과 악을 거침없이 행하고도 전혀 뉘우침이 없는 사람 사이에는 실로 하늘과 땅만큼의 차이가 있는 것이다. 그 차이는 건전한 시민의식에 있는 것이 아니라 근본적인 윤리관의 존재 여부에 있는 것이다. 물론 마피아 보스도 신앙심을 지니고 있으며 막대한 헌금을 교회에 기부하기도 한다. 그러나 그것은 자신의 신분을 감추기 위한 위장전술에 지나지 않는다. 그 역시 일반인들과 마찬가지로 세금을 내는 건전한 시민이라고 자신을 내세우지만 음성적으로는 더 큰 탈세를 범한다.

토니 소프라노의 정신치료를 통하여 우리는 거대한 범죄 조직의 보스도 일반인과 동일한 심리적 갈등과 고민에 시달린다는 점에 안심할 수 있을지 모른다. 적어도 인간적 약점을 지녔다는 점에서 인간적인 매력을 느낄 수도 있다. 그러나 그것은 단지 악의 한 단면일 뿐이다. 또한 이 세상에는 토니 소프라노의 경우처럼 자신이 아끼는 가족과 동물에 대해서는 한없는 애정을 쏟으면서도 자신의 적들에 대해서는 무자비한 살인과 폭력을 행사하고도 전혀 죄의식을 느끼지 못하는 이중성을 지닌 사이코패스도 존재한다는 점에서 한 개인의 내면적인 갈등 차원에서만 이해할 성질의 문제가 아님은 당연하다.

따라서 이들에 대한 경솔한 치료 행위는 거시적인 안목에서 본다면 오히려 무책임한 행위일 수도 있다. 오히려 종교적인 교화 및 제도적인 대안이 더욱 효과적일지도 모른다. 그런 점에서 토니 소프라노의 정신치료는 문제를 제기한다는 차원에 만족할 뿐이지 근원적인 해결책을 제시하는 것으로 오해되어서는 안 될 것이다. 한 개인의 내면세계를 탐색하는 작업은 그가 속한 집단과의 관계를 배제한 상태에서 진행될 수 있겠지만, 결국 자신에 대한 통찰을 얻고도 그러한 통찰이 그가 다시 돌아가 몸담을 수밖에 없는 범죄생활에 과연 어떤 실질적인 도움을 줄 수 있을 것인지에 대해서는 누구도 장담하지 못하기 때문이다. 다시 말해서 삶의 태도에 진정한 변화를 꾀할 수 없는 통찰이라면 그것은 아무런 효용가치가 없는 지적 사치에 불과할 따름이며, 일종의 공중누각을 짓는 일과 다를 바 없을 것이다.

어느 반사회적 청년의 최후

그런 점에서 실제로 저자가 겪었던 반사회적 인간에 대한 개인적 치료 경험을 소개하고자 한다. 20대 청년 S는 매우 폭군적이고도 권위주의적인 고위 공직자의 외아들로 태어나 어려서부터 매우 반항적이고 비뚤어진 모습을 보였으며, 학교 다닐 때도 걸핏하면 삥 뜯기나 폭력을 휘둘러 친구들을 괴롭히기 일쑤였다. 학교 수업을 빼먹고 야산에 자기 아지트를 만들고 불량소년들과 어울리며 본드 환각제를 흡입하는가 하면, 무단가출도 다반사였다. 그런 비행으로 경찰서에 끌려간 적이 한두 번이 아니었지만, 그럴 때마다 아버지가 힘을 써서 빼 주어 자신의 능력을 과시하기도 했다.

하지만 날이 갈수록 그의 비행은 정도가 심해져만 갔으며, 이를 심하게 나무라는 가족에게마저 폭행을 일삼게 되자 결국 정신병원에 강제 입원하기에 이른 것이다. 물론 S는 치료에 대해 냉소적인 태도로 일관했으며, 그동안 자신이 벌인 행동에 대해서도 반성의 기미를 일체 보이지 않았다. 그가 유일하게 관심을 보이는 부분은 자신의 정신병원 입원 경력이 군입대 면제에 어느 정도 효력을 갖는지뿐이었다. 거짓말과 둘러대기의 달인이었던 그는 면담 도중에도 치료자 앞에 무릎을 꿇고 닭똥 같은 눈물을 흘리며 다시는 사고를 치지 않겠노라고 수없이 다짐하기도 했으나, 그것은 악어의 눈물이었을 뿐 연기였음이 번번이 드러났다.

더군다나 그는 수시로 병원 탈출에만 골몰했는데, 머리가 비상했던 그는 현실 판단력이 떨어지는 정신병 환자들을 집에 보내 주겠다고 하면서 동반탈출을 은밀히 선동했으며, 자신이 계획한 작전에 따라 다른 환자들로 하여금 병동 한구석에 불을 지르게 해서 온 병동이 혼란에 빠진 틈을 타서 화재 현장 반대편에 있던 창문을 통해 혼자 유유히 사라져 버리는 고도의 지능적인 수법을 쓰기도 했다. 사실 그는 그동안 몰래 숨긴 줄칼로 쇠창살을 손질해 놓고 때를 기다린 것이다. 더욱 놀라운 것은 그렇게 도주한 후에도 곧바로 집에 가지 않고 야산에 있는 자신의 아지트에 거의 한 달이나 숨어 지낸 것이다. 병원에서 가족에게 연락을 할 것으로 예상했기 때문이다.

물론 그 후 S는 다시 사고를 치고 붙들려 왔지만, 겉으로는 아무 일도 없었다는 듯 태연자약했다. 그리고 새로 입원한 젊은 여성 환자 Y에게 접근해 성적인 추행을 보임으로써 독방에 격리되기도 했다. 그런데 Y 역시 온갖 비행을 저지른 반사회적 인격장애 환자로 부유한 사장 집 딸이었다. 그녀 역시 저자의 치료를 받았지만, 천방지축인 성격은 변함이 없었다. 그리고 S는 그녀가 먼저 자신을 유혹했다고 책임을 떠넘겼으며, Y는 치료자에게 비록 S가 잘못은 했으나 용서해 주도록 선처를 바란다고 함으로써 치료진의 판단을 더욱 혼란케 했다.

어쨌든 저자가 그 병원을 떠나면서 두 사람과의 치료 관계도 끝나게 되었는데, 세월이 한참 흐른 뒤에 들려온 소식에 의하면, S가 그 후 자신의 할머니를 칼로 찔러 살해하고 사형언도를 받아 교수형에 처해졌다는 것이었다. 참으로 안타깝고 씁쓸한 소식이 아닐 수 없다.

이처럼 정신과 의사로서 저자의 개인적 경험을 소개하는 이유는 적어도 반사회적 인간에 대해서는 선의에 의한 동정심이나 인간적인 접근, 종교적 감화나 회유, 상식에 입각한 충고나 설득 등 온갖 노력도 별반 효력이 없으며, 오히려 상처받기 쉬운 것은 아이러니하게도 그들을 돕기 위해 애쓰는 사람들이기 쉽다는 것이다. 왜냐하면 갖은 노력에도 불구하고 번번이 그들에게 배신당하고 뒤통수를 얻어맞기 때문이다. 따라서 중요한 것은 성인이 되어 성격적으로 굳어지기 전에 손을 쓰는 일이라 하겠다. 물론 많은 비행 청소년이 모두 반사회적 인격으로 진행

하는 것은 아니겠지만, 치료적 개입의 때를 놓치게 되면 그만큼 변화의
가능성은 줄어들기 때문이다.

반항적 인간과 반사회적 인간

         자신이 속한 사회에 대한 분노나 반감 때문에 그러한 사회적 모순과 구조적 악습에 도전하여 투쟁적인 활동이나 태도를 보이는 사람들은 반항적 인간이지 반사회적 인간으로 규정지을 수 없다. 양자 간에는 분명한 차이가 있다. 오늘날 각종 시민단체에 소속되어 온갖 사회적 비리에 대한 감시 기능과 그에 대한 개선을 도모하기 위하여 투쟁의 선봉에 선 많은 사람들, 그리고 기득권 세력의 횡포에 대한 소외 계층의 저항, 또는 기성세대의 권위주의적이고 위선적인 행태에 저항하고 거부감을 보이는 젊은 세대들의 반문화적·반종교적·반권위적·반상식적 행동 방식 등도 역시 분노 및 혐오감에 기초한 반항적 태도를 보이는 것으로 간주할 수 있지만, 그렇다고 해서 이들 모두를 반사회적 인간이라고 매도할 수 없다. 그들은 단지 불의에 항거하는 반항적 인간일 뿐이다.

    그러나 많은 반항적 인간의 집단 내부에는 표면적인 유사성만으로 위장한 반사회적 인간들이 뒤섞여 있을 가능성이 존재한다. 예를 들어, 소위 저항가수를 가장한 반사회적 인간들은 자신이 속한 사회의 모순과 부조리를 개선하고자 하는 일에 목적을 둔 것이 아니라 반사회적 메시지를 이용해 무조건 세상을 파괴시키고 혼란을 조장하는 데 목적을 두고 있으며, 다른 한편으로는 자신들의 내면적 모순과 부조리를 외부로 투사하여 싸움을 벌인다는 점에서 분명히 다르다. 실제로 미국에서 낮에는 래퍼로 활약하고 밤에는 갱 조직을 운영하는 흑인가수도 존재한다. 이들은 자신들의 불법성을 노래에 담긴 반사회적 메시지를 통하여 합리화시킨다는 특성을 지닌다. 따라서 정상적인 반항적 인간과 병리적인 반사회적 인간의 엄밀한 구분이 요구되는 것이다.

반 항 적   인 간 과   혁 명 적   인 간

다만, 에리히 프롬은 반항적 인간을 좀 더 다른 시각에서 정의한다. 그는 반항적 인간이란 자신이 세상에서 인정받지 못하고 사랑받지도 못하며 받아들여지지도 않기 때문에 세상의 모든 권위에 대해 극심한 분노감에 사로잡힌 사람이며, 이러한 이유로 그는 권위를 타도하고자 하지만 일단 자신의 목적을 달성하는 순간 자신이 그토록 격렬하게 투쟁했던 권위 그 자체와 친숙해지고, 타도한 권위 대신 그 자신 스스로 새로운 권위가 되고자 하는 사람이라고 규정했다.

따라서 모든 혁명적 운동에 관여하는 사람들 가운데에는 상당수가 이러한 반항적 인간들로 이루어져 있으며, 그중에는 자신들이 섬기는 우상적 존재와의 공생적 일체감을 얻고자 하는 광신적 인간들도 다수 포함되어 있다고 보았다. 다시 말해서 프롬이 말한 반항적 인간은 건전한 사회를 이룩하는 데 결코 바람직한 인간상이 아니며, 그가 바란 것은 진정한 독립과 자유를 위한 보다 진보적인 질서로의 교체를 추구하는 혁명적 인간상이었다.

그런 점에서 볼 때 프롬이 말한 반항적 인간의 범주에는 나폴레옹, 무솔리니, 히틀러, 스탈린, 모택동, 호메이니 등이 포함될 수 있으며, 레닌과 트로츠키, 로자 룩셈부르크, 엠마 골드만, 마하트마 간디, 체 게바라, 호지명 등은 진정한 의미의 혁명적 인간이라 할 수 있겠다. 하지만 프롬 자신이 사회주의적 이상을 꿈꾼 인물이었음을 상기해 보면, 그는 어디까지나 권력과 이념적 차원에서 반항적 인간과 혁명적 인간을

체 게바라

구분했을 뿐, 도덕적 광기나 반사회적 정신병리 차원에서 구분한 것이 아님을 알 수 있다.

따라서 체제 전복에 앞장서는 모든 사람을 단순히 혁명적 인간이나 반사회적 인간으로 볼 수는 없겠지만, 혁명적 인간이라고 해서 도덕적으로 반드시 정당하다고 할 수만도 없다. 중요한 점은 아무리 내세운 명분이 뚜렷하고 올바르다고 할지라도 그 사람 개인의 심성과 도덕성이 얼마나 건전한가에 달려 있다고 볼 수 있다. 하지만 반사회적 인간들은 자신의 정체를 철저히 은폐할 줄 아는 매우 탁월한 능력을 지녔기에 일반인이 보기에 손쉽게 그 정체를 파악하기 어렵다. 조폭이나 마피아 집단이 표면적으로는 합법적인 사업가로 행세하는 경우가 많다는 현실을 보면 더욱 그렇다. 그런 모습은 정계나 종교계라 해서 예외가 될 수 없다. 반사회적 인간은 어디에나 존재하기 때문이다.

분 노 와   반 항

이와는 다른 차원에서 반사회적 행동을 바라볼 수도 있다. 예를 들어, 한 조직체 내에서 이루어지는 좌절과 분노의 감정이 반사회적 행동을 일으킬 수 있으며, 집단적인 좌절의 결과가 반사회적 행동을 야기하기도 한다. 따라서 반사회적 행동을 보인다고 해서 반드시 반사회적 인격의 소유자로 간주할 수는 없다. 특히 정신적 방황과 혼란기에 있는 젊은 청소년의 경우에는 자신들이 겪는 현실적 좌절감과 절망감으로 인하여 우울 및 불안 반응이 반항적 행동으로 나타나기 쉽다는 점에서 더욱 그렇다. 정신의학에서 청소년 비행이 가면성 우울증(masked depression)의 일부로 자주 나타난다고 보는 이유도 거기에 있다. 겉으로 보기엔 전혀 우울해 보이지 않지만, 내면에 감추어진 우울감이 비행으로 표출된다는 점에서 가면성 우울증이라고 하는 것이다.

인간은 자신에게 주어진 부당한 폭력적 상황에 마주쳤을 때 분노하거나 좌절하기도 한다. 그러나 정당한 분노 반응은 그가 살아 있다는 징표이기도 하다. 따라서 반항적 행동이 모두 병적인 것으로 간주될 수는 없다고 본다. 아니, 오히려 부정과 불의에 분노할 줄 모르는 사회는 이미 죽은 사회라 할 수 있다. 부당한 현실을 상대로 분연히 일어서 투쟁하는 반항적 인간이 존재하지 않는 세상은 미래도 희망도 없는 사회라 할 수 있다. 인간은 누구나 보다 나은 삶을 위해 오늘의 고통과 시련을 감수하고 견디기도 한다. 하지만 도저히 묵과할 수 없는 부당한 현실에는 온몸을 내던져 항거하는 모습이야말로 진정으로 살아 있다는 증거이기도 하다.

그런 관점에서 부당한 권력에 항거한 반항적 인간의 예로 수많은 인물을 꼽을 수 있다. 로마제국의 횡포에 맞선 스파르타쿠스, 종교개혁을 일으킨 마르틴 루터, 부패한 교회를 비판한 프랑스 작가 볼테르, 비폭력 무저항주의를 실천한 마하트마 간디, 총을 든 신부 토레스, 총을 든 의사 체 게바라, 독재에 항거한 로메로 주교, 소련의 저항가수 비소츠키, 미국의 반전가수 존 바에즈, 소련의 강제노동 수용소 참상을 폭로한 소설가 솔제니친, 칠레의 시인 네루다, 흑인인권운동의 기수 말콤 엑스, 미국의 좌파 지식인 노엄 촘스키, 여성 참정권을 위해 투쟁한 앨리스 폴과 루시 번즈, 독재에 대한 저항으로 분신 자살한 베트남의 틱 쾅득 스님, 천안문 사태에 연루되어 수감 중에 노벨 평화상을 받은 류 샤오보, 그리고 우리나라 인물로는 상해 임시정부의 김구 선생, 이토 히로부미를 암살한 안중근 의사, 독립만세운동을 벌인 유관순, 노동자 의 권익을 외치며 분신 자살한 전태일 등 수없이 많다.

반 사 회 적 인 간 이 던 지 는 미 끼

결론적으로 말해서, 반항적 인간은 도덕적 양심에 따라 불의에 항거 하는 사람을 의미하고, 반면에 반사회적 인간이란 도덕적 양심의 불량 으로 자신이 속한 사회가 정의로운 세상이든 아니든 상관없이 무조건 적으로 세상을 거부하는 사람을 뜻한다. 다시 말해, 반항적 인간은 세 상을 바로잡기 위해 투쟁하지만, 반사회적 인간은 세상을 파괴하고 오 염시키며 타락의 늪으로 빠트리기 위해 행동하는 것이다. 목적과 동기 자체가 다르다는 점에서 그들을 명확히 구분할 필요가 있다. 문제는 반 항적 인간과 반사회적 인간을 적절히 구분하지 못하고 겉으로 드러난 모습만을 보고 속단하는 일이다. 왜냐하면 올바른 세상을 위해 분연히 일어선 반항적 인간보다 반사회적 인간들이 대중의 환심을 사는 일에 더욱 뛰어난 능력을 지녔기 때문이다.

따라서 우리는 반사회적 인간들이 전파하는 교묘한 감언이설과 인 간적 매력에 더욱 주의를 기울이고 경계해야만 한다. '좋은 약은 입에 쓰고 바른 말은 귀에 거슬린다.'라는 속담도 있다. 하지만 머리로는 잘 알고 있어도 정작 우리를 미혹하는 유혹의 손길에는 취약하기 그지없 는 게 대중의 약점이자 허점이기도 하다. 왜냐하면 원래 바른 말은 인기가 없기 때문이다. 대중심리의 역설은 항상 진실을 원하는 듯하면서도 정작 진실을 두려워한다는 점이다. 그래서 차라리 거짓된 소문을 믿는 것이 마음 편하다고 여길 수도 있다. 또한 그동안 진실로 믿었던 것이 사실이 아닌 것으로 드러날 것을 두려워하기도 한다. 반사회적 인간은 대중의 그런 약점을 너무도 잘 간파하고 있는 사람들이다.

히틀러는 《나의 투쟁》에서 "거짓말을 하려거든 오히려 큰 거짓말을 하라. 대중은 여성과 같아서 큰 거짓말에 약하기 때문이다."라고 했는데, 이 말은 여성과 대중을 비하하기 위해서 한 말이 아니라 대중심리의 약점을 너무도 잘 간파하고 있었기 때문이다. 실제로 그는 의도적으로 과장된 몸짓과 제스처로 독일 민중을 사로잡고 파멸의 늪으로 이끌었지만, 당시 독일인은 히틀러가 제시한 꿀맛 같은 환상에 도취한 나머지 히틀러야말로 진정으로 그들을 구원해 줄 메시아로 여겼지 도덕적 광기에 가득 찬 반사회적 인간일 것이라고는 상상조차 하지 못했음이 분명하다. 이 얼마나 두려운 일인가. 그토록 사변적이고 음악을 사랑하는 독일인들도 히틀러가 던진 반사회적 메시지의 미끼에 걸려 민족 전체가 도덕적 광기에 휘말리고 말았으니 말이다.

하지만 그런 미끼에 걸려든 것은 독일인뿐만이 아니었다. 일본인 역시 천황이라는 미끼에 걸려 '천황 폐하 만세'를 외치며 목숨을 초개와 같이 내던졌으니 말이다. 문제는 독일이나 일본 모두 정의를 위해서가 아니라 약육강식의 침략전쟁을 도발한 당사자였다는 점에 있다. 오히려 그들의 광란적인 도발에 맞서 응징에 나선 연합군이야말로 정의를 바로잡기 위한 목적으로 아낌없이 목숨을 바친 것이다. 누가 독일과 일본을 침략이라도 했던가. 아니다. 따라서 패색이 짙은 상황에서 옥쇄를 외치며 장렬하게 죽음을 맞이한 것은 최후의 발악이었지 조국을 수호하기 위한 영웅적 행위도 거룩한 죽음도 결코 아니었다. 한마디로 명분 없는 개죽음이었을 뿐이다.

　물론 조국이 외세의 침략을 받아 자신의 모든 것을 내던져 나라를 구하고자 하는 것은 거룩한 행위에 속한다. 또한 불의를 저지르는 압제자에 대항해 목숨을 걸고 투쟁하는 행위는 정의로운 모습이기도 하다. 그런 점에서 반사회적 인간이 던진 미끼를 물었다가 졸지에 파국을 맞이한 독일인과 일본인에 비해 부도덕한 권력에 맞서 싸우며 숱한 혁명을 일궈 낸 우리나라 민중은 가히 반항적 인간 집단의 표본이라 할 수 있다. 불의를 참지 못하는 정의 실현의 역군들인 셈이다. 그런 특성은 수많은 외침에도 결코 굴하지 않은 우리 조상들의 기개나 의병 활동을 통해서도 확인할 수 있다. 그런 남다른 반항적 유전자를 지닌 덕에 우리는 지금까지도 멸족당하지 않고 수천 년에 달하는 유구한 역사를 지탱해 올 수 있었던 것이며, 앞으로도 또한 그럴 것이다. 다만 위기에 처할 때마다 독버섯처럼 고개를 드는 반사회적 인간들의 사악한 메시지에 휘말리지 않는다는 전제하에 하는 말이다.

에필로그:
도덕적 광기의 극복을 위하여

———————— 앞으로 우리의 운명을 좌우할 수 있는 도덕적 광기의 문제는 솔직히 말해 이미 발등에 떨어진 불과도 같다. 물론 우리 민족은 전통적으로 선량하고 정이 많으며 예의 바른 동방예의지국으로서의 자부심을 오랜 세월 유지해 왔다. 비록 좁은 땅덩어리 속에서 같은 민족끼리 서로 죽이고 죽는 동족상잔의 비극을 되풀이한 뼈아픈 역사와 이루 헤아릴 수 없이 숱하게 외침에 시달리는 고통과 시련을 겪어 오기도 했지만, 그럼에도 우리는 끝까지 민족 동질성과 정체성을 잃지 않고 용케 살아남아 오늘날의 번영을 이루는 기적을 쌓기도 했다.

하지만 문제는 지금부터다. 지구상에서 유일한 분단국인 동시에 지금까지도 여전히 적화통일을 포기하지 않고 핵무기까지 개발한 북한의 존재도 물론 골치 아픈 일이지만, 그보다 더욱 위태로운 일은 그런 위협 속에 있으면서도 오히려 그 어떤 위기의식을 느끼지도 못하고 살아가는 우리이기에 더욱 그렇다. 어디 그뿐인가. 우리 사회 전반에 깔려있는 지독한 불신과 증오의 늪, 그리고 심각한 국론 분열과 계층 간의 분열, 온갖 비리와 거짓, 위선이 판치는 현실에도 불구하고 무관심으로 일관하는 도덕불감증이 더욱 큰 문제인 것이다.

그런 점에서 우리는 대중의 의식을 마비시키고 혼란을 조장하는 일부 사회지도층의 도덕적 광기뿐 아니라 반사회적 메시지를 널리 전파하는 대중문화에 대한 감시와 경계에도 게을리해선 안 될 것이다. 또한 우리 자신의 도덕적 판단과 사고에도 스스로 검증하는 태도가 필요하다. 도덕적 광기에는 달리 약도 없다. 그러니 우리 자체적으로 냉철한 비판적 안목을 키울 필요가 있는 것이다. 그러기 위해서는 세상을 올바로 볼 수 있는 안목의 확대가 필요하며, 세대 간 반목과 오해의 종식, 이념적 갈등의 극복과 화합을 위해서는 파블로프의 개가 되기를 거부하고 개개인 자신의 독자적인 견해를 갖도록 노력해야 할 것이다.

따라서 무조건 부화뇌동해 군중심리에 휩쓸리지 말아야 할 것이며, 특히 사랑과 포용이 아니라 증오심을 부추기며 계층과 세대 간의 분열을 획책하고 이간시키는 세력, 카리스마적 리더십으로 혹세무민하는 인물을 경계해야 한다. 말과 행동이 다른 사람 역시 경계할 일이다. 입으로는 꿀을 만들면서 혀 밑에 바늘을 숨긴 인간이 많기 때문이다. 그런 점에서 우리는 자장가와 행진곡을 거부할 필요가 있다. 교묘한 언설과 논리로 사람들의 올바른 비판 능력을 마비시키는 자장가를 거부하라는 뜻으로 하는 말이다. 마찬가지로 목청을 드높이며 사람들을 흥분시키고 자신의 뒤를 따르라고 선동하는 행진곡도 거부하라는 뜻이다.

민 주 주 의 와   반 사 회 적   인 간

미국의 교육철학자 존 듀이(John Dewey, 1859~1952)는 민주사회의 적이 'never'라는 단어에 있다고 한 적이 있다. 다양성을 존중하는 민주사회에서 '기필코' 또는 '절대로'라는 말을 각별히 조심하라는 뜻이다. 따라서 그는 'Never Say Never'라는 매우 역설적인 지침을 제시하기도 했다. 민주사회에서는 '절대로'라는 말을 절대로 해서는 안 된다는 것이다. 하기야 도덕적 광기를 보인 세상의 모든 독재자가 그런 말을 밥 먹듯이 써먹었다. 히틀러는 도덕적으로 불결하고 타락한 유대인이 더 이상 신성한 아리안족의 땅을 밟고 살 일은 절대로 없을 것이라고 호언장담하면서 지구상에서 유대인의 씨를 아예 말려 버리고자 했으니 존 듀이의 지적은 정곡을 찌른 말이다.

제2차 세계대전 당시 수많은 비행 청소년들의 치료에 관여했던 영국의 저명한 정신분석가 도널드 위니컷은 그들과의 경험에서 얻은 지식을 토대로 다음과 같은 견해를 피력한 바 있다. "민주주의에 대한 가장 큰 위협은 자기 자신 안에 갈등을 담아낼 수 없는 사람들로부터 온다. 이들은 개인적 통제의 내면화에 실패한 사람들로, 주어진 현실을 공유하지 못하고 개인적 가치를 존중하지 못한다. 따라서 이들은 자기발견에서 비롯된 동

존 듀이

일시가 아니라 미성숙한 동일시 기제로 인하여 권위와의 동일시에 의존하며, 개인을 무시하고 사회를 우선시하는 경향이 높다. 우리는 이들을 '숨은 반사회적 인간'이라고 부른다."

위니컷의 주장을 전적으로 수용한다면, 우리 사회 역시 이처럼 숨은 반사회적 인간들이 적지 않을 것이며, 민주주의 사회 유지에 필수불가결한 자질, 다시 말해서 자신과 다른 입장을 수용하고 감내할 수 있는 능력의 결여야말로 전체주의사회로 가는 지름길임을 재확인시켜 주는 것이기도 하다. 그런 점에서 볼 때, 우리는 아직까지도 진정한 민주주의가 무엇인지, 민주적 사회에 요구되는 민주적 자질이 과연 무엇인지 온몸으로 체득하지 못하고 있다는 느낌을 받는다. 그만큼 민주적 소양을 키우는 일이 시급한 것이다.

권위주의와 전체주의

민주사회의 특징은 서로 다른 목소리에도 귀를 기울일 수 있는 사회이며, 설혹 자신과 다른 생각이나 믿음을 지녔다 하더라도 상대를 존중하고 배려하는 관용과 여유를 지닌 사회라 할 수 있다. 파시즘이나 공산주의, 군사독재 등 전체주의사회를 보라. 자신과 뜻이 다르면 가차없이 제거해 버린다. 법의 정신이나 최소한의 윤리마저 무시하는 것이 전체주의사회다. 혹자는 다양성을 존중하고 배려하는 민주사회의 가장 큰 단점으로 무질서와 도덕적 타락을 지적하기도 한다. 물론 일리가 있는 말이다. 그러나 모두가 똑같은 생각으로 일사분란하게 움직이는 세상은 겉으로는 매우 안정적으로 질서가 유지되는 것처럼 보이지만, 그런 사회는 이미 사람 사는 세상이 아니라 로봇이나 좀비들의 세상이다. 그리고 그런 질서의 대가는 그 어떤 비판에 대해서도 혹독한 처벌과 숙청을 가하는 일이다.

하기야 공산주의사회가 널리 자랑하는 도덕적 우월성 가운데 하나는 민주사회에 만연해 있는 매춘과 조폭이 존재하지 않는다는 사실이다. 그 점은 부인할 수 없는 현실이다. 하지만 그것은 강제적으로 포장된 도덕성일 뿐, 내부적으로 들여다보면 더욱 비윤리적인 도덕적 모순이 자리 잡고 있음을 알 수 있다. 가장 심각한 문제는 인간 생명의 존엄성을 인정하지 않는 비정함이다. 개개인은 단지 집단적 이념에 봉사하는 세포 단위에 불과할 따름이며, 독자적이고도 창의적인 발상 따위는 아무런 가치도 없고 오히려 집단의 결속과 존속에 위협을 가하는 것으로 간주한다. 그러니 발전이 있을 수 없는 것이다.

도덕적 광기에 힘입어 가까스로 유지되는 전체주의사회의 특징은 끝없는 세뇌와 선동적 구호라 할 수 있다. 따라서 그들에게는 신문, 방송, 영화, 음악, 미술, 무용 등을 통한 이념 교육과 선전이 매우 중요할 수밖에 없다. 그런데 우리 사회도 점차 그런 모습을 닮아 가고 있다는 점에서 걱정과 두려움이 앞선다. 거리 시위에서나 방송에서도 어쩌면 그렇게도 한결같이 한목소리 일색인지 신기할 따름이다. 구호문화는 사실 매우 비민주적인 현상이다. 구호를 외쳐 다른 생각을 하지 못하도록 하는 것은 민중을 어린애 취급하는 일이기 때문이다. 구호를 따라 하지 않으면 뭔가 크게 혼날 것 같은 분위기를 조장할 뿐 아니라 뭔가 떳떳하지 못하다는 자괴감마저 조장하기 쉽다. 따라서 다소 쑥스러움을 무릅쓰고 구호 선창에 따라 큰 목소리로 외치면 오히려 홀가분한 마음으로 집단과 혼연일체가 되어 자기 자신을 잊게 된다. 자신을 잊게 된다는 것은 곧 집단적 사고의 일부가 됨으로써 자신만의 독자적인 사고를 멈추게 됨을 의미하는 것이다.

구호와 선동의 힘은 그렇게 무서운 것이다. 하지만 이 땅에 두 번 다시 도덕적 광기가 자리 잡지 못하도록 하기 위해서는 그 어떤 구호나 선동에도 휘말리지 말아야 함을 명심해야 할 것이다. 결국 이 땅에서 구호와 선동이 사라지는 날, 우리는 비로소 진정한 민주사회를 이룬 것으로 봐도 좋다.

건 전 한   인 성   교 육 과   도 덕 재 무 장   운 동

그런 점에서 우리는 일찍부터 우리의 자녀들에게 올바른 민주시민 교육과 건전한 인성 및 도덕 교육, 건강한 자녀 양육 분위기 조성을 통해 법과 질서를 존중하는 태도를 키워 나가야 할 것이다. 오늘날에 와서는 부모들이 학교 교육만을 믿을 수도 없게 되었다. 교육 현장마저 올바른 인성 교육을 포기하고 입시 위주 및 매우 편향적인 이념 교육의 수단으로 전락한 지 오래되었기 때문이다. 우리의 현실이 그러하니 실로 오늘날이야말로 도덕재무장 운동의 부활이 요구되는 시대인지도 모르겠다.

단적인 예로, 하나부터 열까지 일거수일투족 모든 것을 감시하고 통제하며 간섭하는 헬리콥터 맘의 자식들은 숨이 막혀 질식 상태에 빠지거나 아니면 집을 뛰쳐나갈 수도 있다. 그런 상황은 마치 군대 화생방 교육에서 최루가스를 마신 후 겪게 되는 미치고 환장하는 상태와 비슷하다고 할 수 있다. 더욱이 그런 아이들은 모든 것을 엄마가 다 제공해 주기 때문에 강제로 시키는 일 외에는 그 어떤 노력도 자발적으로 시도하지 않는다. 겉으로만 본다면 항상 아이 주변을 맴돌며 모든 것을 감시하고 간섭하는 헬리콥터 맘의 행태를 과잉보호라 할 수도 있겠지만, 내용적으로 보자면 그것은 보호가 아니라 사실 자식을 지배하고 망치는 일이다.

그런 점에서 볼 때, 전체주의 독재사회 역시 헬리콥터 맘이 지배하는 가정과 다를 게 하나도 없다. 헬리콥터 맘처럼 독재자 한 개인이 모든 국민을 감시하고 통제하며 간섭하기 때문이다. 더 나아가 개인 우상화로 인해 국가에서 제공하는 모든 혜택에 대해 오로지 감사하는 마음만을 지녀야 할 것이며, 일말의 의구심이나 불만, 비판적 견해도 일체 허용되지 않는다. 단지 절대복종만이 살 길이요, 시키는 대로 움직이기만 하면 된다. 그렇게 해서 사회 전체가 일종의 거대한 수용소나 정신병동으로 변질되는 동시에 모든 인간은 아무 생각 없이 살아가는 노예 신분으로 전락하게 되는 것이다.

따라서 이와 같은 도덕적 광기의 인간이나 사회를 미연에 방지하자면 자녀들과의 대화와 소통 방식이 매우 중요하다. 자연스럽고 애정이 담긴 대화가 아니라 비난과 훈계는 오히려 반발심을 부추기는 역효과를 낳기 쉽다. 청소년들이 가장 싫어하는 것이 바로 꼰대 스타일이기 때문이다. 말초신경을 자극하는 대중 매체에만 매달릴 것이 아니라 삶에 유익한 고전을 읽도록 권유하고, 동물과 자연을 사랑하는 마음을 키워 주는 일도 중요하다. 그렇게 함으로써 생명의 가치를 깨닫도록 해줌과 동시에 나의 가치뿐 아니라 상대의 가치를 존중할 수 있는 능력을 어려서부터 키워 줄 필요가 있다. 저명한 유대 철학자 마르틴 부버가 말한 나와 그것에서 나와 너의 관계로 발전할 수 있는 길을 터 주는 것이다. 그런 점에서 진정한 교육이 제자리를 되찾아야 우리 사회가 도덕적 광기로 치닫는 사태를 막을 수 있게 될 것이다.

이처럼 부모와 자녀의 관계뿐 아니라 성인의 입장에서 자신을 돌아보는 내성 능력도 필요하다. 물론 그러기 위해서는 성숙한 인격과 성숙한 방어기전의 확립을 통해 유아적 선망과 이분법적 논리의 극복이 요구되는 것이며, 더 나아가서는 분석적 안목과 비판적 수용의 필요성도 제기되는 것이다. 물론 그것이 무리한 요구라는 것은 잘 알고 있지만, 아무리 마음에 들지 않는 세상이라 할지라도 무조건 감정적인 비난을 하기에 앞서 일단은 이성적인 비판을 가할 수 있는 냉정함과 침착성을 유지하는 일이 중요하다는 점에서 하는 말이다.

영국의 정신분석가 멜라니 클라인은 저서 《선망과 감사》에서 성숙한 인간의 지표는 유아적인 선망을 극복하고 진정한 고마움을 아는 사람이라고 했다. 그렇다. 진정으로 성숙한 사회 역시 유아적인 선망과 적개심에서 벗어나 사랑과 관용에 바탕을 둔 감사함을 깨닫는 세상일 것이다. 하지만 우리는 아직까지 이웃에 대한 원망과 분노, 질투, 적개심에서 자유롭지 못하다. 그리고 우리 주위에는 그런 미성숙한 감정의 극복과 승화에 도움을 주는 것이 아니라 오히려 그런 약점을 부추기고 이용하는 세력들이 분명히 존재한다. 따라서 우리는 눈을 부릅뜨고 그들의 정체를 식별해 냄과 동시에 그들의 사악한 전략에 휘말리지 않도록 우리 자신을 스스로 단속할 필요가 있다.

현 대 의   괴 질

사실 따지고 보면, 오늘날 지구상의 수많은 가정과 숱한 삶의 현장이 도덕적 광기로 물든 반사회적 인간들로 인해 파괴되고 황폐화되어 가는 현실임에 비추어 볼 때, 반도덕적인 폭력과 공격성의 문제는 이

시대의 풍토병이자 현대의 괴질이라 할 수 있다. 더 나아가 미래의 역사가들이 오늘날의 이 시대를 평가할 때 우주시대나 정보화시대로서가 아니라 반사회적 시대로 기록하지나 않을까 우려된다. 마치 SF 영화 〈매드 맥스〉나 〈워터월드〉에서 묘사하는 삭막한 약육강식의 세계처럼 말이다. 그렇게 파괴와 약탈, 폭력이 난무하는 세상이야말로 지옥 그 자체가 아니고 무엇이겠는가. 생각만 해도 끔찍한 일이다.

따라서 문명화를 위협하는 흑사병과 마찬가지로 반사회적 풍조의 확산에 대항해 방어할 수 있는 최상의 전선을 구축하는 것은 그 원인과 치유에 대한 철저한 과학적 연구에서 오는 지식이라고 할 수 있다. 결국 폭력과 파괴에 기초한 반사회적 사회의 메시지를 청산하고 새로운 도덕성 회복을 위한 대책이 시급한 이 시점에서 건전한 가치관의 정립을 위한 노력이 무엇보다 선행되어야 한다고 보며, 그에 대한 대책 마련과 예방책이 중요할 수밖에 없다. 물론 그런 노력은 위로부터 또는 아래로부터 일방적인 시도에 의해 이루어지는 것이 아니라 동시다발적인 협동 체제가 요구되는 실로 어려운 과제가 아닐 수 없다.

그런 점에서 우리는 앞서 소개한 도널드 위니컷의 말에 귀를 기울일 필요가 있다. 비행 청소년의 치료에 많은 노력을 기울인 그는 진정한 민주사회의 유지를 위해서는 자유방임적인 교육을 지양하고 어린 시기부터 부모의 철저한 도덕적 개입이 요구된다는 점을 강조하였다. 그러나 부모의 노력뿐 아니라 사회 전반적인 노력도 동시에 요구된다. 교육제도의 개혁, 정보관리의 강화, 대중 매체의 정화, 전문치료의 육성, 종교 및 시민 단체의 활동, 범국민적 차원의 운동 전개, 청소년에 대한 대대적인 국책사업 등이 그렇다.

하지만 이러한 사업의 추진에는 과거에 있었던 소위 사회악 소탕작전이나 적폐청산과 같은, 그야말로 탈리오 법칙에 입각한 '폭력에는 폭력으로'와 같은 반사회적 폭력과 공격성이 동원되어서는 곤란하다. 증오는 증오를 낳기 때문이다. 따라서 민주적인 방법으로 지속적인 교육과 홍보, 설득과 제도적 보완을 통해 장기적인 안목을 지니고 추진되어야 할 과제라고 본다. 교육제도의 개혁은 그중에서도 가장 중요한 부분이다. 인성을 파괴하는 현행 교육제도는 분명히 개선되어야만 한다. 무한대의 경쟁만을 조장하는 현재의 입시제도는 교우 관계는 물론 사제지간의 인간적 관계마저 파괴하는 주범이며, 부모자식 간의 관계마저 소외시킨다. 그러한 부정적 경험은 사회 전반을 보는 시각에도 영향을 끼치며 질투와 분노, 증오심과 공격성을 조장시키기 마련이다. 이처럼 살벌한 경쟁심과 지독한 이기심만을 양산하는 교육 현장은 솔직히 인성을 파괴시키는 주범이다. 그야말로 비교육적 교육제도인 셈이다.

또한 성격장애 환자들을 위한 전문적 치료 프로그램의 활성화와 그에 대한 국가적 차원의 적극적인 지원도 요구된다. 물론 반사회적 인간들에 대한 치료 효과에 대해서는 찬반양론이 치열하지만, 그렇다고 해서 방치만 하고 있을 수는 없다. 그들에 대해서는 섣부른 낙관도 비관도 모두 바람직하지 못하다. 다만 치유나 완치의 차원이 아니더라도 재활이라는 측면에서 종교단체나 시민단체의 활동에 의한 대대적인 범국민운동의 전개는 필요할 것이다. 물론 청소년 육성을 위한 국책사업 또한 적극적으로 추진되어야 한다고 본다.

이러한 사업은 어느 한 국가기관의 행정력 동원만으로 이루어지는 것이 아니며, 학부모와 교육자, 종교인, 대중 매체 종사자, 시민단체, 행정부처 간에 긴밀한 협동 체제로 가능해질 문제라고 본다. 따라서 이들을 총괄하는 범국민운동본부 같은 단체가 필요할지도 모른다. 씨앗은 뿌린 대로 거둔다는 말도 있듯이 이러한 총체적인 노력을 기울이지 않는다면 우리의 앞날은 밝은 미래를 기대하기 어려울지도 모른다.

반 사 회 적   사 회 의   실 체

윤리와 도덕, 정의가 죽은 사회는 파멸의 길을 걷기 마련이다. 반사회적 인간들이 추구하는 반윤리, 반도덕, 반정의, 반문화는 개인적 차원에서의 인격적 파탄을 드러낼 뿐만 아니라 은밀히 번지는 독가스처럼 치명적인 파괴적 요소를 지니고 있다. 반사회적 인간들의 과제는 모든 규칙과 윤리·도덕 및 미덕의 파괴에 있다. 그들은 모든 인간관계를 파괴시키고 사랑보다는 섹스와 폭력과 적개심을, 순종보다는 파괴와 저항을, 책임보다는 방종과 타락을 조장한다. 설마 그런 인간들이 있겠는가 싶겠지만, 실제로 우리 주변에는 그들이 전파한 반사회적 메시지로 넘쳐 나고 있다.

우리는 완벽한 유토피아, 이상적인 사회에 살고 있는 것이 결코 아니다. 하지만 불완전한 가운데서나마 이상적인 목표를 향해 공동의 노력을 기울여 나가는 자세가 더욱 요구되는 시점에 놓여 있는 것이 우리의 엄연한 현실이다. 반사회적 인간들은 자신들이 속한 사회가 불완전하고 잘못되었기 때문에 파괴하려는 것이 아니라 자신들의 인격적 구조 자체가 왜곡되고 비틀려 있기 때문에 자신에게 주어진 사회적 특성과 모순 여부에 관계없이 무조건 거부하고 파괴하고자 시도하는 것이다.

따라서 반사회적 사회란 그와 같은 반사회적 인간들과 메시지가 주도하는 사회를 말한다. 그것은 인간성이 말살되고 적절한 사랑에 기초한 인간적 유대관계의 유지가 아닌 반인륜과 폭력이 주도하는 사회를 말한다. 아무리 외견상으로는 조직적으로 잘 돌아가는 사회처럼 보인다 해도, 그리고 아무리 이념적으로 잘 무장된 전체주의적 사회라 하더라도 그 사회의 본질이 사랑이 아닌 증오심으로, 평화가 아닌 폭력으로 채워진 비정한 사회는 체제의 차이와 관계없이 반사회적인 것이다.

반사회적 사회란 결국 인간의 자유를 억압하고 질식하게 만드는 사회, 인간성을 말살하고 도구로 만드는 사회, 인간의 생명과 존엄성을 경시하고 무자비하게 탄압하는 사회, 믿음과 사랑보다 불신과 증오심을 부추기는 사회, 평등을 미끼로 가난을 미덕으로 내세우는 사회, 창의적인 사고를 억압하고 집단적 가치만을 강요하는 사회, 미숙한 의존성과 공짜심리를 악용하는 사회, 대중을 세뇌의 대상으로만 보는 선동적 사회, 웃음과 여유가 사라지고 서로를 감시하는 살벌한 사회, 권력을 세습하고 지도자를 우상화하는 사회, 그리고 다른 무엇보다도 온갖 도덕적 광기를 정의라고 호도하는 사회를 가리킨다.

권 위 와   권 위 자

세상이 바로 서려면 제대로 권위를 지키는 권위자가 필요하다. 왜냐하면 권위가 없는 곳에 권위주의가 자라나게 되기 때문이다. 따라서 권위가 사라진 이 땅 위에는 천방지축의 무질서만 난무할 뿐이다. 오늘날 가장 혐오감을 느끼는 대상의 하나로 지식인들이 지목되는 이유도 그들이 자신들의 말처럼 언행일치를 보이지 않고 있다는 인식에서 비롯된 것이기 쉽다. 사회적으로 모든 이에게 존경받을 수 있는 권위가 사라진 현실이야말로 우리가 맞이한 진정한 위기일지도 모른다. 오죽하면 이 땅에 진정한 어른이 없다는 자조적인 말까지 나오겠는가.

하지만 이 땅에 진정한 어른이 없다는 말에 전적으로 동의할 수만도 없다. 진정한 어른이 있어도 그의 말에 귀를 기울여 듣는 사람이 없으면 무슨 소용이겠나. 더 나아가 권위를 사칭한 사이비 권위가 판치는 세상에서는 무엇이 진정한 권위이고 아닌지 판별하기 몹시 어려워진다. 실제로 우리 사회에는 대중적 인기에 편승한 포퓰리즘적 사이비 권위자들이 너무도 많다. 그런 이상야릇한 사회 풍조에 가장 크게 공헌하는 주역은 역시 대중 매체들이라 할 수 있다.

사회적 권위가 무너지고 부모와 교사들의 권위가 흔들리면서 십 대들은 자신들만의 우상과 영웅을 필요로 한다. 그런 점에서 청소년들은 부모에 대한 실망과 반항심을 달래 줄 새로운 이상형을 찾아 나서지만, 그런 배경에는 원초적 단계의 나르시시즘으로 회귀하고픈 퇴행적 욕구도 한 몫을 한다고 보겠다. 그러나 현대사회의 특징 중의 하나는 영웅이 사라진 대신 그 자리를 온갖 우상들이 차지하게 된 점이다. 정신분석에서 말하는 소위 건전한 동일시 대상이 실종되고 대신에 왜곡된 동일시와 우상숭배가 그 자리를 차지하게 된 것이다. 따라서 온갖 정치적 우상과 연예인들에 맹목적으로 열광하고 추종한다. 당연히 건전한 인성의 발달이라는 측면에서 볼 때, 몹시 우려되는 현상이 아닐 수 없다.

가 치 와 정 의

반사회적 사회의 종착지는 멸망이 아니라 지옥 그 자체다. 지옥은 쉽게 멸망하는 것이 아니다. 천국만큼이나 영원하다. 더군다나 반사회적 인간들은 그런 지옥 입구에 천국의 팻말을 갖다 붙여 놓고 지옥 같은 삶을 오히려 지상낙원이라 세뇌하고 있을 뿐만 아니라, 세상에는 천국보다 지옥의 목소리에 더욱 이끌리는 사람들도 적지 않으니 더욱 문제다. 그런 사회에서 과연 얼마나 버티고 견디며 살아갈 수 있을지 한번 상상해 보라.

그런 점에서 우리는 진지하게 자문하지 않을 수 없다. 우리 사회에 과연 정의(正義)는 살아 있는가. 우리 사회는 정의를 올바로 규정짓고 실천하며, 공정하고 엄정한 법 집행이 과연 공평무사하게 이루어지는 사회인가. 우리 사회를 지탱하는 올바른 가치관과 윤리관이 과연 존재하는가. 합의에 도달한 건전한 윤리적·도덕적 기준은 과연 무엇인가. 이러한 질문에 대하여 우리 사회는 아직까지 자신 있게 답변할 근거를 마련하지 못하고 윤리적 무정부 상태의 혼돈 속에서 허우적대고 있는 것은 아닌지 모르겠다. 따라서 우리가 유일하게 믿고 의지할 것은 오로지 정밖에 없는 듯이 보인다.

물론 옳고 그른 것의 구분 자체가 그리 간단치가 않은 일이지만, 심리적으로 유아적 단계에 머문 사회일수록 극단적인 이분법 구조에 의존한 사회병리를 보이기 쉽다. 선과 악, 흑과 백, 거짓과 진실, 사랑과 미움, 천사와 악마, 천국과 지옥, 적과 동지, 정통과 이단, 꿀과 독, 진짜와 가짜, 주인과 노예, 부자와 거지, 자유와 평등, 성공과 실패, 교만과 비굴, 죽기 아니면 살기, 모 아니면 도, 자살과 타살, 이성적 비판과 감정적 비난, 거부와 수용, 보복과 희생, 반항과 복종, 디지털과 아날로그, 낡은 것과 새로운 것, 우월감과 열등감, 위선과 위악 등……

그런데 언제부터인가 우리 사회의 문제는 적절한 타협과 중간을 무시하고, 중도의 미덕을 우습게 여기는 매우 극단적이며 투쟁적인 방향으로 흘러간다는 점이라 할 수 있다. 그런 점에서 우리가 어떤 사람을 타협적인 인간이라고 평가할 때, 그것은 타협과 공존을 잘 이루는 긍정적인 의미가 아니라 뭔가 불의와 타협하는 기회주의적인 사람이라는 부정적인 뉘앙스를 풍기는 경우가 많다. 이런 현상은 결국 매우 유아적이고 퇴행적인 편 가르기, 내 편이냐 아니냐에 목숨을 거는 어린애 떼쓰기 행동과 비슷하다.

하지만 더욱 심각한 문제는 그런 퇴행적인 행태뿐 아니라 집단주의에 빠져 자기만의 고유한 판단과 사고를 잃어버리는 일이다. 마치 자기라는 개인은 존재하지 않고 집단의 판단과 사고가 전부인 것처럼 여기는 것이다. 그러니 집단적 판단에 따른 그 어떤 말과 행동에도 자기가 책임질 일은 없는 셈이다. 독자적인 판단과 사고에 의한 결과가 아니니 당연히 그렇게 여길 것이다. 하지만 그렇게 될 경우 개인은 없고 집단적 가치만이 존재하는 북한과 비교해서 과연 무엇이 다를까 묻지 않을 수 없게 된다.

오늘을 진단하고 대책을 강구하며 변화를 꾀하면서 미래에 대비할 수 있는 민족은 실로 강한 민족이다. 그러한 사회는 번영과 풍요를 누릴 가치가 충분히 있다. 하지만 우리는 지금 밀린 숙제에 허덕이고 있는 중이다. 지금 이 순간 그런 숙제를 또다시 내일로 미룬다면 우리에게 남은 결과는 참담한 비극뿐일 것이다. 과거처럼 또다시 세계의 변방으로 밀려 끔찍스러운 모멸감과 열등감에서 헤어나지 못하는 상황을 상상하는 것만으로도 매우 견디기 어려운 노릇이다.

파 괴 는 쉬 워 도 창 조 는 어 렵 다

반사회적 사회는 곧 영혼 파괴의 지름길이요, 폐허로 가는 길이다.

파괴는 수월해도 창조는 어렵다. 한순간에 세상을 확 뒤집어 버리는 일은 일시적으로 통쾌할지 모르나 뒷감당할 생각을 하면 그야말로 아찔하다. 불교에서도 돈오점수(頓悟漸修) 논쟁이 있다지만, 솔직히 말해 한순간에 깨달음을 얻는 경우란 없다. 한순간의 깨달음도 사실은 오랜 참선의 결과로 오는 것이기 때문이다. 마찬가지로 세상의 변화는 백년대계를 바탕으로 점진적인 개혁을 통해 이루어져야 희생이 적다.

우리 민족은 오랜 세월 그런 백년대계를 세우지 못함으로써 치욕적 망국은 물론, 동족상잔의 비극까지 겪으며 온몸이 만신창이가 되기도 했지만, 폐허로 화한 땅 위에 힘겹게 이룩한 한강의 기적을 계속해서 살려 나가는 일이 더욱 시급한 과제가 아니겠는가. 그런 점에서 우리는 더 이상 폐허로 나아가는 일이 없도록 해야 한다. 그것은 물질적 폐허뿐 아니라 도덕적·심리적 폐허도 포함되는 일이다. 하기야 배를 곯더라도 다 같이 평등하게 사는 사회가 더 낫다고 믿는 사람들도 있지만, 이왕이면 풍요롭게 살면서 가난하고 소외된 자들을 돕고 사는 세상이 더 낫다고 믿는 사람들도 많다.

우리는 항상 나라사랑, 이웃사랑, 가족사랑, 자기사랑을 강조해 왔지만, 사랑만을 강조하는 것은 의미가 없다. 악의 근원인 미움을 어떻게 사랑과 잘 조화시키느냐 하는 문제가 더욱 중요한 발달상의 과제인 것이며, 그런 사랑과 미움의 적절한 통합이야말로 개인적 차원뿐 아니라 전 사회적 기초를 공고히 다지는 밑거름이 되는 작업이기에 건전한 인격을 낳고 키우는 부모와 교사의 노력, 그리고 모든 사회 분위기의 개선이 요구되는 것이다.

불교에서는 전통적으로 자비정신을, 기독교에서는 믿음, 소망, 사랑을 강조해 왔다. 반면에 도덕적 광기로 가득 찬 반사회적 사회는 믿음이 아닌 불신을, 소망이 아닌 절망을, 사랑과 자비가 아닌 증오만을 부추기고 선동하는 세상이다. 그렇다면 과연 우리의 현재 모습은 어떠한가. 믿음인가, 불신인가. 소망인가, 절망인가. 사랑인가, 증오인가. 그리고 불신과 증오, 분열과 반목만을 부추기는 세력은 누구인가. 만약 그런 세력이 있다면 바로 그것이 반사회적 무리인 것이다.

따라서 우리는 그런 세력의 실체를 파악하고 단호한 몸짓으로 거부해야 하며, 사악한 무리의 간교한 요설에 말려들지 말고, 불신의 늪을 빠져나와 믿음의 세계로, 절망의 수렁을 벗어나 소망과 희망의 세상으로, 증오의 벽을 허물어 버리고 사랑과 신뢰의 세계로 나아가야 한다. 우리 사회가 원하는 진정한 제2의 건국이란 오늘날 우리가 직면하고 있는 반사회적 징후들과 요인들을 과감히 거부하고 건전한 시민정신의 확립과 함께 새로운 도덕률의 기틀을 다지는 데 있다고 생각한다. 좋은 마음으로 함께 더불어 살아가는 건전한 가치관에 입각한 건전한 사회의 확립이야말로 우리가 지향하는 진실된 세상, 진정으로 사람이 사람답게 살아가는 아름다운 세상이 된다고 보는 이유가 여기에 있는 것이다.

건 전 한   상 식 과   윤 리 의   공 유

역사적으로 봤을 때, 망상에 사로잡힌 정신병자가 세상에 해악을 끼친 경우는 거의 찾아보기 힘들다. 반면에 인류 전체에 엄청난 해악을 끼친 인물의 대다수는 수많은 추종 세력을 거느리고 권력을 독차지한 도덕적 광기의 소유자들이었다. 그중에서도 특히 사악한 메시지를 전파하며 온 세상을 파괴시키는 일에 혈안이 되어 있는 반사회적 인간의 존재는 가장 심각한 사회적 암세포요, 악의 전도사라 할 수 있다.

평범하기 그지없는 일상생활을 누리고 살아가는 일반 독자들에게 도덕적 광기나 반사회적 인간에 대한 경고의 목소리를 높이는 일이 오히려 짜증을 북돋을 수 있음을 저자는 너무도 잘 알고 있다. 하지만 그럼에도 불구하고 굳이 이런 불편한 내용의 글을 쓰는 이유는 앞으로 우리의 미래를 짊어지고 갈 아이들과 젊은이들의 행복하고 사람다운 삶을 진심으로 바라기 때문이다.

오늘날 우리는 중요한 선택의 기로에 서 있다. 그것은 진보와 보수, 자유와 평등의 문제와는 별도로 또 다른 차원의 도덕과 반도덕 사이에서 단호하게 선택해야만 할 문제다. 왜냐하면 이념과 체제의 차이를 떠나 남과 북, 공히 도덕적 광기의 위협에 놓여 있기 때문이다. 특히 반사회적 성향이 농후한 집단에 의해 주도되고 있는 선동과 대중심리 조작은 과거 전체주의적 방식을 그대로 답습하고 있어 실로 걱정스러운 현상이 아닐 수 없다.

독재는 군사독재만이 있는 것이 아니다. 이념적·윤리적 독재 역시 독재인 것은 마찬가지다. 대중을 파블로프의 개로 만들고 다른 생각을 아예 하지 못하게 세뇌시킨다면 그보다 더 무서운 일도 없을 것이다. 창의적인 사고를 발휘하지 못하는 사회는 죽은 사회요, 필연적으로 몰락한다. 모두가 똑같이 생각하고 똑같은 감정을 느끼며 살아가는 세상은 평등을 이룩한 지상낙원이 아니라 버튼 하나로 조종하는 로봇 세상에 불과하다. 그것이 도덕적 광기에 사로잡힌 좀비와 다를 게 무엇이겠나. 따라서 우리는 민주주의와 인본주의를 가장한 그 어떤 전체주의 방식도 거부해야 마땅하다.

지금까지 우리는 도덕적 광기의 실체와 반사회적 인간의 실상에 대해 알아보았다. 그것은 단지 상상 속에서 지어낸 가상의 세계가 결코 아니다. 역사적으로 분명히 입증된 사실이며, 오늘날에 와서도 여전히 우리 눈앞에 펼쳐지고 있는 엄연한 현실인 것이다. 인간은 각자 외모가 다르듯 모두 똑같을 수 없다. 양심과 도덕성 역시 마찬가지다. 그래서 건전한 상식과 윤리의 공유가 필요한 것이며, 사회적 합의에 따라 움직이는 탄력성이 요구되는 것이다.

하지만 도덕적 광기에 사로잡힌 전체주의사회는 그 어떤 유형에 상관없이 인간을 질식하게 만들며 삶의 질을 떨어트린다. 가장 중요한 점은 인간의 존엄성을 무시하고 인간의 생명을 가볍게 여긴다는 사실이다. 사랑은 실종되고 오로지 증오심을 먹고 사는 세상이 되는 것이다. 왜냐하면 사랑은 인간을 포용적으로 만들고 적개심은 투쟁심을 드높이기 때문이다. 인간은 공포와 증오심에 사로잡혀 있을 때 가장 긴장하고 다른 생각을 하지 못하기 마련이다. 결국 선택은 우리의 몫이다. 다른 누구 탓도 할 수 없다. 우리 스스로가 우리의 미래를 결정해야 한다. 그것이 우리에게 주어진 냉엄한 현실이요 운명이다.

참고문헌

강인중(1999). 대중음악 볼륨을 낮춰라. 서울: 낮은울타리.

김동길(2012). 젊은이여 어디로 가는가. 서울: 현문미디어.

김상운(2005). 세계를 뒤흔든 광기의 권력자들. 서울: 자음과모음.

방성수(2003). 조폭의 계보. 서울: 살림.

손종태(1987). 팝음악에 나타난 사탄의 활동. 서울: 크리스찬서적.

신상언(1993). 대중문화 최후의 유혹. 서울: 낮은울타리.

이병욱(2005). 반사회적 사회. 정신분석, 16, 67-81.

이병욱(2012). 마음의 상처, 영화로 힐링하기. 서울: 소울메이트.

이병욱(2012). 정신분석을 통해 본 욕망과 환상의 세계. 서울: 학지사.

이병욱(2014). 프로이트와 함께하는 세계문학일주. 서울: 학지사.

이병욱(2015). 위대한 환자들의 정신병리. 서울: 학지사.

이병욱(2017). 자살의 역사. 서울: 학지사.

이병욱(2021). 세상에 완벽한 인간은 없다. 서울: 학지사.

Abadinsky H(2006). *Organized Crime*. Belmont, CA: Wadsworth Publishing.

Arendt H(1963). *Eichmann in Jerusalem: A Report on the Banality of Evil*. New York: Viking Press.

Bateson G(1972). *Steps to an Ecology of Mind*. Chicago: University of Chicago Press.

Baumeister RF(1999). *Evil: Inside Human Violence and Cruelty*. New York: Henry Holt & Co.

Becker E(1985). *Esacape from Evil*. New York: Free Press.

Black DW, Larson CL(1999). *Bad Boys, Bad Men: Confronting Antisocial Personality Disorder*. New York: Oxford Univ Press.

Bok S. Mayhem(1998). *Violence As Public Entertainment*. Boulde, CO: Perseus Publishing.

Brenot P(1997). *Le Genie et La Folie: en peinture, musique et litterature*. Paris: PLON. 김웅권 역(1997). 천재와 광기. 서울: 동문선.

Buber M(1971). *I and Thou*. New York: Free Press.

Canetti E(1984). *Crowds and Power*. New York: Farra Straus Giroux.

Chancer L(1992). *Sadomasochism in Everyday Life: The Dynamics of Power and Powerlessness*. Piscataway NJ: Rutger Univ Press.

Chang I(1997). *The Rape of Nanking: The Forgotten Holocaust of World War II*. New York: Basic Books.

Dedijer V(1992). *The Yugoslavia Auschwitz and the Vatican*. Buffalo, NY: Prometheus Books.

Dewey J(1916). *Democracy and Education: An Introduction to the Philosophy of Education*. 이홍우 역 (2007). 민주주의와 교육. 서울: 교육과학사.

Dukes G(1946). Development of psychoanalytic criminology. *International Journal of Psychoanalysis, 27*, 145-151.

Endleman R(1993). *Jonestown and the Manson Family: Race, Sexuality, and Collective Madness*. New York: Psyche Press.

Fest JC(1974). *Hitler*. New York: Harcourt Trade Publishers.

Foucault M(1965). *Madness and Civilization: A History of Insanity in the Age of Reason*. London: Tavistock. 김부용 역(1991). 광기의 역사. 경기: 인간사랑.

Freud S(1919). *A Child Is Being Beaten: A contribution to the study of the origin of sexual perversions* (Standard Edition 17), 175–204. London: Hogarth Press.

Freud S(1920). *Beyond the Pleasure Principle* (Standard Edition 18), 1–64. London: Hogarth Press.

Freud S(1923). *The Ego and the Id* (Standard Edition 19), 1–59. London: Hogarth Press.

Freud S(1927). *Future of an Illusion* (Standard Edition 21), 1–56. London: Hogarth Press.

Frith S(1983). *Sound Effects: Youth, Leisure, and the Politics of Rock'n' Roll.* 권영성, 김공수 공역(1995). 사운드의 힘-록 음악의 사회학. 서울: 한나래.

Fromm E(1955). *The Sane Society.* New York: Rinehart.

Fromm E(1961): *Afterward in 1984.* New York: New American Library.

Fromm E(1973). *The Anatomy of Human Destructiveness.* New York: Holt, Rinehart & Winston.

Gabbard GO(2002). *The Psychology of the Sopranos: Love, Death, Desire and Betrayal in America's Favorite Gangster Family.* New York: Basic

Gao M(2008). *The Battle for China's Past: Mao and the Cultural Revolution.* London: Pluto Press.

Giacalone RA, Greenberg J(1997). *Antisocial Behavior in Organizations.* Thousand Oaks, CA: Sage Publications Inc.

Goldberg C(2000). *The Evil We Do: The Psychoanaysis of Destructive People.* New York: Prometheus Books.

Gutman I(1990). *Encyclopedia of the Holocaust.* New York: Macmillan.

Hare RD(1999). *Without Conscience: The Disturbing World of the*

Psychopaths Among Us. New York: The Guilford Press.

Jacobs SL, Weitzman M(2003). *Dismantling the Big Lie: the Protocols of the Elders of Zion*. Jersey City, NJ: Ktav Publishing House.

Jadhav N(2005). *Untouchables: My Family's Triumphant Journey Out of the Caste System in Modern India*. New York: Scribner.

Jaffrelot C(2004). *Ambedkar and Untouchability. Analysing and Fighting Caste*. New York: Columbia University Press.

Klein M(1962). *Envy and Gratitude*. London: Tavistock Publications.

Kuhl S(1994). *The Nazi Connection: Eugenics, American Racism, and German National Socialism*. New York: Oxford University Press.

Langer WC(1972). *The Mind of Adolf Hitler: The Secret Wartime Report*. New York: Basic Books.

Lévy BH(1979). *Barbarism with a Human Face*. New York: Harper & Row. 박정자 역(1991). 인간의 얼굴을 한 야만. 서울: 책세상.

Maass P(1997). *Love Thy Neighbor: A Story of War*. New York: Vintage Books.

Meloy JR(1992). *The Psychopathic Mind: Origins, Dynamics, and Treatment*. New York: Jason Aronson.

Meloy JR(2001). *The Mark of Cain: Psychoanalytic Insight and the Psychopath*. Hillsdale NJ: Analytic Press.

Menninger KA(1973). *Man Against Himself*. New York: Harcourt.

Millon T, Roger D(1996). *Disorders of Personality: DSM-IV and Beyond*. New York: John Wiley & Sons, Inc.

Niebuhr R(1932). *Moral Man and Immoral Society*. New York: Scribners.

Peck MS(1983). *People of the Lie: The Hope for Healing Human Evil.* New York: Touchstone.

Post JM(2004). *Leaders and Their Followers in a Dangerous World: The Psychology of Political Behavior.* Ithaca, NY: Cornell University Press.

Radzinsky E(1996). *Stalin.* New York: Doubleday.

Reich W(1980). *The Mass Psychology of Fascism.* New York: Noonday Press.

Reid WH, Dorr D, Walker JI, Bonner JW(1986). *Unmasking The Psychopath: Antisocial Personality and Related Syndromes.* New York: WW Norton & Co.

Romanowski WD(1996). *Pop Culture Wars: Religion & the Role of Entertainment in American Life.* Downers Grove, IL: Inter Varsity Press.

Russell JB(1980). *A History of Witchcraft.* New York: Thames & Hudson.

Sandel MJ(2009). *Justice: What's the Right Thing to Do?* New York: Farrar, Straus and Giroux.

Schinder S, Schwartz A(2007). *Icons of Rock: An Encyclopedia of the Legends Who Changed Music Forever.* Westport, CT: Greenwood Press.

Schweitzer O(1986). *Pasolini. Hamburg: Rowohlt Taschenbuch Verlag GmbH.* 안미현 역(2000). 파솔리니. 서울: 한길사.

Short P(2005). *Pol Pot: Anatomy of a Nightmare.* New York: Henry Holt & Co.

Smith DL(2004). *Why We Lie: The Evolutionary Roots of Deception and the Unconscious Mind.* New York: St. Martin's Press.

Stoff DM, Breiling J, Maser JD(1997). *Handbook of Antisocial Behavior.* New York: Wiley.

Thompson JM(1988). *Robespierre*. Oxford: Blackwell Publishers.

Wilson C(1984). *A Criminal History of Mankind*. London: Granada Publishing.

Winnicott DW(1965). Some Thoughts on the Meaning of the Word Democracy. In: *The Maturational Processes and the Facilitating Environment*. Ed by Joyce Coles & Masud Kahn, London: Hogarth Press.

Winnicott DW(1985). *Deprivation and Delinquency*. London: Routledge.

Wolman B(1999). *Antisocial Behavior: Personality Disorders from Hostility to Homicide*. Amherst NY: Prometheus Books.

Wright R(1989). *In the Name of God: The Khomeini Decade*. New York: Simon & Schuster.

Zaleznik A(1974). Charismatic and consensus leaders: a psychological comparison. *Bulletin of the Menninger Clinic, 38*, 222-238.

Zimbardo P(2008). *The Lucifer Effect: Understanding How Good People Turn Evil*. New York: Random House.

Zweig S(1999). *Decisive Moments in History: Twelve Historical Miniatures*. Riverside, CA: Ariadne Press. 안인희 역(2004). 광기와 우연의 역사: 인류 역사를 바꾼 운명의 순간들. 서울: 휴머니스트.

그림 출처

1부 도덕적 광기의 시대

전족을 위한 신발 https://commons.wikimedia.org/wiki/File:Foot_binding_ shoes_1.jpg

1669년판 《마녀 잡는 망치》 표지 https://wellcomeimages.org/indexplus/obf_ images/9b/44/a3099ffc223cb9f244846af2909a.jpg

짐 존스 목사 https://en.wikipedia.org/wiki/Jim_Jones

오사마 빈 라덴 https://commons.wikimedia.org/w/index.php?curid=15159070

아돌프 히틀러 https://commons.wikimedia.org/w/index.php? curid=29083180

안테 파벨리치 https://ko.wikipedia.org/wiki/%EC%95%88%ED%85%8C_%E D%8C%8C%EB%B2%A8%EB%A6%AC%EC%B9%98#/ media/%ED%8C%8C%EC%9D%BC:Ante_Paveli%C4%87_StAF_W_134_ Nr._026020_Bild_1_(5-92156-1).jpg

라도반 카라지치 https://commons.wikimedia.org/wiki/File:Evstafiev-Radovan_Karadzic_3MAR94.jpg

르완다 대학살 추모지의 집단묘지 위에 세워진 기념비 https://www.flickr. com/photos/adam_jones/7679644566/in/photostream/

2부 예술과 도덕적 광기

권터 그라스 https://commons.wikimedia.org/w/index.php?curid=21048219

2007년 상파울루에서 공연하는 마릴린 맨슨 https://www.flickr.com/photos/
daigooliva/1448109260/

공연하는 W.A.S.P https://sleazeroxx.com/which-version-of-w-a-s-p-
should-be-considered-the-groups-classic-line-up-for-a-reunion/

3부 반사회적 인간과 사회

도널드 위니컷 https://commons.wikimedia.org/w/index.php?curid=
96951801.

* 명시되지 않은 그림은 모두 Wikimedia Commons에서 제공하는 퍼블릭 도메
인(CC0)임을 밝힘.

저자 소개

저자 **이병욱**은 서울 출생으로 고려대학교 의과대학을 졸업하고 동 대학에서 박사학위를 받았다. 정신과 전문의 및 신경과 전문의 자격을 취득하고 한림대학교 정신건강의학과 교수로 재직하면서 정신치료와 정신분석에 주된 관심을 기울여 120편의 논문을 발표했으며, 대한신경정신의학회 학술부장, 한국정신분석학회 회장을 역임하고 제1회 한국정신분석학회 학술상을 받았다. 현재는 충북 음성 현대병원에 근무하며 환자 진료 및 저술 활동에 힘쓰고 있다.

출간 저서
세상에 완벽한 인간은 없다(학지사, 2021)
프로이트와 함께 읽는 탈무드(학지사, 2020)
자화상을 통해 본 화가의 심리세계(학지사, 2019)
어머니는 살아있다(학지사, 2018)
아버지는 살아있다(학지사, 2018)
영원한 맞수와 적수들의 세계(학지사, 2017)
자살의 역사(학지사, 2017)
위대한 환자들의 정신병리(학지사, 2015)
카우치에 누운 시인들의 삶과 노래(학지사, 2015)
프로이트와 함께하는 세계문학일주(학지사, 2014)
세상을 놀라게 한 의사들의 발자취(학지사, 2014)
정신분석으로 본 한국인과 한국문화(소울메이트, 2013)
마음의 상처, 영화로 힐링하기(소울메이트, 2012)
프로이트, 인생에 답하다(소울메이트, 2012)
정신분석을 통해 본 욕망과 환상의 세계(학지사, 2012)

도덕적 광기란 무엇인가

What is Moral Insanity

2022년 10월 10일 1판 1쇄 인쇄
2022년 10월 20일 1판 1쇄 발행

지은이 • 이병욱
펴낸이 • 김진환
펴낸곳 • (주) **학지사**

       04031 서울특별시 마포구 양화로 15길 20 마인드월드빌딩
대표전화 • 02)330-5114   팩스 • 02)324-2345
등록번호 • 제313-2006-000265호

홈페이지 • http://www.hakjisa.co.kr
페이스북 • https://www.facebook.com/hakjisabook

ISBN 978-89-997-2770-2 03180

정가 16,000원

출판미디어기업 **학지사**

간호보건의학출판 **학지사메디컬** www.hakjisamd.co.kr
심리검사연구소 **인싸이트** www.inpsyt.co.kr
학술논문서비스 **뉴논문** www.newnonmun.com
교육연수원 **카운피아** www.counpia.com